查先进 武汉大学信息管理学院教授、博士、博士生导师，教育部“新世纪优秀人才支持计划”获得者。兼任武汉大学信息资源研究中心研究员、中国科技情报学会理事、湖北省信息学会理事。主要从事信息分析、竞争情报、信息资源配置与管理、信息系统、供应链管理领域的科研和教学工作。主持及参加多项国家和省部级科研项目，出版著作10部，在SSCI、SCI收录的国际期刊以及国内核心期刊发表学术论文90余篇，获得省部级以上科研奖励多项。

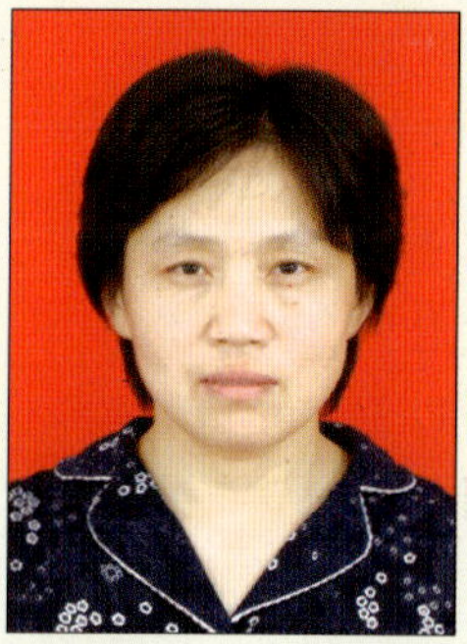

严亚兰 武汉大学博士，华中科技大学博士后，现为武汉科技大学管理学院副教授、硕士生导师。主要从事信息管理与信息系统、信息资源管理、知识管理领域的科研和教学工作。主持及参加多项国家和省部级科研项目，参加编写著作5部，在SSCI、SCI收录的国际期刊以及国内核心期刊发表学术论文30余篇。

作者简介

作者简介

李 晶 武汉大学博士，现为安徽大学管理学院教师。主要从事信息系统采纳与使用、信息分析与预测、信息资源管理领域的科研和教学工作。参加编写著作2部，在SSCI、SCI收录的国际期刊以及国内核心期刊、国际学术会议上发表学术论文20余篇。

武汉大学学术丛书

Wuhan University Academic Library

数字信息资源配置

国家自然科学基金面上项目『信息资源配置影响因素和行为模式研究』（批准号：71073118）成果
国家自然科学基金重点项目『基于生命周期理论的数字信息资源深度开发与管理机制研究』（批准号：70833005）成果

查先进
严亚兰
李　晶　著

武汉大学出版社
WUHAN UNIVERSITY PRESS

图书在版编目(CIP)数据

数字信息资源配置/查先进,严亚兰,李晶著. —武汉: 武汉大学出版社,2013.9
武汉大学学术丛书
ISBN 978-7-307-11393-0

Ⅰ.数…　Ⅱ.①查…　②严…　③李…　Ⅲ.数字信息—信息资源—资源配置—研究　Ⅳ.G203

中国版本图书馆 CIP 数据核字(2013)第 207463 号

责任编辑:蔡端午　　责任校对:王　建　　版式设计:支　笛

出版发行: 武汉大学出版社　(430072　武昌　珞珈山)
(电子邮件: cbs22@whu.edu.cn　网址: www.wdp.com.cn)
印刷:武汉中远印务有限公司
开本: 720×1000　1/16　印张:23　字数:324 千字　插页:3
版次:2013 年 9 月第 1 版　2013 年 9 月第 1 次印刷
ISBN 978-7-307-11393-0　定价:55.00 元

前　　言

随着信息技术特别是网络技术和远程通信技术的发展，各行各业信息资源的开发利用活动日益普遍，信息资源脱颖而出，成为具有极强驾驭性的、体现组织机构乃至国家核心竞争力的经济资源。如同物质资源和能源资源是支撑工业经济发展的主导力量一样，信息资源在人类迈向数字时代的进程中发挥着不可替代的作用。

信息资源有多种存在形式，数字化形式是其最典型的体现。数字信息资源通过网络传播，借助计算机或其他终端设备再现其内容，既可本地存取，又可远程使用，对经济和社会活动具有强烈的渗透性。数字信息资源是传统的基于纸质载体的信息资源在以计算机技术、网络技术、远程通信技术、多媒体技术等的应用为主要特征的数字时代的延伸和发展。数字信息资源范围广泛，涵盖了人类在各种经济活动和其他社会实践活动中所累积起来的一切有价值的数字信息内容，以及与这些活动密切相关的数字信息生产者、信息技术、信息设备、信息投资、信息系统等要素。

信息资源配置是伴随着信息资源开发利用活动的产生和发展而形成的，是有效利用信息资源的关键，其本质是对信息资源效用的配置。数字信息资源配置是信息资源配置领域的一个重要分支，其研究具有重要的理论价值和实践意义。从理论上看，数字信息资源配置研究是数字时代对传统资源配置理论研究的拓展，是信息资源消费研究中需要解决的关键课题，也是当代情报学研究的重要命题。从实践上看，优化配置数字信息资源是由数字信息资源内在的稀缺性本质所决定的，是各国经济和社会发展战略所关注的重要内容，也是数字时代信息资源合理利用的迫切要求。总之，通过系统和深入的研究，可以结合数字信息资源的特殊性，分析不同于传统资源配置的新情况和新问题，形成数字信息资源配置理论，探寻数字信息资源配置的影响因素和行为模式，合理地提出数字信息资源配置效率改进的策略。它不仅有助于促进数字信息资源效用的充分发挥和配置效率的改进，而且有助于丰富和完善当代情报学理论。

本书由查先进、严亚兰提出写作提纲。各章写作分工如下：第1章和第2章由查先进撰写；第3章由查先进、严亚兰撰写；第4章由陈明红撰写；第5章由吕彬撰写；第6章由查先进、李晶、尹敬刚、吕彬、魏登柏、严亚兰撰写；第7章第1节至第4节由李晶撰写，第5节由严亚兰、查先进撰写。全书由查先进、严亚兰统稿。

本书得到了国家自然科学基金面上项目“信息资源配置影响因素和行为模式研究”（批准号：71073118）和国家自然科学基金重点项目“基于生命周期理论的数字信息资源深度开发与管理机制研究”（批准号：70833005）的资助，被列为武汉大学学术丛书。武汉大学信息资源研究中心、武汉科技大学管理学院、武汉大学信息管理学院等单位为研究工作的顺利开展提供了优越的环境。本书在数据搜集过程中得到了许多单位及个人的积极响应和热心帮助；在撰写过程中参考了许多国内外文献，这些文献独特的研究视角和博大精深的研究成果为本书的研究启迪了思路。武汉大学人文社会科学研究院、武汉大学出版社积极支持本书的出版。在此，我们一并表示衷心的感谢。

由于时间仓促，加之研究水平有限，书中难免存在一些疏漏和错误，敬请诸位专家批评指正。

查先进

2013 年 9 月于珞珈山

目　　录

第1章
引　　论

1.1　数字信息资源的内涵

在漫漫的人类历史长河中，资源的合理开发和永续利用历来被认为是经济和社会发展的推动力。从农耕社会发展到工业社会，再从工业社会发展到信息社会，几乎每一轮经济和社会的发展都离不开资源的贡献；反过来，经济和社会的发展也进一步影响了人类的资源观，促进了资源的合理开发和永续利用。资源、经济和社会俨然成了不可分割的统一体。各种资源在不同经济和社会环境中的地位和作用是不一样的。在农耕社会，人类以自然经济为基本表现形式，社会的进步主要依赖于从自然界摄取最基本的物质资源和能源资源。在资源结构中，物质资源居主导地位，能源资源次之，而信息通常只能在极其有限的领域发挥作用(例如利用“结绳记事”来传递信息)，甚至还不能被视为资源；在工业社会，资源结构发生了转变，物质资源和能源资源得到大规模的综合开发和利用，成为支撑社会持续前进的主导力量。特别是以钢铁为代表的物质资源成为工业经济的命脉，以石油为代表的能源资源成为工业经济的血液，其地位日趋重要。与此同时，信息也逐渐发展成为资源，成为推动经济和社会发展的另一股力量，其开发利用的范围日益扩大，领域日益增多，影响日益深远；到了20世纪后半叶，伴随着信息技术（尤其是网络技术和远程通信技术）的迅速崛起，尽管物质资源和能源资源依然扮演着十分重要的角色，但信息资源开发利用的广度和深度迅速加大，各行各业信息技术的推广和应用日益普遍，信息资源成为具有极强驾驭性的、体现组织机构乃至国家核心竞争力的经济资源。

信息资源以多种形式存在。数字信息资源是指所有以数字化形式把文字、图像、声音、动画等类型的信息储存在磁介质、光介质等载体中，通过网络通信、计算机或其他终端设备再现出来的信息资源，亦即借助计算机编码而完成的可供直接获取和远端使用的信息资源。它是传统的基于纸质载体的信息资源在以计算机技术、网络技术、远程通信技术、多媒体技术等的应用为主要特征的数字时代的延伸和发展。

当代经济和社会发展史已经表明，各种形式的信息不仅仅是计算机领域里的数字信号，更是人类社会重要的经济资源，是可以在自然界和人类社会经济活动中用以创造物质财富和精神财富的具有一定量的积累的客观存在形态。数字信息资源范围广泛，涵盖了人类在各种经济活动和其他社会实践活动中所累积起来的一切有价值的数字信息内容以及与这些活动密切相关的数字信息生产者、信息技术、信息设备、信息投资、信息系统等要素。

数字信息资源的典型形式是网络信息资源。网络信息资源是存储在网络计算机磁介质、光介质及各类通信介质上的各种信息资源的集合体，是计算机技术、网络技术、远程通信技术、多媒体技术相互融合而形成的，在网络上可以查找和利用的信息资源的总称。这里的“网络”，可以是局域网、广域网，也可以是目前覆盖世界上绝大部分国家和地区的因特网。其中，因特网上的信息资源是网络信息资源的杰出代表，几乎已经无缝覆盖到经济和社会活动的每一个角落。

需要指出的是，在数字信息资源的配置、管理、开发和利用过程中，计算资源、存储资源、通信资源、软件资源等起着良好的技术支撑作用，是与数字信息资源密切相关的资源。所以在有些场合，人们也从广义角度将这些资源纳入数字信息资源研究的范畴。限于篇幅，本书未将这些资源纳入研究视野。

数字信息资源的典型应用体现于经济领域。从经济资源的角度出发，数字信息资源体现出一切信息资源所共有的经济学特征。

第一，作为生产要素的人类需求性。人类对数字信息资源表现出强烈的需求。与其他经济资源一样，各种形式的数字信息资源可以作为经济活动的生产要素，替代物质资源或能源资源发挥经济催化作用。伴随着人类社会向数字时代迈进，这种需求性会表现得越来越强烈。事实上，在当代社会的经济结构调整和产业结构升级过程中，数字信息资源正在成为转变经济发展方式的中坚力量。

第二，使用方向的可选择性。数字信息资源与经济活动相结合，表现出强烈的渗透性，可以广泛地渗透到经济活动的方方面面。同一数字信息资源可以作用于不同的对象上，并产生多种不同的效果。经济活动行为者可以根据这些不同的对象所产生的不同的效果对数字信息资源的使用方向做出选择。数字信息资源配置的本质就是试图合理地配置数字信息资源的流向、流量和流速，改善数字信息资源存在和运动的方式，优化数字信息资源对经济活动影响的过程和结果，促使数字信息资源在经济活动中的应用实现经济福利最大化的目标。

第三，共享性。在传统的经济资源中，物质资源和能源资源都非常明显地表现为占有性和消耗性，一些社会纷争也往往因争夺资源而爆发。换而言之，在既定的技术和资源条件下，各资源利用者总是存在着明显的竞争关系，某人对某资源的利用是以他人少利用甚至不利用该资源为前提的。如何将有限的资源分配于各种经济活动中，使之最大程度地满足人类生产、生活等方面的需要，即资源配置问题，一直以来是资源消费中值得研究的关键问题。与传统的物质资源和能源资源相比，数字信息资源的利用不存在明显的竞争关系。数字信息资源具有共享性，即某人对某数字信息资源内容的利用并不以他人少利用甚至不利用该资源内容为前提，数字信息资源的信息量不会因任何人的利用而减少。

第四，稀缺性。数字信息资源的共享性往往使人们错误地认为：数字信息资源是无限丰富且用之不尽的，不会像物质资源和能源资源那样需要进行有效的配置。其实不然，共享性的存在并不意味着数字信息资源不具备稀缺性。事实上，稀缺性是一切经济资源共有的特征，数字信息资源也不例外。关于这一点，可能的理由主要有：从数字信息资源的效用实现角度来看，虽然共享性使之具备无限次被利用的内在可能性，但是有一点是不可否认的，那就是在既定的技术、资源及其他条件下，数字信息资源的总效用总有一个最大的极限值。当数字信息资源每次被投入到经济活动中去的时候，经济行为者总可以体验到总效用中的一部分(极端情况下也可能没有体验到数字信息资源的效用或者体验到数字信息资源的全部效用)。随着被共享次数的增多，这个总效用会逐渐衰减，直至趋于零值。当效用衰减至零时，就意味着该数字信息资源已被"磨损"掉，不再具有经济意义。一旦理性的经济行为者意识到这一点，就不会做出在经济活动中投入该数字信息资源的决策。因此，上述那种内在的可能性不是总能转化为现实行动的；从数字信息资源的开发和获取情况来看，数字信息资源的开发和获取离不开人力、物力、财力和时间成本的投入。由于在某一时期经济行为者的这些成本投入是有限的，因此，其可能拥有的数字信息资源品种类型不会无限丰富；从数字信息资源的时效性来看，数字信息资源通常具备强烈的时效性。对于大多数的数字信息资源而言，随着时间的推移和社会的变迁，新的消费欲望和消费标准常常会导致原有的数字信息资源内容因过时而失效。此时，该数字信息资源虽内容犹在，但效用已被"磨损"掉，没有共享的外在动力了。时效性的存在，使数字信息资源的总效用常常得不到及时和全面的挖掘，从而引发不必要的社会财富浪费。因此，与传统资源相比，数字信息资源对有效配置具有更强烈的需求和更迫切的期待。

第五，非同质性。作为一种资源的信息必定是完全不相同的，这一点最早由美国著名的经济学家保尔丁格(K. E. Boulding)教授在

1966年提出。① 以铝合金为例，对于给定种类的铝合金，当人们提出需要更多的铝合金时，意味着需要数量更多而种类、质量、化学组成都相同的同一铝合金资源。但对数字信息资源而言，当人们提出需要更多的铝合金配方信息时，则意味着需要更详细的、不同的信息，对原来的信息集合提供更多的拷贝是不能满足上述需要的。因此，对于既定的数字信息资源而言，它必定是不同内容的信息的集合，集合中的每一信息都具有独特的性质。

第六，时效性。数字信息资源比其他任何资源都更具有时效性。一条及时的信息可能价值连城，使濒临倒闭的企业扭亏为盈，成为行业巨头；一条过时的信息则可能分文不值，甚至使企业丧失难得的发展机遇，酿成灾难性的后果。这样的例子不胜枚举。数字信息资源具有时效性并不意味着开发出来的数字信息资源越早投入利用就越好，这中间并没有必然的前因后果关系。早投入利用固然可能易于实现其效用，但相反的情况亦屡见不鲜。随着时间的推移，某些数字信息资源是可以像陈年老酒一样不断增值的。这就要求数字信息资源的利用者要善于把握时机，只有时机适宜，才能发挥效益。

1.2 数字信息资源的产生与发展

1.2.1 从信息到信息资源

人类对数字信息资源的关注源于对信息概念的深刻理解以及对信息在经济活动中的作用的高度重视。

一般认为，从狭义角度理解，信息是一种消息、信号、数据或资料；从广义角度理解，信息是客观事物存在、运动和变化的方式、特征、规律及其表现形式。由于宇宙间的一切事物都有其特定的存在方式和运动状态，因而一切事物都在不断地产生不同的信

① Boulding, K. E. *The economics of knowledge and the knowledge of economics* [J]. American Economic Review, 1966, 56(2).

息。从这个意义上讲，信息是客观存在的，不以人的意志为转移，是最普遍、最广义的概念，可与物质、能量并驾齐驱。但客观事物存在、运动和变化的方式、特征与规律有赖于人的认识，因而信息又是相对的、主观的。即没有人的作用和认识，就不可能存在信息。正是因为如此，信息的定义才如此复杂纷纭，在不同的领域，从不同的角度，就有不同的信息概念。从不同的角度可以对信息进行不同划分。例如，按信息描述的对象，信息可分为自然信息、社会信息和机器信息；按信息内容，信息可分为经济信息、科技信息、政治信息、文化信息、医疗健康信息和政策法规信息；按照信息流动方向，信息可分为纵向信息、横向信息和网状信息；按信息形态，信息可分为动态信息和静态信息；按信息运行状态，信息可分为连续性信息、离散性信息、常规性信息和突发性信息；按信息来源，信息可分为内部信息和外部信息。对信息进行划分的各个角度还可以进一步的细分，从而有助于进一步认识信息的特征，但无论是哪一种角度的划分，不同种类的信息之间并没有绝对的界限，彼此间互有交叉重叠。

从“结绳记事”尝试直至现在信息带来“利益”，人类对信息在经济活动中的作用的认识如同认识大自然一样，经历了一个极其漫长的历史过程。早期，人们对信息的理解仅仅停留在字面上，把信息看作消息的同义词，与经济活动无直接关联。最早把信息作为科学对象来加以研究的是通信领域。哈特莱(R. V. Hartley)1928 年在《贝尔系统电话杂志》上发表的“信息传输”的论文把信息理解为选择通信符号的方式，并用选择的自由度来计量信息的大小。1948 年，通信专家申农(C. E. Shannon)在定量测度信息时，把信息定义为随机不确定性的减少，亦即信息是用来减少随机不确定性的东西。根据这一思想，布里渊(L. Brillouin)提出，信息就是负熵。控制论的奠基人维纳(N. Wiener)把信息看作广义的通信内容，把人与外部环境交换信息的过程看作一种广义的通信过程，即泛指人与人、机器与机器、机器与自然、人与自然之间的信息传递与交换。

经济活动中所需要的信息主要是社会信息，是指产生于人类社会实践并在人类社会中交流、传递的信息，如经济信息、科技信息、文化信息、政治信息等。由于在经济活动中普遍存在着不确定性，而上述信息能在一定程度上减轻甚至消除这些不确定性，因此，“不确定性”和“负熵”概念的提出，加速了信息与经济活动的融合，促使人类充分认识到经济活动需要信息的广泛参与和渗透。在各种信息中，经济信息和科技信息(尤其是技术信息)是两类非常重要的社会信息。经济信息是指在生产、消费、流通、分配等经济活动全过程中产生、搜集、处理及利用的信息，是人类所处理的信息中最基础、最多的信息。它反映了经济活动并直接或间接作用与影响着经济活动，是经济决策的依据和基础。科技信息是人类在进行科学研究中积累的大量信息，包括各种理论、学说、发明、专利以及大量的研究资料、数据等。科技信息中的技术信息本身就是生产力的构成要素。

信息资源中的“信息”，除了沿用已久的“信息”提法以外，还在不同的场景里有各种具体而实在的提法。例如，当计算机出现后，信息常常被称作“数据”，在计算机科学领域的许多基础理论中使用，并应用于数据库的开发和建设。第二次世界大战后，科技信息工作成为科技工作的重要组成部分，信息服务逐渐发展起来，成为社会经济生活中独立的产业。信息又被看作“知识”、“经验”和“资料”。

这些不同种类的社会信息之间并没有严格界限，一旦这些信息在经济活动中发挥作用，便成为经济活动中重要的组成要素，被理解为一种经济资源，即人们通常所说的信息资源。经济活动离不开资源的转换。在传统的质能经济时代，物质资源和能源资源占据十分重要的地位。但是，物质资源和能源资源都非常明显地表现为被占有性和消耗性。古代世界以农业为主的社会形态必然对农业社会的重要资源土地展开争夺；现代世界的高度工业化社会使得土地不再是重要的生存和发展资源，但对能源的依赖程度却越来越高，一个国家的能源状况决定了一个国家长久的生存与发展状况。① 物质资源，如金属矿石，在经过采矿、烧结、冶炼并成为金属材料之

① http：//www. docin. com/p-312065641. html，2013-07-31.

后，原来的矿石便不复存在了；能源资源，如石油，随着大规模的开采和利用，世界储油量正日趋减少。换而言之，在既定的技术和资源条件下，各资源利用者总是存在着明显的竞争关系，某人对某资源的利用是以他人少利用甚至不利用该资源为前提的。伴随着人类对物质资源和能源资源的掠夺性开发和利用，资源枯竭和环境污染日益加剧。1972 年，美国麻省理工学院的麦多斯(D. L. Meadows)受罗马俱乐部委托，与他人合作研究并发表了《增长的极限》的研究报告(即罗马俱乐部第一份报告)。在这份研究报告中，作者采用系统动力学(System Dynamics，SD)的理论和方法，通过定量分析，提出了“世界末日模型”。该模型认为，如果在世界人口、工业化、污染、粮食生产和资源消耗方面按当时的趋势继续下去，人类增长的极限将在此后的 100 年中发生，最有可能的结果是人口和工业生产力双方有相当突然的和不可控制的衰退。这种人类前途暗淡的观点曾一度引起了全球性的轰动，并在局部范围内使人类产生“世界末日”来临前的恐慌心理。尽管罗马俱乐部后来发表的第二份研究报告《人类处于转折点》(1976 年)、第三份研究报告《重新制定国际秩序》(1976 年)和第四份研究报告《超越浪费的时代》(1978 年)在对人类社会发展前景的问题上观点有所变化，但资源枯竭、环境污染等仍然是关注的焦点。短缺经济使纺织、钢铁、机电、汽车、化工、建筑等传统行业在发展过程中面临种种困境。

正是在这样的经济和社会背景下，自 20 世纪 50 年代以来，信息资源脱颖而出，并开始在经济活动资源中占据愈来愈重要的地位。信息资源是当代社会重要的经济资源，是可以在自然界和人类社会经济活动中用以创造物质财富和精神财富的具有一定量的积累的客观存在形态。如同物质资源和能源资源是支撑工业经济发展的主导力量一样，信息资源在人类迈向信息经济时代的进程中发挥着不可替代的作用。

1.2.2 数字信息资源的形成

毫无疑问，最能够揭示信息资源本质特征和体现信息资源在经济活动中所发挥的作用的是信息资源当中所蕴含的信息内容。事实上，信息资源正是通过信息对经济活动中不确定性的消除而带来其社会地位的提升。然而，信息，不论其存在形式和运动状态如何，非物质性是基本表现，既看不见，也摸不着，显得虚幻迷离、变幻莫测。这些非物质形态的信息，需要借助某种物质载体才能被记录，并通过对物质载体的保管、拷贝、传播和开发利用而达到对所荷载的信息内容的保管、拷贝、传播和开发利用的目的。荷载信息的物质载体很多，古人就发明了将文字、图案等信息刻在甲骨和青铜器上，焙烧在陶瓷制品上以及书写在泥胶、贝叶、竹简上的办法。蔡伦发明纸张后，纸张便成为迄今为止人类存储、管理和使用信息的主要载体。除此以外，信息还可以以其他形式存在。这些依托物质载体而存在的信息因为与载体溶为一体而具备一定的可感知性，看得见，摸得着。但是，其缺点同样是不言而喻的，信息以文字、图表等人工符号附着在物质载体上，从而使物质载体所具有的一切缺陷都会暴露无遗，例如纸张载体信息存贮密度小、体积大、分量重、收藏和管理困难。从长远来看，纸张载体具备易逝性，随着岁月的流逝，存储于纸张载体上的信息会伴随着纸张本身的自然消磨或人为损坏而遭到破坏。

数字信息资源是伴随着现代科学技术特别是信息技术的发展而形成的。现代科学技术特别是信息技术的发展使记录信息的物质载体产生了重大变革，除沿用已久的纸张载体外，计算机可识别的磁性载体（如磁盘）、光学载体（如光盘）等非纸张介质的载体不断革新和演进，新型载体层出不穷。随着因特网的普及，人们更是广泛地将信息存贮到互联网络上，通过网络传输达到信息传播的目的。在现代科学技术的支撑下，信息以计算机可识别的二进制代码（0或1）的方式存储和利用，从而从根本上摆脱了因为对纸张等传统物质载体的依赖而导致的缺陷，使信息空间具备无限的伸展能力和渗透能力。

通过磁性载体、光学载体或网络来荷载信息，在存贮时要将相关信息转换成计算机可以识别、理解和处理的二进制代码，输出时再还这些代码以原貌，即需要通过网络通信、计算机或其他终端设备将“机读信息”还原成“人读信息”。其优点是信息存贮密度高，存取速度快，易于管理，可借助于互联网络实现远距离的快速传输和使用。

当信息以二进制代码的方式存在时，我们将信息资源称为数字信息资源。数字信息资源的形成，不仅仅是简单的从一种物质载体变更为另外一种物质载体，而是一场声势浩大的革命。信息资源数字化，极大地改变了信息资源的生产方式、存在形式和运动规律，促进了新信息环境下的信息资源开发和利用，使信息资源真正意义成为当今社会最重要的经济资源，并推动人类社会向数字时代的纵深方向推进。

由于在当前环境下，信息资源主要是以数字化形式存在的，为表述简便，在本书中的很多地方，我们所说的信息资源就是指数字信息资源。

1.3 网络环境与数字信息资源配置

20 世纪 90 年代后，随着因特网的迅速崛起和应用，以因特网为依托的新信息环境开始形成，因特网成为数字信息资源存贮和传输的主要场所。因特网是一个巨大的全球性网络，它通过采用统一的通讯协议，连接世界上不同类型和不同规格的计算机系统，实现跨国界的信息传递和交流。通过因特网，人们可以不受地域、时间的限制，实现信息资源共享。

因特网起源于 20 世纪 60 年代的美国国防部高级研究计划署（Advanced Research Projects Agency，简称 ARPA）。当时，ARPA 的许多研究项目都急需使用最新的计算机设备，每个研究小组都希望得到每一种新机型，但其用于研究的预算并不足以为所有的科学家和工程师提供计算机。作为一种替代方案，ARPA 开始研究数据联网。在每个研究场所并没有放置多台计算机，而只是设置一台计算机，用它和数据网络相连接，并设计了相应的软件，使研究者能利用网络上最合适的计算机完成给定的任务。1986 年，美国国家科学基金会（National Science Foundation，简称 NSF）为鼓励大学与研究机构的科研人员共享他们仅有的且分散在各地的五个超级计算机中心，将其联网，并采用 TCP/IP 协议建立起了名为 NSFNET 的网络。由于受到美国国家科学基金会的鼓励和资助，很多大学和研究机构纷纷将自己的局域网并入 NSFNET 中。后来，NSFNET 逐渐取代了 ARPANET，整个替换过程于 1990 年 7 月结束，NSFNET 由此发展成为美国境内广域网。当 TCP/IP 协议渐渐被采用为通讯标准时，“Internet”这个名词也逐渐开始被使用。起初，这一名词用来指 ARPANET、NSFNET 等，后来，随着许多局域网或广域网都通过 TCP/IP 协议与之相连，而且在美国发展计算机网络化的过程中，世界各发达国家(如德国、加拿大、法国等)在 20 世纪 80 年代末也相继建网，因特网便形成了一个国际性网络。这便是因特网的由来。

在网络环境下，信息资源数字化成为信息生产、传输、再加工和利用的基本要求。事实上，投入到因特网上的信息资源，不论是直接产生于因特网上的，还是经过再处理后投入到因特网上的，都是以数字化技术为前提的。网络环境下的信息资源彻底打破了传统信息交流的时间和空间阻隔，成为现代社会经济发展的主要源动力，数字信息资源也因此广为人知。

在网络环境下，数字信息资源表现出其特殊性。不同于以往任何环境下的信息资源的是，信息以计算机可识别的二进制代码(0 或 1)存贮于网络的某一节点上，并且可以在任何需要的时候通过四通八达的全球互联网络传向任一合法的网络终端用户。

(1)数量庞大、增长迅速。因特网上存储着难以计数的联网数据库以及其他各种形式的信息资源。这些资源在数量上和增长速度上是其他任何环境下的信息资源所无法比拟的。

(2)内容丰富、覆盖面广。在因特网上，信息资源的内容十分丰富。原则上，人类生产、生活、娱乐以及其他社会实践活动中产生的各种信息资源皆可经过数字化处理后投入到网络中。这些数字信息资源涉及很多语种、学科(专业)领域，在表现形态上更是五彩斑斓。因特网的兴起和广泛渗透，打破了时空的阻碍，使数字信息资源呈现出全球化的分布结构。

（3）传输速度快。信息价值的体现在很大程度上受时效性影响。信息用户在需要信息时能及时得到响应是保证时效性的重要途径。然而，以往的信息环境很难提供这种保障。因特网提供了辐射全球范围的高速信息资源传输通道，特别是在采用先进的信息传输模式后，信息资源传输速度有更大的突破。它解决了信息传输延迟所导致的服务滞后，使信息资源更加快捷地配置于各种应用领域。

（4）共享程度高。共享性是信息资源优越于物质资源和能源资源的重要特征，也使信息资源在更高水平上实现有效配置。在网络环境下，时间和空间范围得到了最大程度的延伸和扩展。一份信息资源上网后，不仅可以及时地提供给本地网用户利用，而且可以发散到全球每一个因特网用户终端，用户几乎不需要排队等候就可以共享同一份信息资源。高度共享的信息资源有效地缓解了资源配置中“顾此失彼”的尴尬，使有限的信息资源最大限度地流向用户手中。

（5）使用成本低。在因特网上，大部分信息资源可免费使用，用户所需要支付的主要费用是因使用网络而产生的相关费用。除了免费信息资源外，还有一些是有偿信息资源，在这些资源中，尽管目前还存在较大的成本降低的空间和潜力，但与其他非网络环境下的信息资源相比，如果把人力和时间成本考虑在内，在满足用户同样信息需要的情况下，网络环境下的信息资源还是具有更低的成本。低费用的信息资源有效地刺激了用户信息需求，从而从需求拉动的角度促进了信息资源有效配置。

（6）变化频繁。受信息的时效性以及各种不定型因子的干扰和影响，网络环境下的信息资源往往表现出波动性和无规律性，其内容、所在地址、链接关系处于动态变化之中，生产、更迭和消亡情况一般难以预测。

（7）质量良莠不齐。因特网存在着巨大的开放性，入网者在存贮和发布信息时有很大的自由度。这必然刺激着大量冗余、粗制滥造乃至伪劣的信息在无“主管”的网络上迅速地膨胀。结果，有用信息与无用信息混为一体，真实信息与虚假信息混为一体，精加工的高质量信息与未经任何过滤的低质量信息混为一体，信息质量良莠不齐，给用户的利用带来很多不便。

上述特殊性给数字信息资源配置研究提供了新的机遇，但同时也提出了新的挑战和要求。

1.4 数字信息资源配置的研究意义

1.4.1 理论意义

1972年，美国哈佛大学的奥廷格(Anthony G. Oettinger)建立了以"创建有用知识"为目标的"信息资源政策项目(Program on Information Resources Policy，简称PIRP)"，并且在该项目的研究报告中正式使用了"信息资源"的称谓。① 信息资源是当代社会重要的经济资源，其效用(使用价值)表现在：既可以作为经济活动的投入要素，替代物质资源或能源资源发挥经济催化作用，又可以寓于经济行为者的管理和决策活动之中，减少或消除经济活动中的不确定性，优化管理和决策行为，提高管理和决策工作的效率。信息资源配置是信息资源领域的一个重要研究分支，是伴随着信息资源开发利用活动的产生和发展而形成的。信息资源配置是有效利用信息资源的关键,② 其本质是对信息资源效用的配置。

数字信息资源配置是当代社会最富有魅力的研究课题之一，其研究的理论意义主要体现在以下几个方面：

(1)数字信息资源配置研究是数字时代对传统资源配置理论研究的拓展

在数字时代，信息成为独特的资源和生产力要素。信息资源具有稀缺性、共享性、非同质性、效用体验的分次性等特征。这些特征构成了信息资源配置研究的理论基础和出发点。

首先，由于信息资源具有稀缺性，因此信息资源配置仍然可以

---

① http://www.pirp.harvard.edu/people.shtml，2003-07-31.

② Shannon，C. E. *A mathematical theory of communication*[J]. The Bell System Technical Journal，1948，XXVH(3)：319-324，623-256.

满足传统资源配置理论中的分析范式，仍然存在相应的价格体系或有效的市场结构，有必要通过市场或非市场的努力提升其效率。其次，与传统资源相比，信息资源又具有共享性、非同质性等特征。传统的资源配置理论一般是建立在不同用户对资源占有的排他性假定和市场商品的同质性假定基础之上的，一旦这两个基本假定得不到满足，资源配置理论就会凸显其局限性。信息资源的共享性突破了原有资源观的限制，非同质性又使信息商品可以看成接近垄断的商品，因此信息资源的市场均衡是一个不同于传统资源配置的命题，对于这一均衡，传统资源配置理论无法给出完美的解释。再次，信息资源效用的体验与用户吸收信息的能力、信息环境等因素密切相关，因此很难在一次享用中就体验到所有的效用，因而表现出效用体验的分次性，并与共享性和稀缺性一起共同推动了信息资源的动态配置。

(2)数字信息资源配置研究是信息资源消费研究中需要解决的关键课题

如何将有限的经济资源分配于各种经济活动中，使之最大程度地满足人类生产、生活、娱乐等方面的需求，即关于资源配置问题的研究，一直以来是资源消费研究中需要解决的关键课题。信息资源作为当代社会重要的经济资源，承担着经济活动的投入要素、优化管理和决策行为等引人注目的经济和社会功能。如同其他经济资源一样，信息资源也存在一个如何优化配置的问题。

由于信息资源本身具有不确定性和难以计量性，信息用户又存在对信息资源效用的认识、挖掘和接受能力的局限性。因此，在现实的经济活动中，某一信息用户通常不可能仅在一次利用中就完全地体验到信息资源的全部效用。在市场机制的驱动下，“溢出”的效用完全可以通过重新配置(特别是伴随着信息资源、信息环境、用户的信息需求的变化而动态、持续地进行的动态配置)来让其他信息用户享用。① 此外，从宏观上来看，信息资源是社会的财富，为了减少浪费，充分实现稀缺的信息资源的全部效用并以此产生尽

① 查先进等．信息资源配置与共享[M]．武汉：武汉大学出版社，2008.

可能多的社会福利，社会也有通过政策、法律、税收等手段以及借助产权制度从正面鼓励信息资源优化配置的强烈愿望。

(3)数字信息资源配置研究是情报学研究的重要命题

情报学是20世纪40年代中期为适应现代科学技术发展，克服大科学时代的“情报危机”而发展起来的新兴学科。它在“情报爆炸”中逐渐形成，自诞生之日起便一直将解决信息生产与利用之间的矛盾作为基本任务。信息资源配置是以人们的信息需求为依据，以提高效率和效果为指针，调整当前的信息资源分布和分配预期的过程。它主要是对信息资源中的能动部分即信息、信息生产者、信息技术、信息设备、信息投资、信息系统等要素进行合理分配与布局，通过规划、设计和调整信息资源的流向、流量和流速，以尽可能小的配置成本取得尽可能大的配置效益，达到信息资源为人类所高度共享，最大限度地为人类谋福利的目的。因此，优化配置信息资源是实现情报学研究任务的重要手段，是情报学的核心研究内容之一。

可见，从理论上看，数字信息资源配置研究具有重要的意义，具体体现在：充分结合信息资源的特殊性，分析不同于传统资源配置的新情况和新问题，探寻信息资源配置的影响因素和行为模式，合理地提出效率改进策略及其具体实施方案。它不仅有助于促进信息资源效用的充分发挥和配置效率的改进，而且有助于丰富、完善情报学理论。

1.4.2 实践意义

从实践上看，数字信息资源配置研究同样具有重要的意义，主要体现在以下几个方面：

(1)优化配置数字信息资源是由信息资源内在的稀缺性本质所决定的

在传统的经济资源中，物质资源和能源资源都非常明显地表现为占有性和消耗性，并进一步引发出稀缺性。这一特性使得众多的以物质资源和能源资源为对象的研究倾向于从经济角度展开，稀缺性成为此类研究的基本出发点。

如前所述，尽管在表现形式上有所不同，但是，数字信息资源在本质上也是稀缺的。尤其是，由于在实践中，盲目生产与重复建设并存，信息污染、信息垃圾现象普遍存在使得我国信息市场长期处于一种“有效供给不足”与信息生产能力闲置的矛盾状态，信息生产偏离了消费者的需求偏好，产出结构比例不合理，从而在事实上导致了信息资源配置的低效率。因此，如同其他一切经济资源一样，数字信息资源配置行为都是以“信息资源是稀缺的”这一基本事实为前提的。因为，如果信息资源有用但不稀缺，则人类仅进行一次信息资源开发和获取活动就可以一劳永逸地享用，经济活动也就从此不需要再投入信息生产成本，在信息资源方面“寻求经济的办法”发展经济也就显得多余。稀缺性是数字信息资源优化配置的驱动力。

(2)优化配置数字信息资源是各国经济和社会发展战略所关注的重要内容

自20世纪90年代中期以来，许多国家对信息资源优化配置问题给予了高度重视。不少发达国家结合国家经济政策的制定，从全局的战略高度重视信息资源的优化配置，把它作为推进信息化建设，促进经济和社会发展的重要内容。例如，美国政府早在1993年就颁布了《国家信息基础设施：行动计划》，并提出了重点布局和建设数据库，促进网络信息资源开发利用的政策方针。特别是在政府信息资源方面，美国政府将信息资源优化配置视为确保政府有效运转和保持国民经济健康发展的重要手段。在日本，信息资源优化配置一直被看作支撑经济结构调整和促进经济腾飞的动力。为了应对21世纪全球信息社会的挑战，联合国教科文组织曾推出“全球信息结构计划”。在该计划的价值理念中，联合国教科文组织主要强调的是信息资源配置的公平问题，认为公平合理是信息资源配置的指导思想。

在我国，随着社会主义市场经济体制逐步确立，社会信息化程度不断提高，信息资源被广泛地应用于各种经济和社会活动中，有关信息资源优化配置问题的研究也随之被提上了日程。在《关于加快发展第三产业的决定》中，中共中央、国务院明确地把信息服务业列为今后加快发展第三产业的重点，而信息服务业的发展，归根到底要以信息资源的优化配置为核心手段。在《关于加强技术创新，发展高科技，实现产业化的决定》中又进一步提出，要加强供需信息库以及信息网络等基础建设，形成全国乃至国际的电子网络信息交易市场，特别要充分优化信息市场机制，发挥市场在信息资源配置中的基础作用。中办发[2004]34号文《关于加强信息资源开发利用工作的若干意见》指出，信息资源作为生产要素、无形资产和社会财富，与能源、材料资源同等重要，在经济社会资源结构中具有不可替代的地位，已成为经济社会全球化背景下国际竞争的一个重点。在《2006—2020年国家信息化发展战略》中，提出了我国信息化发展的战略方针，要"实现资源优化配置和信息共享；要以需求为主导，充分发挥市场机制配置资源的基础性作用，探索成本低、实效好的信息化发展模式"。要"加强对信息资产的严格管理，促进信息资源的优化配置"。这些都为我们在新时期加强信息资源配置理论和应用研究提供了宏观上的指导和政策上的支持。

(3)优化配置数字信息资源是数字时代的呼声，是信息资源合理利用的迫切要求

数字化的出现对信息资源优化配置提出了新的挑战和要求。在数字时代，信息资源优化配置的主要任务在于通过合理规划和布局数字信息资源，以尽可能小的成本取得尽可能大的收益，使得更多的组织或个人能在一定范围内合理、高效地利用数字信息资源，充分挖掘信息资源的潜在价值，实现最大化的信息福利和社会福利。在目标上，既要避免数字信息资源的冗余，减少信息污染、信息垃圾，弥合数字鸿沟，节约数字信息资源建设的人力、物力、财力和时间，又要使得数字信息资源更好地满足用户的信息需求，实现人类社会的可持续发展。

当前，数字信息资源配置中的低效率甚至无效率情况普遍存在，不公平现象时有发生，如数字鸿沟问题、信息资源的地域分布不均衡问题、信息资源的盲目生产和重复配置问题、信息资源的冗余和短缺同时并存的问题、信息侵权问题、信息污染和超载问题、信息犯罪问题等，都正在愈演愈烈。这些都在一定程度上阻碍了信

息资源开发利用。以数字鸿沟为例，有关资料显示，全球 70% 的因特网用户集中在占世界人口 16% 的最富裕国家，而占世界人口 40% 的最贫穷国家仅拥有全球因特网用户的 5%。① 数字鸿沟是信息富有者和信息贫困者之间的鸿沟，它困扰了全球信息化进程，限制了数字信息资源效用的发挥，降低了信息福利，影响了公民获取信息的公平性。显然，数字鸿沟的形成与数字信息资源配置的不合理性有着千丝万缕的联系。

① http://news.chinabyte.com/238/1753238.shtml,2013-07-31.

第2章

数字信息资源配置基础理论

2.1 数字信息资源配置的内涵和特征

在经济学领域，资源配置是学者们潜心研究的关键课题。按照诺贝尔经济学奖获得者库普曼（T. C. Koopmans）的观点，资源最优配置理论的主要内容是研究在给定的技术和消费者偏好下，如何将有限的经济资源按照某种规则分配于各种产品的生产，以便最大限度地满足人们的需要。① 信息资源配置是以人们的信息需求为依据，以信息资源配置的效率和效果为指针，调整当前的信息资源分布和分配预期的过程。信息资源配置主要是对信息资源中的能动部分即信息、信息人员、信息技术、信息设备和设施、信息系统等进行合理分配与布局，通过设计、调整信息资源的流向、流量和流速，以尽可能小的配置成本取得尽可能大的配置效益，促使信息价

---

① Koopmans，T. C. *Three essays on the state of economic science* [M]. McGraw-Hill Book Company，1957.

值最大化，使用户的信息保障率较高，最大限度地为人类谋福利。

数字信息资源是一种经济资源，具有经济资源的一般特点，同时与其他的物质资源或能源资源相比，还有自己的特征。正因为数字信息资源的这些特征，使得数字信息资源在配置过程中也存在着特殊的现象。归纳总结各位学者的观点，①②③④⑤⑥ 数字信息资源配置的特征主要体现在以下几个方面：

（1）层次性

数字信息资源配置的层次性是由数字信息资源本身的层次性和用户需求的层次性决定的。数字信息资源本身的层次性包括内容上的层次性和载体上的层次性两个方面。内容上的层次性是指数字信息资源开发的程度有深有浅，载体上的层次性是指数字信息资源具有不同性质的载体形式。用户需求的层次性是指用户的文化结构、年龄结构、知识结构等不同，使得对数字信息资源的需求也就各不相同。

数字信息资源配置有多种类型划分。例如，有的将其划分为全社会范围内的信息资源宏观配置和具体机构的信息资源配置，后者又分为政府机构的信息资源配置、企业的信息资源配置、非盈利信息机构的信息资源配置⑦；有的将其划分为互为条件、互相影响的信息资源横向配置和纵向配置，其中横向配置又分为区域配置和行

---

① 周晓光. 企业信息资源配置的评价研究［D］. 武汉：武汉理工大学，2003.

② 罗曼. 网络环境中的信息资源配置与共享问题［J］. 图书馆，1997（3）：16.

③ 杨承训，承谕. 信息资源配置：经济决策的平台［J］. 决策探索，2002（10）.

④ 周毅. 试析网络环境下信息资源配置的特点与基本战略［J］. 图书情报工作，2003（3）.

⑤ 叶方权. 网络环境下信息资源的配置［J］. 医学信息学杂志，2006（6）.

⑥ 周毅. 试析信息政策与法规在信息资源配置中的介入和作用［J］. 图书情报工作，2002（7）.

⑦ 赖茂生，王芳. 信息经济学［M］. 北京：北京大学出版社，2006.

（产）业配置①；有的将其划分为信息资源的宏观配置、中观配置和微观配置。其中，宏观层次的信息资源配置是一种战略角度的信息资源配置，中观层次的信息资源配置是一种基于地区或行业角度的信息资源配置，微观层次的信息资源配置是一种以企业等基层经济实体为基础的最基层的信息资源配置。②

（2）动态性

数字信息资源是一种动态的资源，不断地随着时间的变化而变化。伴随着人类社会经济活动的永不停歇地运动，数字信息资源也处在不断产生、变化的过程中，旧的数字信息资源逐渐过时和淘汰，新的数字信息资源不断生成、积累和发挥作用。数字信息资源通过流动在非对称的信息环境中实现增值目的。

与数字信息资源的动态性类似，数字信息资源的配置也是不断发展变化的，虽然有其相对的稳定性，但总的趋势是运动的。随着数字信息资源内容、质量、时效性等的变化，随着数字信息资源共享环境、条件和要求的变化，数字信息资源配置结构和模式需要重新改变，否则就不能实现配置过程和配置结果的有效率。数字信息资源配置的动态性主要受数字信息资源供给能力、数字信息资源需求、数字信息资源价格及数字信息资源购买者经济实力等因素的影响。

（3）渐进性

根据耗散结构（dissipative structure）理论，一个远离平衡态的非线性的开放系统（不管是物理的、化学的、生物的，还是社会的、经济的系统）通过不断地与外界交换物质和能量，在系统内部某个参量的变化达到一定的阈值时，通过涨落，系统可能发生突变即非平衡相变，由原来的混沌无序状态转变为一种在时间上、空间上或功能上的有序状态。

在数字信息资源系统中，数字信息资源不论是通过政府配置，还是通过市场配置，随着时间的推移，均会产生类似“耗散结构”

---

① 马费成．信息资源开发与管理［M］．北京：电子工业出版社，2004.

② 骆正山．信息经济学［M］．北京：机械工业出版社，2007.

的现象。数字信息资源的配置过程本质上就是一个从不合理逐步趋向合理，从无效率或低效率逐步趋向有效率的过程。这里所谓的“合理”或“有效率”指的是经济上的合理或有效率，即用一定的配置成本取得尽可能大的配置效益，或用最小的配置成本取得一定的配置效益，换言之，也就是用尽可能小的配置成本取得尽可能大的配置效益。合理或有效配置是数字信息资源配置过程中矢志不渝的追求目标。

（4）时效性

数字信息资源具备强烈的时效性。时效性的存在，使得数字信息资源的总效用常常得不到及时和全面的挖掘，从而引发不必要的社会财富浪费。数字信息资源的时效性意味着在数字信息资源配置过程中，要善于把握时机，只有时机适宜，才能使数字信息资源配置取得最大化的效益。把握时机，并不是指越早投入开发利用越好，而是要根据数字信息资源的特点和其投入利用带来的使用价值综合考虑，在合适的时间进行配置。

（5）共享性

数字信息资源有效配置的一种境界就是共享。这是因为，数字信息资源不具有竞争性和排他性，还可以同时被不同的用户使用，而不会影响其内容的发挥，甚至在某种程度上，还能使得数字信息资源的内容变得更加丰富。数字信息资源共享能带来更多的社会福利，是信息资源配置中所追求的一种结果。

（6）人工性

数字信息资源配置是一种人类活动，数字信息资源从产生到开发利用，都离不开人的参与，其人工性的特点是数字信息资源配置的前提和理论依据。

当今社会网络化趋势越来越明显，网络环境是技术发展和社会进步的背景环境。在网络环境下，数字信息资源配置的时空边界越来越模糊，数量与质量上的配置也更易实现，而配置的成本构成将发生变化，使得市场驱动成为数字信息资源配置的主要力量，这将从根本上转变数字信息资源配置的模式。

2.2 数字信息资源配置的效率

在研究数字信息资源配置效率时，本书始终将“效率”一词理解为“经济效率（economic efficiency）”。要想取得数字信息资源配置最大化的经济效率，不管在什么样的经济体制下，都要求在不同的生产目的之间合理地分配和使用有限的数字信息资源（包括妥善处理好数字信息资源与其他经济资源之间的关系），最大限度地满足人们的各种需要。因此，如同其他经济资源一样，在数字信息资源配置过程中必须回答“生产什么”、“生产多少”、“如何生产”、“如何分配”以及“向谁分配”的问题。可见，提高数字信息资源配置效率，就是要在经济活动中的各种数字信息资源的各种不同的使用方向之间，分出轻重缓急，决定各种生产性资源的合理选择和安排，生产规模和生产方式的选择和安排等，并寻求一种最佳的分配方式，以实现社会福利最大化。数字信息资源最优配置是数字信息资源配置有效率的一个最佳状态，它意味着经济活动的每一种数字信息资源都能有效地配置于最适宜的地方。我们在研究数字信息资源配置时，所强调的主要是效率问题。因为数字信息资源配置活动本身主要是一种市场经济活动，它首先要求根据市场主体的需求来配置资源，以此满足或是保证数字信息资源配置效率的优化。只有其配置效率高，才能最大化社会福利，有利于整个社会的发展。

在数字信息资源配置过程中，当某种资源配置格局形成后，人们往往需要对该格局是否有效率作出客观、公正的评价，以决定是否有必要重新进行调整和优化。评价，就其本质而言，无非是主观标准与客观实际情况一致性程度的比较和判断。具体来说，就是人们依据其自身的价值观或道德观建立一套标准，对客观对象进行质和量的比较，并在此基础上做出恰如其分的判断。值得注意的是，由于每个人的价值观或道德观不同，所建立的标准也就因人而异。正因如此，能否建立一套为社会公认的评价标准，就成了能否有效配置数字信息资源的关键。

显然，要在众多因人而异的评价标准中提炼出一套为社会公认的标准是相当困难的。幸运的是，主观的评价标准虽然因人而异，但从最一般的观点出发，社会的某些愿望还是相当明显和趋于一致的，那就是，有效率的数字信息资源配置意味着社会福利达到最大化。按照这一思想，假如现实的经济生活中出现了下列情况之一，则数字信息资源配置肯定没有达到“有效率”的状态：部分信息产品滞销或脱销；低效率的生产者得到较多的数字信息资源。这样，评价资源配置是否有效率的问题就可以转化为社会福利是否达到最大化的问题。由意大利经济学家帕累托（V. Pareto）提出的“帕累托最优（Pareto optimum）”标准可称得上是这种评价思想的杰出代表。

作为衡量资源配置效率的基本评价标准，“帕累托最优”指的是这样一种资源配置状态：生产资源的任何重新配置都不可能使一个人的处境变好而又不使另一个人的处境变坏。也就是说，在给定的技术和消费者偏好下，如果不使一个人的满足水平下降，便不可能使其他人的满足水平提高。反过来，如果改变资源配置格局会使每个人的处境都较以前变好了，或者至少一个人的处境变好而没有一个人的处境变坏，则表明资源配置并没有达到“帕累托最优”，或者说资源配置是低效率或无效率的。此时，有必要进行相应的变革，如重新调整存量资源的使用方向，启用增量资源等，从而提高资源配置的效率。

利用“帕累托最优”标准，可以对资源配置状态的任意变化进行“好”与“坏”的判断：如果既定的资源配置状态的任意改变使得社会中至少有一个人的状况变好，同时又没有其他人的状况变坏，则认为这种资源配置状态的变化是“好”的；否则就是“坏”的。用福利经济学的观点来解释，“帕累托最优”实际上就是指社会福利达到最大。以“帕累托最优”标准衡量为“好”的状态改变被称为“帕累托改进”。“帕累托改进”是指这样一种状态，即一项社会变革使得一部分人的社会福利增加的同时，并不减少其他社会成员的福利。对于某种既定的资源配置状态，如果一项社会政策变革使得所有社会成员的福利都有所改善，则该项改革是最理想的；如果一项社会政策变革，在增加一部分社会成员福利的同时，给另一部分社会成员的福利造成不利的影响，则该项改革是否可取，就很难确定。如果对于某种既定的资源配置状态，所有的“帕累托改进”均不存在，则意味着资源配置已处于“帕累托最优”状态。

“帕累托最优”是一种理想境界，可作为一个判断社会经济资源配置状态的标准，而不一定是指现实中的资源配置状态。

就目前已有的研究成果来看，“帕累托最优”虽然最早被用于衡量传统资源的配置效率，但同样也被越来越多的学者认为是衡量信息资源配置效率的基本评价标准，“帕累托改进”也经常被用来泛指信息资源配置效率的优化过程。

霍国庆①、黄丽霞②等认为，信息资源配置的效率主要表现在以下三个方面：一是投资的效率；二是信息需求的效率，是投资效率的具体化；三是信息资源效率，它既是衡量信息资源配置效率的又一个指标，也是投资效率的另一个侧面。

孙瑞英和马海群③则提出了如何综合衡量信息资源配置效率的问题。他们认为信息资源配置一方面必须服从于总体社会资源优化配置和社会福利最大化的宏观目标，另一方面又必须立足于信息生产、信息服务有效的微观基础。首先，宏观上要求整个社会的信息资源配置是有效率的；其次，要求个别信息企业的投入—产出效率是高效率的，同时效率对所有信息机构的发展也至关重要；第三，在考虑信息资源配置的效率问题时，还要考虑平等的问题，即在追求效率的同时，应兼顾平等。

别传武在其博士学位论文中提到④，衡量信息资源配置效率需

---

① 霍国庆．我国信息资源配置的模式分析（二）［J］．图书情报工作，2000（6）．

② 黄丽霞．以效率为导向的我国网络信息资源配置宏观调控模式研究［J］．图书情报知识，2006（5）．

③ 孙瑞英，马海群．信息资源优化配置的效率研究［J］．情报科学，2006，24（7）：967-973．

④ 别传武．信息资源理论研究［D］．武汉：武汉理工大学，2002．

要从宏观（总体）、中观（产业）和微观（生产者和消费者）三个不同的层次加以考察。他进一步认为，这种理解主要只是考察非智力型信息资源的配置层次与效率，还存在另外的角度，即考虑智力型信息资源的配置效率。这样就存在着文化/制度的效率、教育的效率、人力资本的效率和信息资源的效率。

2.2.1 “帕累托最优”的条件

达到“帕累托最优”状态需要具备一些条件，包括交换领域的“帕累托最优”条件、生产领域的“帕累托最优”条件以及交换和生产领域的“帕累托最优”条件。这三个领域的条件同时满足才意味着资源配置达到了“帕累托最优”状态。下面我们通过埃奇沃斯盒状图（Edgeworth box diagram）来分析各个领域的具体表现。埃奇沃斯盒状图是英国经济学家埃奇沃斯（F. Y. Edgeworth）于19世纪末建立的，盒子的长和高分别代表两个消费者（或生产者）所拥有的两种产品（或生产要素）的总量，盒状图中各点表示两种产品（或要素）的总供给量在两个消费者（生产者）之间的配置状态。埃奇沃斯盒状图揭示了当所有消费的总量或经济活动中使用的投入品总量固定时，如何配置稀缺的经济资源。

（1）交换领域的“帕累托最优”条件

交换领域的“帕累托最优”是指消费者之间产品的最优分配，它是通过产品交换实现的。

假设初始状态下社会只有两个消费者（假设分别为 A、B），他们分别拥有一定数量的产品（假设其数量分别为 X、Y）。现在，A、B 想通过相互之间交换产品 X 和 Y 来改善其福利水平，以实现每个人的福利最大化。

图2-1是交换的埃奇沃斯盒状图。由于个人福利是通过个人的效用水平来衡量的，所以，实现每个人的福利最大化实际上就是要使每个人的效用达到最大化。

图中，盒子的水平长度表示整个经济中第一种产品的数量 X，盒子的垂直高度表示整个经济中第二种产品的数量 Y。O_A 为第一个消费者 A 的原点，O_B 为第二个消费者 B 的原点。从 O_A 出发，水平

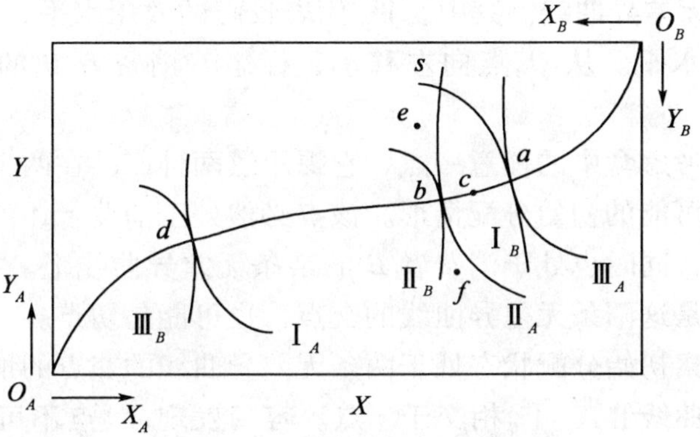

图 2-1　交换的埃奇沃斯盒状图

向右测量消费者 A 对第一种产品 X 的消费量 X_A，垂直向上测量其对第二种产品 Y 的消费量 Y_A；从 O_B 出发，水平向左测量消费者 B 对第一种产品 X 的消费量 X_B，垂直向下测量其对第二种产品 Y 的消费量 Y_B。

考虑盒中的任意一点 s，则 s 对应于消费者 A、B，必有式 2-1 成立：

$$X_A+X_B=X \qquad Y_A+Y_B=Y \tag{2-1}$$

也就是说，盒中任意一点确定了一组数据，这些数据揭示出每一个消费者对每一种产品的消费情况，而且满足上式要求。可见，埃奇沃斯盒状图中的盒子（包括盒子的边界）确定了两种产品在两个消费者之间的所有可能的分配情形的集合。

为了考察埃奇沃斯盒状图中符合“帕累托最优”状态的点，进一步引入无差异曲线（indifference curve）。无差异曲线是一条表示线上所有各点两种产品不同数量组合给消费者带来的满足程度相同的线。无差异曲线凸向原点，是一条向右下方倾斜的线，表明为实现同样的满足程度，增加一种产品的消费，必须减少另一种产品的消费。在同一个平面上可以有无数条不相交的无差异曲线。

图中，I_A、II_A、III_A 是消费者 A 的三条无差异曲线。其中，III_A 代表较高的效用水平，I_A 代表较低的效用水平。从 O_A 点向右

移动，标志着消费者 A 的效用水平增加；I_B、II_B、III_B是消费者 B 的三条无差异曲线。其中，III_B代表较高的效用水平，I_B代表较低的效用水平。从 O_B点向左移动，标志着消费者 B 的效用水平增加。

仍然考虑盒中的任意一点，它揭示了两种产品在两个消费者之间的一种可能的初始分配情形。该点必然处于消费者 A 的某条无差异曲线上，同时也处于消费者 B 的某条无差异曲线上。换而言之，该点可能是这两条无差异曲线的交点，也可能是切点。

先考察初始分配状态处于两条无差异曲线的交点的情形，如两条无差异曲线II_A、I_B相交于 s 点。容易发现，s 点不可能是“帕累托最优”点。因为通过改变初始分配状态，例如从 s 点变动到 a 点，则消费者 A 的效用水平从无差异曲线II_A提高到III_A，而消费者 B 的效用水平仍然维持在无差异曲线I_B上。因此，在点 s 仍然存在“帕累托改进”的余地。类似地，从 s 点变动到 b 点，则消费者 B 的效用水平从无差异曲线I_B提高到II_B，而消费者 A 的效用水平仍然维持在无差异曲线II_A上；从 s 点变动到 c 点，则消费者 A 和 B 的效用水平均会提高。可见，在交换的埃奇沃斯盒状图中，任意一点，如果它处于消费者 A 和 B 的两条无差异曲线的交点上，则就不是“帕累托最优”点，因为在这种情况下，总存在“帕累托改进”的余地。

接着考察初始分配状态处于两条无差异曲线的切点的情形，例如两条无差异曲线II_A、II_B相切于 b 点。容易发现，b 点是“帕累托最优”点。因为 b 点的任何变动，均不可能存在“帕累托改进”的余地。例如将 b 点向右上方移动，则消费者 A 的效用水平提高了，但消费者 B 的效用水平却下降了；将 b 点向左下方移动，则消费者 B 的效用水平提高了，但消费者 A 的效用水平却下降了；将 b 点移到 e 点或 f 点，则消费者 A 和 B 的效用水平均会下降。可见，在交换的埃奇沃斯盒状图中，任意一点，如果它处于消费者 A 和 B 的两条无差异曲线的切点上，则是“帕累托最优”点，因为在这种情况下，不存在任何“帕累托改进”的余地。

所有无差异曲线的切点的轨迹构成一条曲线，称做交换契约曲线，它代表两种产品在两个消费者之间分配的所有“帕累托最优”点的集合。由于无差异曲线切点的条件是在该点上的两条无差异曲线的斜率相等，而无差异曲线的斜率的绝对值又称作两种产品的边际替代率（marginal rate of substitution），因此，交换领域的“帕累托最优”条件可以表述成：当两个消费者对两种产品的边际替代率相等时，就认为在交换领域实现了“帕累托最优”。此时，两个消费者的效用都达到最大化，即所有能够为交换主体带来利益的交换都已发生，在个人之间不存在进一步发生交换的可能性。用公式表示为：

$$MRS_{X,\ Y}^{A} = MRS_{X,\ Y}^{B} \tag{2-2}$$

式中，$MRS_{X,Y}^{i}$为对 i（i 为 A 或 B）消费者而言，在维持满足程度不变的前提下，为增加一个单位的 X 产品而需要相应减少 Y 产品的消费量。

交换领域达到“帕累托最优”意味着所有消费者的福利都达到了最大。此时，任何消费者都无法在不损害他人福利的前提下通过继续交换提高自己的福利。

交换领域的“帕累托最优”条件是通过竞争性市场的价格机制实现的。在决定是否购买某种产品时，人们往往将从一个单位产品中得到的好处即效用，与获得该产品需要支付的成本即价格进行比较，交换成功意味着消费者得到了超过价格所度量的边际效用。此时，对价格机制的任何限制，均可能导致交换领域缺乏效率。

（2）生产领域的“帕累托最优”条件

生产领域的“帕累托最优”指生产者之间投入的最优配置，它是通过生产要素在不同生产者之间的投入实现的。

假设初始状态下社会只有两个生产者，分别为 C、D；两种生产要素，其数量分别为 L、K。下面我们用生产的埃奇沃斯盒状图（见图 2-2）来探讨两种生产要素 L、K 在两个生产者 C、D 之间分配的情况，进而分析生产领域的“帕累托最优”条件。

图中，盒子的水平长度表示整个经济中第一种生产要素的数量 L，盒子的垂直高度表示整个经济中第二种生产要素的数量 K。O_C 为第一个生产者 C 的原点，O_D 为第二个生产者 D 的原点。从 O_C 出

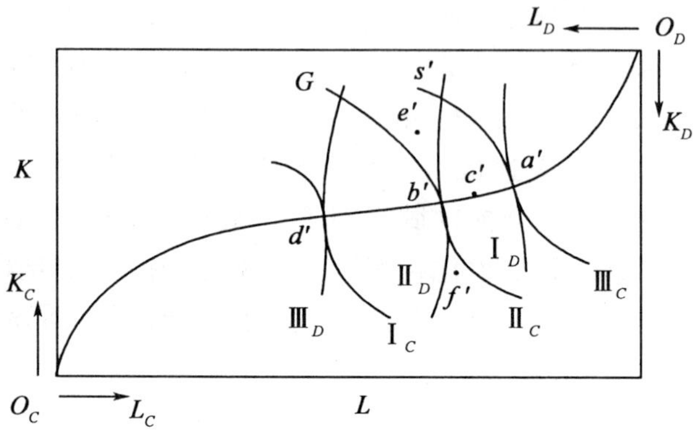

图 2-2 生产的埃奇沃斯盒状图

发，水平向右测量生产者 C 对第一种生产要素 L 的生产投入量 L_C，垂直向上测量其对第二种生产要素 K 的生产投入量 K_C；从 O_D 出发，水平向左测量生产者 D 对第一种生产要素 L 的生产投入量 L_D，垂直向下测量其对第二种生产要素 K 的生产投入量 K_D。

考虑盒中的任意一点 s'，则 s' 对应于生产者 C、D，必有式（2-3）成立：

$$L_C+L_D=L \qquad K_C+K_D=K \tag{2-3}$$

也就是说，盒中任意一点确定了一组数据，这些数据揭示出每一个生产者对每一种生产要素的生产投入情况，而且满足上式要求。可见，埃奇沃斯盒状图中的盒子（包括盒子的边界）确定了两种生产要素在两个生产者之间的所有可能的分配情形的集合。

为了考察埃奇沃斯盒状图中的符合“帕累托最优”状态的点，进一步引入等产量线（isoquant curve）。等产量线是指技术水平不变的条件下生产同一产量的两种生产要素投入量的所有不同组合的轨迹。等产量线凸向原点，是一条向右下方倾斜的线，表明为保持等产量，一种生产要素投入的增加是以另一种生产要素投入的减少作为前提的。在生产要素空间中，可以有无数条不相交的等产量线，它们分别代表了各种特定产量下生产要素 L 和 K 的不同数量的组合。距原点越远，等产量线所示的产量就越大。

图中，$Ⅰ_C$、$Ⅱ_C$、$Ⅲ_C$是生产者 C 的三条等产量线。其中，$Ⅲ_C$代表较高的产量水平，$Ⅰ_C$代表较低的产量水平。从 O_C点向右移动，标志着生产者 C 的产量水平增加；$Ⅰ_D$、$Ⅱ_D$、$Ⅲ_D$是生产者 D 的三条等产量线。其中，$Ⅲ_D$代表较高的产量水平，$Ⅰ_D$代表较低的产量水平。从 O_D点向左移动，标志着生产者 D 的产量水平增加。

仍然考虑盒中的任意一点，它揭示了两种生产要素在两个生产者之间的一种可能的初始分配情形。该点必然处于生产者 C 的某条等产量线上，同时也处于生产者 D 的某条等产量线上。换而言之，该点可能是这两条等产量线的交点，也可能是切点。

先考察初始分配状态处于两条等产量线的交点的情形，如两条等产量线$Ⅱ_C$、$Ⅰ_D$相交于 s'点。容易发现，s'点不可能是“帕累托最优”点。因为通过改变初始分配状态，例如从 s'点变动到 a'点，则生产者 C 的产量水平从等产量线$Ⅱ_C$提高到$Ⅲ_C$，而生产者 D 的产量水平仍然维持在等产量线$Ⅰ_D$上。因此，在点 s'仍然存在“帕累托改进”的余地。类似地，从 s'点变动到 b'点，则生产者 D 的产量水平从等产量线$Ⅰ_D$提高到$Ⅱ_D$，而生产者 C 的产量水平仍然维持在等产量线$Ⅱ_C$上；从 s'点变动到 c'点，则生产者 C 和 D 的产量水平均会提高。可见：在生产的埃奇沃斯盒状图中，任意一点，如果它处于生产者 C 和 D 的两条等产量线的交点上，则就不是“帕累托最优”点，因为在这种情况下，总存在“帕累托改进”的余地。

接着考察初始分配状态处于两条等产量线的切点的情形，如两条等产量线$Ⅱ_C$、$Ⅱ_D$相切于 b'点。容易发现，b'点是“帕累托最优”点。因为 b'点的任何变动，均不可能存在“帕累托改进”的余地。例如将 b'点向右上方移动，则生产者 C 的产量水平提高了，但生产者 D 的产量水平却下降了；将 b'点向左下方移动，则生产者 D 的产量水平提高了，但生产者 C 的产量水平却下降了；将 b'点移到 e'点或 f'点，则生产者 C 和 D 的产量水平均会下降。可见：在生产的埃奇沃斯盒状图中，任意一点，如果它处于生产者 C 和 D 的两条等产量线的切点上，则是“帕累托最优”点，因为在这种情况下，不存在任何“帕累托改进”的余地。

所有等产量线的切点的轨迹构成一条曲线，称作生产契约曲线，它代表两种生产要素在两个生产者之间分配的所有“帕累托最优”点的集合。由于等产量线切点的条件是在该点上的两条无差异曲线的斜率相等，而无差异曲线的斜率的绝对值又称做两种产品的边际技术替代率（marginal rate of technical substitution）。一种生产要素对另一种生产要素的边际技术替代率是指在生产技术水平不变的条件下，维持同样的产量，增加一个单位的某种生产要素可以替代另一种生产要素的数量。因此，生产领域的“帕累托最优”条件可以表述成：对于两个生产者来说，当两种生产要素的边际技术替代率相等时，就认为在生产领域实现了“帕累托最优”。此时，两个生产者的产量都达到了最大化，即不可能生产出更多某些产品而不减少其他产品的产量。

对于生产者 C 和 D，若 L 代替 K 的边际技术替代率分别用 $RTS_{L,K}^{C}$ 和 $RTS_{L,K}^{D}$ 来表示，则生产领域的“帕累托最优”条件可以用公式表示为：

$$RTS_{L,K}^{C}=RTS_{L,K}^{D} \tag{2-4}$$

当生产领域达到“帕累托最优”时，任何生产者都无法在不损害他人福利的前提下通过重新调整生产要素在不同使用方向上的分配来提高自己的福利。

（3）交换和生产领域的“帕累托最优”条件

交换领域和生产领域分别达到了“帕累托最优”还不能表明资源配置实现了“帕累托最优”。因为交换领域的最优只是说明消费是最有效率的，生产领域的最优只是说明生产是最有效率的。在这种情况下，还是有可能通过交换和生产领域的重新组合提高社会福利，例如在维持消费者满足程度不变的情况下提高产出水平，或者在维持产出水平不变的情况下提高消费者的满足程度，或者使消费者的满足程度和产出水平都提高等。交换和生产领域的“帕累托最优”正是就这两个领域的综合而言的。

我们将前面关于交换和生产的假设合并起来，即：假设整个经济只包括两个消费者 A 和 B，他们在两种产品 X 和 Y 之间进行选择，以及两个生产者 C 和 D，他们在两种生产要素 L 和 K 之间进行选择以生产两种产品 X 和 Y（假设 C 生产 X，D 生产 Y）。

我们引入生产可能性曲线（production possibilities curve）。生产可能性曲线用来表示经济社会在既定资源和技术条件下所能生产的各种产品最大数量的组合，反映了资源稀缺性与选择性的经济学特征。如图 2-3 所示，PP' 为生产可能性曲线，它向右下方倾斜且向右上方凸出。

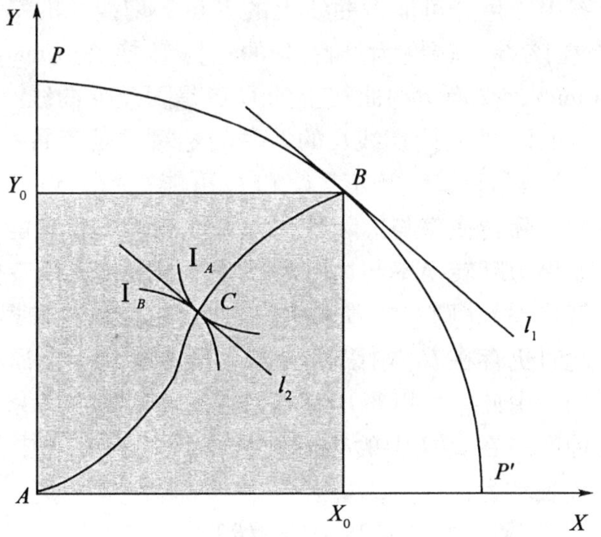

图 2-3　交换和生产领域的“帕累托最优”

在生产可能性曲线上任意选一点（如 B 点）。根据生产可能性曲线的性质，该点是生产契约曲线上的一点，满足生产的“帕累托最优”条件；同时，该点又表示一对产出的最优组合，即 (X_0, Y_0)。从 B 点出发，分别引一条垂直线到 X_0 和一条水平线到 Y_0，则得到一个矩形 AY_0BX_0A，该矩形对应着交换的埃奇沃斯盒状图：矩形的水平长度表示整个经济中第一种产品的数量 X_0，垂直高度表示整个经济中第二种产品的数量 Y_0；A 为第一个消费者 A 的原点，B 为第二个消费者 B 的原点；矩形中任意一点表示既定产出 X_0 和 Y_0 在两个消费者之间的一种分配情形。

根据前面的分析，埃奇沃斯盒状图 AY_0BX_0A 中交换契约曲线上的每一点均为交换的"帕累托最优"点。因此，给定生产契约曲线上的一点(即给定一个生产的"帕累托最优"点)，便有一条交换契约曲线(即有无穷多个交换的"帕累托最优"点)与之对应。在这条交换契约曲线上的任意一点(如 C 点)，均表示交换在单独看时已处于"帕累托最优"状态，但并不一定表示在与生产联合起来看时也处于"帕累托最优"状态。

在上图中，生产可能性曲线上的 B 点的切线 l_1 的斜率的绝对值是产品 X 在该点上转换为产品 Y 的边际转换率（marginal rate of transformation)，交换契约曲线上的 C 点是无差异曲线 I_A 和 I_B 的切点。I_A 和 I_B 的共同切线 l_2 的斜率的绝对值是产品 X 在该点上替代产品 Y 的边际替代率。切线 l_1 和 l_2 可能平行，也可能不平行。即：产品的边际转换率与边际替代率可能相等，也可能不相等。可以证明，如果边际转换率与边际替代率不相等(边际转换率大于或小于边际替代率)，则意味着未达到交换和生产的"帕累托最优"状态，因为此时仍存在着"帕累托改进"的余地，社会福利会因某种努力而增加。由此，可以得出交换和生产领域的"帕累托最优"条件为：两种产品在交换中的边际替代率等于在生产中的边际转换率。用公式表示为：

$$MRS_{X,\ Y} = MRT_{X,\ Y} \tag{2-5}$$

式中，$MRT_{X,\ Y}$ 为边际转换率，表示在既定的技术和资源条件下，为增加一个单位的 X 产品而需要相应减少 Y 产品的产出量。$MRS_{X,\ Y}$ 为边际替代率，表示在维持满足程度不变的前提下，为增加一个单位的 X 产品而需要相应减少 Y 产品的消费量。

交换和生产领域达到"帕累托最优"，意味着不仅要求交换在"帕累托最优"状态下进行，而且要求生产也要实现"帕累托最优"，即生产者之间的投入配置与消费者之间的产品分配都达到最优状态。

需要说明的是，前面对交换领域、生产领域以及交换和生产领域"帕累托最优"条件的讨论，是以整个经济中只有两个消费者、两种产品、两个生产者、两种生产要素为假设前提的，它同样也适用于多个消费者、多种产品、多个生产者、多种生产要素的一般情况。①

2.2.2　完全竞争市场与“帕累托最优”的实现

亚当·斯密（Adam Smith）曾断言：经济组织或个人在追求各自的私利的同时，会在一只“看不见的手”的指挥下，去尽力达到一个并非其本意想达到的增进社会福利的社会目的。② 也就是说，市场机制像一只“看不见的手”能自动引导资源向最有效率的方向配置。当代西方经济学家将亚当·斯密的这一思想发展成为一个更加精致的“定理”：给定一些理想条件，经济组织或个人在完全竞争经济中的最优化行为将导致“帕累托最优”状态。

根据福利经济学的观点，完全竞争市场的一般均衡状态就是“帕累托最优”状态。也就是说，完全竞争市场一般均衡符合“帕累托最优”所需要的条件，因而完全竞争市场一般均衡就是“帕累托最优”状态。这就是福利经济学第一定理。该定理不仅说明了完全竞争市场经济的优越性，而且也反映了福利经济学理论的应用领域和方向。

根据福利经济学第一定理，自由竞争的市场经济体制是最有效的，因为资源配置可以通过价格信号进行灵活调节，并且市场决策由市场主体自主自发进行，具有时效性、目的性以及相关性等特征。

福利经济学第二定理是指，从任一个初始资源配置状态出发，通过市场竞争机制形成的均衡必然可以实现“帕累托最优”状态。也就是说，任意一个“帕累托最优”状态均可以通过市场竞争均衡实现。

完全竞争市场具备以下特点：自由的市场、小规模的经济主体、同质的商品、自由流动的资源、充分的信息。在完全竞争市场

---

① 高鸿业. 西方经济学（上册）[M]. 北京：中国经济出版社，1996.

② Smith，A. *An inquiry into the nature and causes of the wealth on nations* [M]. New York：Oxford University Press，1776.

中，用户追求最大的效用，生产者追求最大的利润，且任何一个经济行为者（买方或卖方）的行为都不能对市场价格产生直接的影响。在这种情况下，价格是信息供需变化的指示器，价格体系给每个经济行为者提供了关于生产可能性、资源可获得性及所有其他决策者偏好的“信息摘要”。市场上信息供需热点的变化往往以价格信号反馈的方式表现出来，并通过价格体系对资源配置进行优化。

由于完全竞争市场的一般均衡状态就是“帕累托最优”状态，而每一种“帕累托最优”的资源配置格局也总能够通过完全竞争的一般均衡来实现。因此，完全竞争市场机制与资源的有效配置实际上是同一问题的两个不同侧面，用库普曼的话来说，就是“如同一枚硬币的两面”。① 即在一定的条件下，完全竞争市场机制能够实现资源的有效配置，或者说，资源的有效配置可以通过完全竞争市场机制来实现。完全竞争市场机制是完全竞争的均衡状态。在这个状态里，每个消费者的满足达到最大，每个生产者的利润达到最大。

需要说明的是，由于完全竞争市场的上述特点在现实中很难满足，因此，完全竞争市场毕竟只是假想中的理想市场。在当今市场范围极其广泛，交易活动十分复杂，市场规模非常庞大的情况下，现实的市场是不可能具备完全竞争市场特点的，完全竞争的市场几乎是不存在的。也就是说，完全竞争市场的假设在真实世界中并不成立。在现实的经济中，垄断或竞争不完全现象的普遍存在会导致市场失灵（market failure），此时，价格体系不再是关于生产可能性、资源可获得性及所有其他决策者偏好的“信息摘要”，从而无法满足“帕累托最优”条件，使资源配置偏离最优配置状态。此外，外部性（externalities）、公共物品的存在，也会导致类似的结果。关于这一点，我们在本书后续的章节中会做进一步的研究。在现实中，至多存在某些市场特征近似于完全竞争市场，可以按照完全竞争市场的规律来进行分析。

---

① Koopmans，T. C. *Three essays on the state of economic science* [M]. McGraw-Hill Book Company，1957.

更进一步地，上述论断是否意味着前面所提出的通过完全竞争的一般均衡来实现“帕累托最优”的资源配置格局没有现实意义呢？其实不然，因为完全竞争市场虽然只是一种理想的状况，但它却是整个微观经济分析的基础，借鉴对完全竞争市场的分析，我们还是可以间接地探求不完全竞争市场状态下资源有效配置的基本规律的。那么，现实的市场是否也能通过努力实现资源配置的“帕累托最优”呢？从理论上说是可以的，只不过与完全竞争市场相比，在改善资源配置方案方面需要投入更多的信息搜寻成本和付出更大的努力。①

2.3　数字信息资源配置的原则

2.3.1　影响数字信息资源配置效率的因素

影响信息资源有效配置的因素很多，国内有学者将其概括为信息资源的自然条件、信息资源的基础结构、信息资源的需求状况、信息市场的竞争和价格体系、技术条件、信息资源配置的目标和原则等。② 在本书中，我们主要从市场竞争和价格体系、数字信息资源使用者情况（包括资源使用者的偏好倾向和资源的可获得性、资源使用者接受教育的程度、资源使用者的职业状况和资源使用者的收入水平）、技术和资源条件、效率和公平等方面来考察数字信息资源配置效率的影响因素。

（1）市场竞争和价格体系

市场是主要的资源配置手段。根据“帕累托最优”原理，在既定的技术和资源条件下，如果不使至少一个消费者的满足水平下降，便不可能使其他消费者的满足水平提高。在实际资源配置时，可以考虑通过市场竞争和价格体系来比较优劣，协调配置，把有限的数字信息资源投入到效益最好的经济活动中去。

---

① 梁东黎，刘东．微观经济学［M］．南京：南京大学出版社，1991.

② 骆正山．信息经济学［M］．北京：机械工业出版社，2007.

在激烈竞争的市场里，价格是数字信息资源供需变化的指示器，价格体系给每个生产者、资源所有者或消费者带来了关于生产可能性、资源可获得性及所有其他决策者偏好的“信息摘要”。市场上信息资源供需热点的变化往往以价格信号反馈的方式表现出来，并通过价格体系对资源配置进行优化。由于我国的市场经济起步较晚，目前的数字信息资源价格体系还很不健全。因此，尽快建立和健全我国的数字信息资源价格体系是刻不容缓的事情。

（2）管理体制

科学的管理是进行数字信息资源有效配置不可缺少的手段。数字信息资源的科学管理，就是运用现代化管理方法来研究数字信息资源在经济活动中被利用的规律，对数字信息资源配置过程中的种种矛盾进行统筹规划和组织协调，以求得最优化的经济效果。

我国数字信息资源十分丰富，并且已经拥有了一定的获取渠道和流通渠道，但这些资源多分散于不同的部门或系统。在部门或系统利益的驱使下，数字信息资源的重复和浪费现象十分严重。要真正有效地配置数字信息资源，应该在充分掌握我国数字信息资源分布和利用规律的基础上，加强数字信息资源的整体化建设，并建立全国性或区域性的数字信息资源管理网络。通过横向联合，发挥整体优势，实现数字信息资源共享。与此同时，还要加强国际间的交流与合作，在平等互利的基础上，实现国际范围的数字信息资源共享。

（3）数字信息资源使用者情况

①资源使用者的偏好倾向和资源的可获得性

在既定的技术和资源条件下，数字信息资源的配置是否达到最优，与资源使用者的偏好倾向有很大关系。偏好模式不同，资源配置的效率一般是不同的。由于数字信息资源分布的分散性和科技发展水平的不平衡，不同数字信息资源的可获得性是不一样的。资源使用者总是最先以最方便的方式利用那些最易于取得的数字信息资源。只有在这些资源不能满足其需求的情况下，才会去考虑那些相对较难以取得的数字信息资源。因此，必须优化数字信息资源的内容结构和布局结构，改善流通渠道，使资源使用者能及时、方便地“各取所需”。

②资源使用者接受教育的程度

与物质资源不同，数字信息资源效用的实现程度除了取决于数字信息资源本身的有关因素外，还取决于资源使用者的知识涵养、信息意识、创造性能力的发挥等主观因素。一般地，资源使用者所接受的教育程度越高，则其知识涵养、信息意识、创造性能力的发挥等就越好，数字信息资源吸收能力（即有选择地汲取数字信息资源当中有用成分的能力）也就越强。在信息吸收过程中，通常涵盖了信息内容的理解、消化和有选择的接纳等环节。英国著名学者布鲁克斯（B. C. Brookes）曾经从哲学的高度提出了如下方程：

$$K(S) + \Delta I = K(S + \Delta S) \qquad (2\text{-}6)$$

该方程又称做布鲁克斯知识结构方程。式中，$K(S)$ 为原有的知识结构，即一个人的背景知识；ΔI 为吸收的信息量，即能够理解、整合到自己知识结构中的信息；$K(S + \Delta S)$ 为吸收后形成的新的知识结构。该方程表明，一个人新的知识结构的建立，取决于两个因素，即原有的知识结构 $K(S)$ 和新吸收的信息量 ΔI。能够满足人们信息需求的不是所有的信息，而是使人们原有知识结构发生变化的那一小部分知识(ΔI)。该方程还表明，原有的知识结构在很大程度上决定了一个人的信息吸收能力和吸收量。可见，资源使用者接受教育的程度越高，数字信息资源效用的实现程度往往会越大。

③资源使用者的职业状况

由于存在着社会分工和专业化，不同职业的资源使用者对某一数字信息资源的需求程度和吸收能力是不同的。这种“不同”反映到效用问题上，就表现为效用的实现程度不同。一般来说，对口的数字信息资源（即资源使用者有需求渴望和吸收能力的数字信息资源），其效用的实现程度一般较大。

④资源使用者的收入水平

收入水平是影响数字信息资源配置的另一重要因素。因为收入水平的高低决定了人们对某种数字信息资源消费的可能性，也影响着人们接受教育的可能性。收入越高，人们就越有条件消费信息资源，也越有条件接受良好的教育。因此，把数字信息资源配置到收入水平较高的资源使用者手中，有助于提高信息福利。①

（4）技术和资源条件

在前面的讨论中，都假定技术和资源条件不变。实际上，从整个人类社会发展史来看，数字信息资源是从少到多，“滚雪球”式地无限向前积累的，科学技术的发展也是日新月异的。显然，数字信息资源越丰富，科学技术越发展，数字信息资源的配置效率会越倾向于更高的台阶。

（5）效率与公平

在讨论效率问题时，离不开对公平问题的考察。公平是指人们对某种社会现象（关系）的一种道德评价，认为它是否应当如此，是否公正合理。公平意味着所有相关的个人的信息福利相等。在效率与公平的相互关系中，效率是公平的基础和前提，没有高效率，就没有高水平的公平，因而所谓的公平也不是真正意义上的公平。没有公平，就会出现数字信息资源的浪费，就谈不上有效配置。事实上，一直将资源有效配置作为重要课题来研究的福利经济学派，自开拓者庇古（A. C. Pigou）开始，就始终将效率和公平同时作为其政策目标，即福利经济学既要探讨“效率”问题，也要研究“公平”问题。② 因此，在进行数字信息资源的有效配置时，也应当同时考察这两个要素。至于是推行“效率和公平并重”的原则合适，还是推行“效率优先兼顾公平”或者“公平优先兼顾效率”的原则更合适，则与各个国家不同时期的政治体制、经济体制和发展水平、文化背景等因素密切相关。

影响数字信息资源有效配置的各个因素在影响的角度、程度上是不同的，各个因素的影响作用也不是孤立的。因此，数字信息资源的有效配置机理十分复杂。在实际配置时，应该具体问题具体分析，统筹兼顾，综合考虑，力争求得最优的配置效果。

---

① 这里所说的“信息福利”是指用户在消费和使用信息资源时得到的物质增益和精神满足的总和，即效用。

② 杨培雷．当代西方经济学流派［M］．上海：上海财经大学出版社，2003.

2.3.2　数字信息资源配置的基本原则

数字信息资源有效配置是一项复杂的系统工程，涉及许多相互联系、相互影响且不断发展变化的因素，在实践中应当注意遵循以下原则：

（1）社会福利最大化原则

数字信息资源从生产、传输、分配直至共享的全过程是一个十分复杂的系统工程，其中牵涉到的经济利益主体之多，波及范围之广，影响程度之大是前所未有的。在信息活动中，每一经济行为者既与其他经济行为者相联系，又保持相对独立，各司其责。配置数字信息资源势必涉及各经济行为者之间以及信息系统和系统外部环境之间的经济利益分配关系。判断数字信息资源配置是否有效不能单纯地从某一或某些经济行为者出发，而必须站在全社会的高度，以社会福利最大化为判定标准。

（2）需求导向原则

数字信息资源不论是在时间、空间矢量上的配置还是在品种类型上的配置，最基本的依据都是用户对数字信息资源的需求性，我们无法想象将数字信息资源配置于根本无需求欲望的用户手中能导致社会福利最大化。用户需求的每一变化都会影响到各种资源配置模式的效率，并进而影响到配置模式的调整和选择决策。传统资源配置模式中的“次第配置法”就是一种典型的按需求导向原则设计的模式，该模式首先把资源配置于最需要的部门，一直到“注满”为止；然后把“溢出”的资源注入到次需要的部门，一直到“注满”为止；如此次第配置下去，直至不再“溢出”。尽管由于数字信息资源的高时效性，该模式引入到数字信息资源配置中有一定的困难，需要引入时间等因素加以修正和变通，但还是很好地体现了需求导向原则的重要意义。

（3）公平原则

公平意味着社会福利在所有相关的个人或组织之间的分配达到均衡状态。这里所说的均衡分配与平均分配有着截然不同的含义，它要求资源配置者在按照社会福利最大化原则和需求导向原则配置资源的时候要注意做到公正合理地对待信息活动的每一用户，不偏不倚，不掺杂情感因素。

（4）市场手段和政府手段互补原则

市场供求、价格、竞争、风险等机制的充分运作可以自发地调节信息资源在生产、传输、分配和共享过程中的经济利益和经济关系，以利益驱动构建数字信息资源配置效率的大厦。西方经济学称市场手段是调节一切市场的十分有用的复杂精巧的联络系统，信息市场诞生以来的实践也充分证明，市场手段在解决数字信息资源配置方面确实起到了重要的作用。

政府手段是有效配置数字信息资源的另外一种非常重要的手段。英国福利经济学家霍布森（J. A. Hobson）认为，为了保证最大社会福利，政府必须干预经济活动。数字信息资源尽管是面向全球的，但不论是生产、传输还是分配、共享，都离不开政府的作用和影响。美国政府是国家信息基础设施建设的最积极倡导者，这一作用和影响使美国数字信息资源的组织管理水平居于世界领先地位，其数字信息资源配置水平亦堪称各国楷模。

市场手段和政府手段在作用形式、条件、效果等方面是不一样的。它们在数字信息资源配置方面都有成功的地方，也有不成功的地方（即市场失灵、政府失灵）。因此，在实际操作时，应注意协调互补，使两者形成有机的配合。一般地，能够通过市场手段配置的，就尽量通过市场的供求、价格、竞争、风险等机制去自动配置；不能或难以通过市场手段配置的，可以考虑在前述三项原则的指导下运用政府手段去配置。

第3章 数字信息资源市场配置和政府配置

3.1 数字信息资源的市场配置

3.1.1 数字信息资源配置的市场机制

市场机制是在信息市场运行过程中，市场有机体内部各种构成要素之间内在的有机联系形式以及这些形式相互作用、相互影响和相互制约所形成的各要素的功能。在价值规律作用下，市场机制犹如一只“看不见的手”，在数字信息资源配置过程中发挥着重要的作用：通过市场导向，刺激信息商品生产者努力改进生产技术和管理水平，生产有市场价值的信息商品；自发调节信息商品的结构，改善供需关系；自发调节信息商品在国民经济各部门的分配，提高数字信息资源的配置效率和配置效果；加速信息市场的培育，促进信息市场的正常、持久运行。市场机制在资源配置中的作用具体体现在：市场机制能有效引导信息商品的生产；市场机制促使信息经济活动主体不断创新；市场机制有利于繁荣信息产业；市场机制促进数字信息资源的合理流动；市场机制可增大社会效益。①

市场机制与资源配置是同一问题的两个不同侧面。在一定的条件下，完全竞争市场机制能够实现资源的有效配置，而资源的有效配置也可以通过完全竞争市场机制来实现。信息市场的市场机制由上述市场构成要素的相互作用、相互影响和相互制约所形成的信息商品的供求机制、价格机制、竞争机制等共同构成。

（1）供求机制

信息商品的供给和需求是信息经济活动中既相互对立又相互联系，既相互制约又互为条件的两个方面。一方面，信息商品的供给要通过有支付能力的信息商品的需求来实现；另一方面，信息商品的需求又要通过令人满意的信息商品的供给来得到满足。信息供需双方的这种矛盾运动就形成了信息市场运行的供求机制。供求机制是价值规律发生作用的基本表现形式，是信息市场运行的原动力。由于信息供求双方分别有自己的营销动机和利益要求，因而一般的信息市场的商品供求表现出很大的供求弹性，即要么供过于求，要么供不应求，供给与需求经常发生错位和脱节。

自信息市场诞生以来，供求关系一直在悄然发生着配置信息资源和引导信息市场发展方向的作用。供给与需求是一对矛盾，信息商品正是在该矛盾运动的过程中被悄悄地转化或转移，从而实现价值增值。

①信息商品供给

信息商品供给是指信息提供者向其他经济行为者提供信息商品。稀缺性决定了信息商品的供给不是无限丰富的。除此以外，下列因素也会影响和制约信息商品的供给：信息商品的成本和价格，信息商品生产的效率和公平，信息商品的质量和效用，信息商品生产的实力（资金、技术、人才、储备量等），信息市场的发育状况和水平，信息提供者对未来行情的预期，信息商品交易契约的公平和合理程度，接受信息商品的其他经济行为者的信息拥有水平和履行交易契约义务的情况。

---

① 查先进等. 信息资源配置与共享［M］. 武汉：武汉大学出版社，2008.

需要指出的是，由于信息本身具有天然的共享性，而众多经济行为者也希望借助这种共享性来降低信息的拥有成本，提高信息的拥有量。因此，在信息市场中强调增加信息商品供给的数量是没有经济意义的。改善信息商品供给状况的主要途径是通过对信息资源的合理配置，尽量增加信息商品的品种类型和充分挖掘现有存量信息的效用，从而减少冗余和浪费，提高效率。

②信息商品需求

信息商品需求是指信息用户对信息商品内容、质量、品种类型、提供方式等方面提出的需要和要求。

信息商品需求是信息市场活动得以开展的根本动力。信息商品用户数量多、类型复杂、分布面广，信息商品需求呈现多样化、规模化、复杂化的特点。在信息商品稀缺而用户的消费欲望又无止境的情况下，共享是一种极其有效的迎合与满足用户需求的措施。影响和制约信息商品需求的因素也很多。主要包括：信息商品及相关商品的价格，最终用户的收入以及消费能力和消费偏好，潜在用户的数量和对未来的预期，信息商品的质量和效用，经济和技术发展水平，信息市场的发育状况和水平，信息商品交易契约内容的公平和合理程度，其他经济行为者（特别是信息提供者）的信息提供或拥有水平以及履行交易契约义务的情况。

（2）价格机制

信息商品的定价是以信息商品的效用指标为基本定价原则的，即效用大的信息商品价格较高，效用小的信息商品价格较低。这种定价原则成为信息市场的价格机制形成的基础。在这种价格形成机制下，信息供需双方的利益追求是相同的，即都把代价最小、效用最大作为自己追求的目标。

此外，由于信息本身的不确定性和难以计量性以及信息活动过程的双向性和反馈性，信息市场的价格作用机理十分复杂，其作用形式、作用过程和作用结果都带有很大的随意性，目前还没有一个固定的定价模式。这种定价的随意性反映到价格机制上，就表现为信息市场的价格机制的多变性、多层次性和对市场作用的消弱性。

价格是影响信息商品供给与需求的共同因素。早在 18 世纪 70

年代，亚当·斯密就注意到了一切市场的这一共有特点。按照亚当·斯密的理论，在竞争的市场上，供需双方会不断讨价还价直至形成一个让供需双方都乐于接受的市场均衡价格（如图 3-1 所示）。

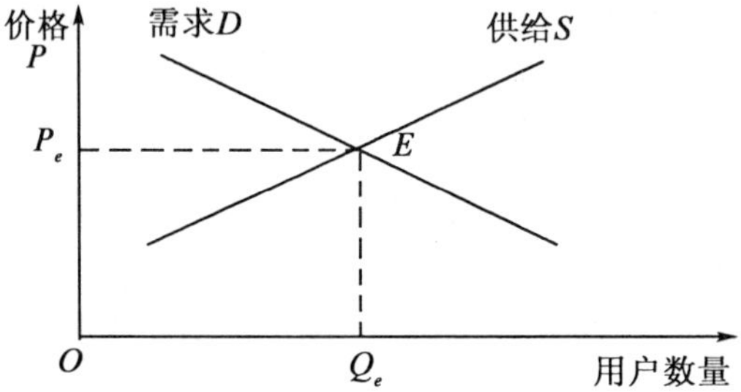

图 3-1　由供给和需求共同决定的市场均衡价格

均衡是市场运行的必然趋势。在图 3-1 中，D 和 S 分别为某信息商品的市场需求曲线和供给曲线。E 为两曲线的交点，即市场均衡点。P_e 为均衡价格，Q_e 为均衡时的用户数量。在这一状态点，市场上供需双方势均力敌。

市场上供需双方的相互作用决定了信息商品在市场交易中的价格。当市场价格偏离（大于或小于）均衡价格时，必然引起供需双方竞争力量的失衡（主要表现为供不应求）和市场运行低效率或无效率。在信息市场上，这种现象主要是由信息的不对称性和用户需求的多样性所导致的信息市场非对称性决定的。另外，市场信息的不完全和不完备也在客观上加剧了这种现象的存在。市场失衡是一种反常的状态，市场内在的自我调节机制必然要求供需双方调整竞争力量的大小和方向，直至恢复市场均衡状态。

当供需双方的竞争达到均衡状态的时候，在现有的信息商品总供给中，效用已被配置到最合适的需求者手中，并得到最充分的体验。与此同时，用户的信息商品需求心态也在一定程度上得到调整。因此，在竞争的信息市场上，信息商品供给和需求除了通过力量对比及相互作用影响市场交易外，还在更深层次上起着配置数字信息资源和引导信息市场发展方向的作用。市场供求在由失衡状态恢复到均衡状态并继续保持均衡趋势的过程中伴随着大量的对信息商品的需求。

（3）竞争机制

竞争是一切市场普遍存在的现象，其实质是“优胜劣汰”。信息商品的供给方、需求方和中介方在信息商品的生产、开发、经营和消费过程中，为争夺生产经营的优势地位，消费的有利条件或求得自身的生存与发展，获得更大的经济利益而进行一系列对抗活动，这些活动构成了信息市场竞争。在形式上表现为以下四种：信息生产经营者间的竞争——争夺信息资源和信息用户，信息需求者间的竞争——争夺信息商品，信息商品的供需双方的竞争——争夺经济利益，信息市场和物质商品市场之间的竞争。

完善的竞争机制在信息市场运行过程中起着十分重要的作用：自发调节和控制信息市场的运行，有效地解决数字信息资源的配置问题；造成一种开放型的市场环境，有利于提高市场运行的效率；促使市场信息的有效流通；促进信息市场在运行机制上与国际大市场接轨。

3.1.2　市场失灵

信息资源配置的手段不外乎市场和非市场两类。市场机制作为一只“看不见的手”在信息市场的运行过程中的确起着关键作用，成为人们开展数字信息资源配置的一种普遍的做法。当信息经济活动以市场方式（即形成信息市场）进行，并通过调整其内在的运行机制在经济上追求到一种产出的社会效率水平，在社会上追求到一种理想（公平）的分配效果时，则该数字信息资源配置的市场努力可以被认为是成功的。不过，这种成功只是一种假想的理想状态，它忽略了实际的经济活动中一个最基本的事实，即市场机制也不是完美无缺的，它本身有致命的弱点，存在众多的“先天性”缺陷。事实上，“看不见的手”几乎在任何国家（或地区）的任何时候都不存在绝对不失灵的情况。①

---

① 凌晓东．机制转换中的宏观经济调控［M］．北京：中国计划出版社，1994.

信息市场是信息商品从生产到消费之间的整个流通过程和流通领域，是信息商品供求关系的总和。① 信息的特殊性必然会导致“市场失灵”现象。也就是说，信息市场在借助于其自身内在的运行机制配置数字信息资源，维持市场正常运行的同时，经常会出现资源配置和市场运行偏离预期结果的情况。

（1）信息市场的外部性（externalities）

外部性是指商品在生产或消费时对其他人或组织产生附带的成本或效益。② 当外部性发生时，成本或效益被附加于其他人或组织身上，而这种影响的施加者却没有付出相应的代价，甚至对所发生的这些效应无所察觉。

信息商品在生产或消费时普遍存在着外部性③。这些外部性有时是正的，例如当公司开展研究与开发活动时，相应的知识与技术也随之产生。如果不考虑知识产权保护，这些知识与技术所带来的利益将不会仅仅由承担与此相关的费用的公司来承担，其他公司亦可获取附带的利益；有时是负的，例如当计算机病毒信息被传播于互联网络上时，缺乏足够防护知识和措施的网络终端用户将会受到侵害（如数据丢失或被篡改）；有时可能同时含有正、负两种性质，例如从事营销活动的企业在将其产品宣传方面的邮件传送给接收者时，如果接收者有购买意图或者至少有搜集此类邮件的兴趣，则所产生的外部性为正；反之，如果接收者无购买意图并对收到这类垃圾邮件表示反感，则所产生的外部性为负。

不论是正外部性，还是负外部性，其出现都会导致信息商品分配不公以及产出的社会效率水平偏离市场均衡状态（高于或低于），使价格机制被扭曲，并引发信息市场失灵。

（2）信息作为公共物品（public good）

---

① 马费成等. 信息经济学［M］. 武汉：武汉大学出版社，1997.

② ［美］保罗·A. 萨缪尔森. 经济学［M］. 北京：中国发展出版社，1992.

③ Kingma, B. *Economics of information*［M］. Englewood: Libraries United, Inc. 1996.

公共物品是相对于私人物品而言的，其典型特点是在消费时存在非竞争性。信息在很多情况下可以成为公共物品。例如一条可用于治疗爱滋病的医学研究与开发信息，几乎可以无差别地供一切愿意并有能力消费该信息的爱滋病人使用；任何合法的互联网络终端用户，皆可借助于相应的支持工具访问网络上高速传输的各类信息。

作为公共物品的信息可以是非排他性的，也可以是排他性的。前者如某些公益广告信息、一般性的医疗保健信息，信息生产者通常无法控制消费行为，更无法从消费者那里收费；后者如前已述及的有关治疗爱滋病的医学研究与开发信息，该信息一般可由信息生产者控制（例如仅对付费的爱滋病人开放使用）。

非排他性公共物品信息所引发的分配不公以及市场运行的低效率甚至无效率毋庸置疑。排他性公共物品信息表面上看来不存在分配不公以及市场运行的低效率或无效率问题。但只要我们稍加研究信息的特性就会发现，信息与有形物品不同，它具备极易拷贝和扩散的特点（例如计算机软件程序），信息生产者（或其合法继承者、受让者）虽然在理论上可以借助于知识产权法以及其他相关法律控制信息消费行为，但不幸的是，在实践上，能够真正地控制信息消费行为的几乎寥寥无几。以信息市场及知识产权法律制度最发达的美国为例，其个人计算机上非法拷贝的软件依然占有33%的份额。①

（3）信息市场的非竞争性和垄断性

资源配置达到“帕累托最优境界”是以信息市场的完全竞争假设为前提的。这种田园诗般的假设在实际的经济活动中并不存在。比较常见的情况是：在信息商品交易过程中，商品的价格及数量往往不是通过市场竞争决定，而是由某一个（也可能是几个）提供商或消费者控制。这种非竞争性必然导致信息市场的垄断性。

① Kingma, B. *Economics of information* [M]. Englewood: Libraries United, Inc. 1996.

以电话信息服务为例，当某个厂商刚进入电信行业时，它通常需要大规模的固定投资以用于基础设施的建设。但是，随着基础设施建设的完成，厂商在其电信系统里再连接一个用户的边际成本将会变得很低。这样，其他厂商要想投入电信行业参与竞争，必将极其困难。这是一种自然垄断的情形。信息市场同样大量存在着非自然垄断，例如由于版权法的实施而使文学、艺术或科学作品的作者及出版商在一定时间和地域范围内成为垄断者。

在自然垄断的例子中，最先进入电信行业的厂商拥有其他后进入的厂商无与伦比的不公平优势；在非自然垄断的例子中，版权法创造了人为的垄断者，使受利益驱动、拥有排他权的作者和出版商可以任意操纵作品的售价和出版数量。不论哪种情形，经济行为者之间的不平衡均会阻止市场达到产出的社会效率水平。

（4）不完备信息

在现实的经济活动中，由于信息传播需要花费成本代价，而信息商品的非物质性、市场通讯系统的局限性以及经济行为者有意或无意制造出来的市场噪音等因素，均将严重地阻碍信息的有效传播。因此，信息市场在运行过程中大量充斥着不完备信息。以计算机软件商品为例，消费者在购买商品之前几乎难以判定商品的质量和效用；而生产者和经营者在消费者购买和消费商品之前同样不了解其是否会守信誉，例如消费者会不会在将软件安装到自己的硬盘上之后再将原商品退回来，或者进行非法拷贝和经营。① 不完备信息的普遍存在使得各经济行为者在认识信息市场环境状态上存在有不公平的差距。这样，每个经济行为者所进行的市场活动及其结果就不可能及时地通过价格体系得到有效传递，因而信息市场价格不可能灵敏地反映市场的供求状况，市场供求状况也不可能灵敏地随着价格的指导而发生变化，信息市场因此失灵。②

---

① Kingma, B. *Economics of information* [M]. Englewood: Libraries United, Inc., 1996.

② 谢康. 微观信息经济学 [M]. 广州：中山大学出版社，1995.

3.2　数字信息资源的政府配置

3.2.1　政府的数字信息资源配置职能

市场失灵为凌驾于市场之上的政府干预经济活动提供了基本依据。正因为如此，政府对经济活动进行宏观调控，已经成为现代市场经济体制的有机组成部分。正如美国著名经济学家、诺贝尔经济学奖获得者萨缪尔森（P. A. Samuelson）所说："在当今没有什么东西可以取代市场来组织一个复杂的、大型的经济。问题是，市场既没有心脏，也没有头脑，它从不会思考，不顾忌什么。所以，我相信，混合经济就是要通过政府的政策来纠正某些由市场带来的经济缺陷。"①

在经济和社会发展的历史长河中，政府的作用极其突出。世界经济论坛和瑞士国际管理学院在其每年进行的国家竞争力评估中，都将政府作为决定一国经济竞争力的八个基本因素之一。② 这足以看出，政府不仅是国家经济生活理所当然的介入者，而且在一定程度上构成国家经济竞争优势的源泉。从资源配置的角度来看，政府的职能体现在政府选择（决定）提供某种消费品（包括劳务）并为之提供资金方面。它有两个显著的判断标志：一是由经济主体决定提供某种消费品，二是提供相应的资金。③

不论是发达国家还是发展中国家，政府的权力都非常强大，例如它可以轻而易举地启动宏观调控机器来安排应该做什么和不应该做什么。不论经济体制如何，只要国家仍存在，政府的这种得天独厚的地位就难以被改变。在市场经济比较发达的社会里，政府配置

---

① http://www.bbs.pinggu.org/thread-55355-1-1.html,2013-07-31.

② http://www.66wen.com/06gx/shuili/shuiwen/20070406/51702_2.html,2013-07-31.

③ 吴俊培，许建国，杨灿明编著．公共部门经济学[M]．北京：中国统计出版社，1998.

数字信息资源的职能体现为利用政府这种区别于其他社会组织(如工商企业、社会团体、医院、学校、图书馆等)的独特的优势地位，生产和提供那些市场提供无效或市场无法提供的信息产品或信息服务，并为之提供必要的资金。政府配置数字信息资源和市场配置数字信息资源是两种截然不同的资源配置方式，但根本的目的都是为了有效地向社会提供信息产品或信息服务。这些信息产品或信息服务不一定由政府去亲自生产和提供，但政府需要为此做出相应的决策，并提供必要的资金。

根据前面的研究可以看出，市场自组织手段不是万能的，即使是完善的市场自组织手段也不可能完全避免市场失灵。市场失灵为市场外部组织力量的干预发出了需求信号①：通过市场外部组织力量的干预，弥补市场自组织手段的缺陷，使资源配置的效率得以提高。市场外部力量很多，如政府、基金会、大学、非私有的医院等。正如阿罗(K. J. Arrow)所说的："市场失灵出现以后，那么，很有可能，其他一些社会手段至少要试用一下，这些手段包括政府干预，或者是拥有在政府和竞争性企业中间进行调解的经济组织。"②实际上，即使是倡导"自由放任"的亚当·斯密也认为"政府可能不得不帮助和安抚穷人"，并在《国富论》中发出警告："有市场权力的公司可能会聚在一起，共谋固定价格或者限制竞争。"③可见，政府这一角色的作用是非常突出的。

政府是一种非常独特的机构，在人力的作用下，它可以在很多方面出人意料地担当起重任。政府通常有两种选择：一是依靠政府的力量推行体制方面的调整与改革，消除相应的市场缺损，使市场机制不断趋于完善；二是对一些有缺损的市场功能进行政府替代，即对业已形成的导致非均衡的资源约束或市场约束进行不同程度的

---

① [英]米德．混合经济[M]．上海：上海三联出版社，1989.

② Arrow, K. J. *The economics of information* [M], Basil Blackwell Limited, Washington, DC, 1984.

③ [美]布拉德利·希勒著，王福重译．经济学基础(第4版)[M]．北京：人民邮电出版社，2004.

数量调节和价格调节。① 美国康乃狄格大学经济学教授迈克易切恩(W. A. McEachern)曾从一般市场的角度将政府在纠正市场失灵方面所扮演的角色归结为以下七个方面②：

(1)建立和实施经济活动的“游戏规则”。

(2)促进竞争。

(3)管制自然垄断行为。

(4)提供公共物品。

(5)处理外部性。

(6)在收入分配上提供更多的公平。

(7)通过财政政策促进充分就业、物价稳定和适当的经济增长速度。

世界银行也曾对政府的职能进行了界定(如表 3-1 所示)。③

表 3-1　**世界银行对政府职能的界定**

目的	解决市场失灵问题			促进社会公平
小型职能	提供纯粹的公共物品			保护穷人
	国防、法律与秩序、财产所有权、宏观经济管理、公共医疗卫生			反贫穷计划、消除疾病
中型职能	解决外部性	规范垄断企业	克服信息不完整问题	提供社会保障
	基础教育	公共事业法规	保险(医疗卫生、寿命养老金)金融法规、消费者保护	再分配性养老金、家庭津贴、失业保险
经济职能	协调私人市场活动			再分配
	促进市场发展、集中各种举措			资产再分配

① 凌晓东. 机制转换中的宏观经济调控[M]. 北京：中国计划出版社，1994.

② McEachern，W. A. *Microeconomics：a contemporary introduction*[M]. Ohio：South-Western Publishing Co.，1994.

③ http：//www. mpa. org. cn/upload/00018. ppt，2002-05-22.

政府的上述角色同样可以在信息市场中扮演。其实现主要是通过政府的公共管制、税收、直接投资或补贴、教育、法律乃至舆论和道德宣传等手段对数字信息资源配置活动进行调节和控制。以经济活动中的负外部性的处理为例，经济行为者由于不必承担负外部性的全部成本，因而有可能过度地从事某项活动，结果使其产出超过了有效率的水平，资源不能达到有效的配置。为了恢复效率，政府可以通过公共管制、税收、教育等手段来矫正市场机制的作用，引导经济行为者将产出降低到有效率的水平。

3.2.2 数字信息资源政府配置的手段和内容

政府干预的具体手段很多，如公共管制、税收、直接投资或补贴、教育、法律、舆论和道德宣传等。不同的手段具有不同的内容。通过这些手段的适当干预，政府可以消除某些人为的市场障碍。由于政府干预需要成本，而且常常会带来新的弊端，因此在选择和应用这些手段时，应注意考察市场失灵的起因和表现形式。

如表 3-2 所示的是政府为纠正信息市场失灵而采用的主要手段。可以看出，并非所有的信息产品或信息服务均由政府配置机制产生。特别是对于那些需要由货币交换才能获得的私有特征比较明显的信息产品或信息服务，政府是不适合调集力量和资金去干预的。

表 3-2 **政府纠正信息市场失灵的主要手段**

市场失灵情形		典型案例	政府干预主要手段
外部性	负	计算机病毒的网上传播	公共管制、税收、教育
	正	公司研究与开发信息	直接投资或补贴
公共物品	非排他性	公益广告信息	直接投资或补贴
	排他性	治疗艾滋病的医学研究与开发信息	知识产权法、税收、直接投资或补贴
垄断性	自然	电话信息服务	公共管制
	非自然	文学、艺术或科学作品信息	知识产权法
不完备信息		计算机软件商品质量、效用及消费者信誉信息	宣传、公共管制、法律

(1)基于外部性的政府干预

完全竞争市场均衡理论的一个基本假定是，单个消费者或生产者的行为对社会上其他人的福利没有影响，即不存在所谓的“外部影响”。换而言之，单个经济体的私人成本和私人收益分别等于其社会成本和社会收益。但在现实的经济生活中，这样的假定几乎是不存在的，市场中往往存在着不被市场交易包括的额外成本和收益，这便是经济活动中的外部性。外部性表现为经济活动中成本或收益向经济活动体系之外“溢出(spillover)”，而这种“溢出”是传递给交易之外的第三方的成本或收益。当出现成本“溢出”现象时，我们称之为负的外部性；当出现收益“溢出”现象时，我们称为正的外部性。即：

当出现负的外部性时，社会成本等于私人成本加上外部成本(亦即私人成本小于社会成本)；

当出现正的外部性时，社会收益等于私人收益加上外部收益(亦即私人收益小于社会收益)。

在出现外部性时，无论是负的还是正的，在自由竞争条件下，只要不进入经济行为者的决策，都会使数字信息资源配置偏离“帕累托最优”，导致数字信息资源共享过度或不充分的市场倾向，出现市场运行低效率或无效率的现象。具体来说，如果是负的外部性，则会导致数字信息资源共享高于社会最优的共享水平(共享过度)；反之，如果是正的外部性，则会导致数字信息资源共享低于社会最优的共享水平(共享不充分)。因此，政府干预应当遵循这样一个基本原则，即将全部外部性返还到市场中来，使其成为经济行为者决策的一部分。

按照这一原则，当外部性为负时，经济行为者由于不必承担外部成本，因而有可能使其共享偏离社会有效率的水平，数字信息资源配置不能达到“帕累托最优”。为了恢复效率，政府可以通过公共管制、税收、教育等手段来矫正市场机制的作用，强迫经济行为者接受“溢出”的外部成本，从而使其共享达到有效率的水平。当外部性为正时，情形相反，政府应当考虑采取直接投资、补贴或者其他补偿或激励措施，将“溢出”市场的外部收益补还给经济行为者，从而使数字信息资源共享提高到有效率的水平。

需要说明的是，当经济活动产生外部性，市场机制无法实现数字信息资源最优配置时，不一定总是需要政府出面才能解决。例如，相关的经济活动主体合并或一体化后，可以将一部分(甚至是全部)负的或正的外部性内部化。一旦外部性内部化，原来的外部成本或外部收益就变成了私人成本或私人收益。又如，根据科斯(R. H. Coase)定理，只要最初的产权是明确的，私人之间的交易活动是无成本的，则私人之间达成的契约同样可以解决外部性所引起的问题。① 但是，毋庸置疑，政府在解决外部性方面具有得天独厚的优势。②

(2)基于公共物品属性的政府干预

美国著名经济学家布拉德利·希勒(Bradley R. Schiller)指出："不管对公共物品的需求多么强烈，我们都不能依赖市场机制分配资源去生产公共物品。如果我们想要更多的公共物品，需要一个非市场权力——政府干预——来得到它们。"③

通过前面的研究，我们发现，部分信息产品或服务具有公共物品的特征，它们在共享的过程中是以公共物品的形式由多用户共享的。例如一条关于最新发现的计算机病毒的警告性信息，几乎可以无差别地供许多网络用户(付费的用户和未付费的用户)享用。由于同一公共物品信息的共享可以使很多用户受益，即每个用户都可以从该信息的共享中体验到一部分效用。因此，从理论上讲，这些用户都应该分别为此支付相关的信息产品或服务费用，或者说，信息产品或服务的生产和提供成本应当由这些用户联合承担。

作为公共物品的信息可能是排他性的，也可能是非排他性的。前者如某些公益广告信息、一般性的医疗保健信息，信息提供者通

① 赵凌云. 经济学通论[M]. 北京：北京大学出版社，2005.

② Coase, R. H. *The problem of social cost*[J]. Journal of Law and Economics, 1960(3): 1-44.

③ [美]布拉德利·希勒著，王福重译. 经济学基础(第4版)[M]. 北京：人民邮电出版社，2004.

常无法控制消费行为，更无法从消费者那里收费；后者如有关开发和建设数字图书馆的技术信息，该信息一般可由信息提供者控制，用户必须为使用支付一定的代价，不愿意付费的用户将无法享用（例如通过权限控制，使建成的数字图书馆仅对付费的数字图书馆用户或互联网服务提供商开放使用）。

政府在对由信息的公共物品属性引起的市场失灵进行干预时，应注意考察该公共物品属性是非排他性的还是排他性的。对于非排他性公共物品信息，由于它对社会有益，而信息提供者通常又无法或难以控制消费行为和从用户那里收费，因此，这类信息产品或服务应当主要由政府采取直接投资或补贴的做法予以资助。当然，如果信息提供者另有所图（如希望借机扩大企业的名声），则可以考虑让一部分开支由信息提供者的广告收入或其他商务活动的收益来填平补齐。对于排他性公共物品信息，由于信息产品或服务的大部分甚至全部生产和提供成本可以由信息提供者直接通过收费体系向用户征收，政府干预的作用主要不是采取直接投资或补贴的做法予以资助，而是要建立和健全知识产权法律制度以及其他相关法律制度，帮助市场建立适度的排他性共享机制，使市场一方面能够有效地阻止某些不愿意交费或交费额明显不合适的“搭便车”行为，另一方面又能够防止某些信息提供者滥用排他权。当然，对于明显对社会公益事业有益的排他性公共物品信息，政府也可以考虑适当地给予投资或补贴。

（3）基于垄断性的政府干预

资源配置达到“帕累托最优”境界是以信息市场的完全竞争假设为前提的。在完全竞争假设下，信息商品的价格及共享水平通过市场竞争由市场均衡点决定，任何信息提供者都不能肆意压低或拔高商品的价格，否则就要付出亏本或失去用户的代价，甚至会冒着被逐出市场的风险；同样，任何用户也不能拔高或压低商品的价格，否则就会得不偿失或者无法共享到信息商品。市场均衡点亦即社会有效的共享水平。

显然，这种田园诗般的假设在实际的经济生活中并不存在。比较常见的情况是：在数字信息资源共享过程中，由于信息商品基本上是差异性商品，信息商品的价格及共享水平往往不是通过市场竞争由市场均衡点决定，而是由某一信息提供者或信息提供者集团(有时也可能是某一用户或用户群体，不过一般较少见)控制。这种非竞争性必然导致信息市场的垄断性，信息市场的垄断包括自然垄断和非自然垄断两种情形。

垄断常常导致资源配置缺乏效率，甚至引发不公平现象。在市场出现垄断性行为的地方，政府干预一直被认为是变更市场结果的有效措施。这就需要政府充当公益人，对市场主体的竞争予以适当的引导、限制，如制定反垄断法或反托拉斯法，价格管制，控制垄断程度等。

政府干预的手段是多种多样的。对于自然垄断市场，政府可以直接进行操纵和管制，如限定信息商品的价格或规定允许的资金利润率等。另外，也可以通过反垄断的立法，防止个别经济行为者独霸市场，鼓励其他经济行为者进入市场参与竞争。

对于非自然垄断市场，由于垄断行为本身是由法律行为引起并受法律保护的，因此，政府干预的主要手段是调节现行法律对垄断行为保护的力度，使垄断者的行为从较长时期来看不会偏离社会有效的共享水平。例如，在知识产权法中，可以调节知识商品受保护的期限、范围和认定条件以及知识商品原创者可以享受的权利和应当履行的义务，从而使知识商品原创者获得与其创造性贡献相称而不是相背离(过度或不充分)的垄断权。也就是说，在其生效期里，有效率的知识产权法应当在知识产权人利益和社会公众利益之间体现出一种权利平衡，这种权利平衡状态不应该被打破。不仅如此，在调节现行法律的过程中，政府还应当明白，给予知识商品原创者一定量的补偿或者一定时期的垄断权只是手段，真正的目的应当是促进知识持续而有效的共享，因此，以法律手段人为制造的短期效率损失值应当小于由于提高了知识商品再生产和再创新的积极性所产生的长期效率的增加值。

(4)基于不完全信息和非对称信息的政府干预

不论是信息不完全还是信息非对称，本质上都是经济决策中所需要的信息无法得到，因此，政府干预的作用应当是设法为信息的及时而有效的供给创造条件，如去掉或者减少信息的不完全性和非对称性，提高获取信息的可能性，减少信息传递过程中的障碍，充当市场调解人等。

在进行政府干预时，很多手段可以奏效。例如以法律的形式对某些信息（如商品的性能、质量、安全性以及使用说明、广告宣传等）的披露做出硬性的规定，可以规范某些经济行为者不合理的市场行为，使一些应公开而市场行为又难以使之公开的信息公之于众。当市场上的某些经济行为者存在着明显的信息获取不公平优势，或者信息供给条件很差且存在着严重的信息非对称情况时，以法律手段进行干预，通常可以非常有效地化解市场风险，提高市场运作的效率。通过宣传和教育，可以使经济行为者学会识别决策过程中所需要的信息，并能通过正当的渠道获取这些信息。此外，政府也可以通过直接投资或补贴的方式，通过政府网站或共享体系进行“信息补偿（information remedies）”，将一些可以和应该“公知公用”的信息向社会发布。这些手段各有特点，在实际操作中常常是多手段并用。

需要指出的是，现实的信息市场普遍存在着信息不完全性和非对称性，政府干预仅仅是弥补该市场缺陷的一种手段，不可能使市场上的数字信息资源变得像完全竞争市场假设的那样完美。更何况，政府干预是否一定能“药到病除”，或者产生不良的副作用，其本身也面临着信息不确定性。

3.2.3　政府失灵

（1）政府失灵的原因

一个信息灵通、高效和人道的政府在弥补信息市场缺陷方面具有得天独厚的作用，但这并不意味着政府干预比市场本身的自组织更加有效。政府干预也不是万能的。在很多情况下，即使政府配备了高素质和有责任心的官员，政府干预的结果也依然不甚理想。例如，以强调“经济自由”而著称的当代自由主义经济学家、芝加哥大学弗里德曼（M. Friedmon）教授曾花费大量时间和精力研究了不同经济发展水平的许多国家市场经济运作的历史经验和教训，他认为，政府超越其最低限度职能的扩张，会削弱资源的有效利用，阻碍经济发展以及限制社会流动和政治自由。他反对政府干预的计划，尤其是对于市场价格的管制，他认为价格在市场机制里扮演着调度资源所不可或缺的信号功能。① 又如，弗吉尼亚大学的科斯曾在其发表的《社会成本问题》一文中指出，在处理外部性或公共物品问题时，通常并不需要税收、补贴以及其他任何形式的政府行动。② 他还提出了一个为后人所称道的科斯定理，也就是，在一个完全竞争的经济社会里，当发生重大的外部性且涉及外部性的当事人很少时，只要人们对财产权有明确的规定，只要人们可以用较低的成本或不费成本地进行谈判协商(即财产权的交易)，那么，不论财产权的原始分配是怎样的，市场机制所导致的均衡状态都是最有效率的状态。再如，为了尽量减少由于不完全信息的大量存在而导致的股市操作过程中的风险性和不公平性，世界各国政府普遍制定了严格的股市信息披露和监管制度，但实践表明，股市永远是一个充斥着“小道消息”的市场。“小道消息”之所以能横行股市，是与政府干预的力不从心分不开的。正如美国兰德公司的查尔斯·沃尔夫(Charles Wolf)在一项关于政府和私人企业的作用和任务的研究中所指出的：“在市场‘看不见的手’无法使私人的不良行为变为符合公共利益的行为的地方，可能也很难构造‘看得见的手’来实现这一任务。”③政府失灵一方面表现为政府的无效干预，即政府宏观调控的范围和力度不足或方式选择失当，不能够弥补市场失灵和维持市场机制正常运行的合理需要；另一方面则表现为政府的过度干预，即政府干预的范围和力度，超过了弥补市场失灵和维持市场机制正常运行的合理需要，或干预的方向不对路，形式选择失当。④ 政府失灵现象，用美国著名政治经济学家查尔斯·林德布洛

① http://baike.baidu.com/view/476057.htm，2013-07-31.

② Coase，R. H. *The problem of social cost*[J]. Journal of Law and Economics，1960(3)：1-44.

③ [美]查尔斯·沃尔夫著，谢旭译. 市场或政府[M]. 北京：中国发展出版社，1994.

④ http://www.docin.com/p-58520384.html,2013-07-31.

姆(C. E. Lindblom)的形象说法就是政府“只有粗大的拇指，而无其他手指”。① 也就是说，政府这只权威之手看上去就像一只仅有拇指而无其他手指的手，尽管那拇指粗大有力，但仍在一定程度上缺乏有效性。

可见，如同市场机制的完全有效性只有在严格的假说条件下才成立一样，政府干预的完美无缺也仅仅与想象中的“理想政府”相联系。在实践中，即使人们努力去塑造一个有能力、办事公正并注重公益性的好政府，但离“理想政府”仍相去甚远。从实践上看，政府失灵几乎是难以避免的。

政府失灵的原因很多，例如政府干预并非必然存在着公正性，政府某些干预行为的效率较低，政府干预易引发政府规模的膨胀，政府干预为寻租行为的产生提供了可能性，政府决策的失误等。②其突出表现在于缺少一种有效的政府干预机制，这可以从分析政府干预的需求和供给状况看出。

一般来说，政府干预也存在着类似市场的供给与需求。由于市场失灵是政府干预存在的主要理由，政府干预的范围通常也是市场失灵的范围，因此，政府干预的需求基本上是由被觉察或预见到的市场失灵引起的。只要公众意识到市场将出现失灵现象并危及其利益，就会要求政府出面予以干预。市场失灵现象越严重，公众对政府干预的需求就越迫切。当政府出面实施干预时，便产生了政府干预的供给。与一般的市场规律相近，当政府干预的供给能够满足上述需求时，可以认为这种供给是有效或基本上有效的。

政府干预的供给与需求应该为恰到好处地解决市场失灵问题服务。但在实际操作中，政府干预的供给和需求却常常被扭曲，从而导致政府失灵。这主要体现在公众的市场缺陷意识的增加，政府官员政治角色的高时间贴现率，受益者和支付者的分离，政府官员不良的工作习惯或意识，生产垄断性，产出非确定性和难以度量性，

① http://www.docin.com/p-296949165.html,2013-07-31.

② http://www.docin.com/p-290865992.html.2013-07-31.

缺乏有效的终止机制等方面。①

①公众的市场缺陷意识的增加

例如，客观存在的市场缺陷以及新闻媒体对市场缺陷无休止或过于夸张的宣传报道，使公众降低了对市场缺陷的忍耐程度和增加了对政府干预的渴望程度。一部分人甚至错误地认为，当市场机制表现出无能为力的时候，具有权威性的政府便是一剂灵丹妙药。

②政府官员的"短视行为"

政府官员一般都面临着较短的任期和紧迫的再次改选的压力，这使得政府官员急于在任期内见到政府干预的成效。为此，政府干预的各项政策常常更多地关注短期利益，而忽视长期成本。由于对市场缺陷和政府干预作用的认识、分析和了解通常需要较长的时期，政府官员上述的"短视行为"必将使政府干预的当前成本和当前收益被过分地夸大，而未来成本和未来收益却被大打折扣。

③受益者和支付者的分离

在政府干预中，受益者和支付者是分离的，例如受益者可能是某个特定的集团，而支付者却常常是全体的纳税者。结果，受益者会热衷于夸大市场缺陷和强调政府干预的作用，并以各种方式进行政治上有效率而经济上低效率或无效率的努力，支持政府扩大干预的范围和力度；与此相反，支付者则会强调政府干预的无能为力和各种负面影响。

④政府官员不良的工作习惯或意识

多数国家政府部门不甚灵活的运行机制和管理体制都普遍导致了官僚主义作风的滋长和蔓延，其结果必然导致许多政府官员特别是高层领导染上不良的工作习惯或意识。例如，为了避免被戴上"失职"的帽子，政府官员通常更倾向于多实施一些干预的手段，而不是任由"看不见的手"牵引着市场走。特别是当官僚主义盛行

① [美]查尔斯·沃尔夫著，谢旭译. 市场或政府[M]. 北京：中国发展出版社，1994.

的时候，政府官员通常更乐观地相信其自身拥有修正市场缺陷的办法，并对市场缺陷过于敏感。结果，政府干预的绳索被过多、过滥地套在市场的脖子上。

⑤生产的垄断性

政府为弥补市场失灵而直接干预的领域往往是那些投资大、收益慢且少的公共物品。政府在对其生产活动进行干预时，所处的特殊地位决定着只有政府才拥有从外部对信息市场的整体运行进行干预的职能和权力。这种没有竞争的垄断极易使政府丧失对效率、效益的追求。此外，在时空及其他条件既定的情况下，政府干预决策通常是由某一政府机构进行，而不是像市场那样存在多个相互竞争的供给者。结果，政府干预的决策常常缺乏效率。这种垄断性进一步使政府干预为寻租行为的产生提供了可能性，例如一些企业可能会通过各种形式向政府争取优惠政策，通过寻求政府对现有干预政策的改变而获得政府特许或其他政治庇护，垄断性地使用某种市场紧缺物资等。在这种情况下，大权在握的政府官员极有可能“受非法提供的金钱或其他报酬引诱，做出有利于提供报酬的人从而损害公众和公众利益的行为”。①

⑥产出的非确定性和难以度量性

政府干预行为强烈地受到各种主客观因素的影响，因此其产出往往是不确定的。另外，由于缺乏像市场那样的价格信号，产出信息也不能及时地传递给政府部门，因此，人们很难对政府干预前后的变化和影响作出恰如其分的评价。而且，政府干预的产出属于中间产出，虽然我们可以明确地判断其是为提高信息市场运行效率服务的，但要从中分离出政府干预的贡献却并非易事。

⑦缺乏有效的终止机制

在众多的政府干预手段中，有不少手段(如法律手段)存在着不可试验性，因此干预失败的现象并不少见。干预失败意味着该手段不合适，政府应该立即终止该手段的实施。但从实际情况看，由于政府官员普遍缺乏承认错误的勇气，该终止的干预手段常常并不

① http://www.chinareform.net/2010/0116/8222.html,2013-07-31.

能立即被终止。

政府在干预经济活动方面存在的缺陷还表现在它在弥补一种市场缺陷的同时往往会导致另一种市场缺陷的产生或加重。例如，对于可实现排他性的公共物品信息，借助于知识产权法，人们可以有效地在一定的时间和地域范围内保护其产权人的利益，如使其收回成本、获得收益等，这有利于实现社会公平，弥补市场在处理这类信息方面产生的不可避免的失灵现象。但是，知识产权法在保护了信息产权人的利益的同时，又导致了一种新的社会不公平，即使信息产权人成为信息市场上唯一的提供商，从而导致非自然的垄断，引起新的市场失灵。

由此可见，政府在纠正信息市场失灵方面所起的作用是有限的，而且从本质上看，不论信息处理和获取手段如何改善、决策技术如何进步，政府决策归根到底是一种人的行为，由于受到各种主客观条件的限制，即使这些决策是由最有经验的专家做出的，也难免会犯这样或那样的错误。正确的决策必须以充分可靠的信息为依据。但由于这种信息是在无数分散的个体行为者之间发生和传递，政府很难完全占有，加之现代社会化市场经济活动的复杂性和多变性，增加了政府对信息的全面掌握和分析处理的难度。正确的决策还需要决策者具备很高的素质，而现实中的政府官员很多并不具备上述决策素质和能力，这必然影响政府干预决策的科学性和正确性。政府干预中出现的错误虽然带有一定的概然性，但如同市场失灵是市场手段的“先天性”缺陷一样，政府失灵从总体上看依然不可能完全避免。因此，政府干预是不可能使信息资源配置真正完全有效率的。

(2)政府失灵的表现

政府失灵有很多具体的表现形式，主要体现在干预过度或不足、内部性、外部性、分配不公平等方面。

①干预过度或不足

一方面，在政府干预中，由于受益者和支付者是分离的，产出的价值与投入的成本没有必然的联系，这就意味着信息资源被低效率甚至无效率配置的机会大大增加了。为了弥补市场失灵，保守的政府官员通常更倾向于投入过多的成本和采取过多的干预行动，而这些成本和行动不仅没有必要，而且可能会滋生一系列负面影响。政府干预的过度体现在过于宽泛的干预范围、过于强硬的干预措施等方面，其实质是政府干了“不该干”的事。政府干预过度主要表现在剥夺市场主体的决策权，过度剥夺市场主体的财产权，过度限制市场主体的权利范围等方面。

另一方面，政府干预过程也可能会出现干预不足的现象。政府干预的不足体现在过于狭窄的干预范围、过于软弱无力的干预措施等方面，其实质是政府不干“该干”的事。政府干预不足主要有三方面的原因，即第一，制度层面的原因。如因制度滞后而使政府不行为或因权责不明而互相推诿等。第二，执行层面的原因。虽有制度的明确规定，但由于干预行为对干预者无利可图甚至带来其他风险而放弃其职责。第三，资源层面的原因。因为干预需要消耗资源，如果资源不足，则不能进行有效干预。①

不论是干预过度还是干预不足，本质上都是政府失灵。

②内部性

由于存在着决策行为的主观性、生产的垄断性以及产出的非确定性和难以度量性，政府机构经常产生一些与其理应发挥的公共职能不太相干的“私人”组织目标，即所谓的内部性。这里所说的“私人”组织目标，指的是满足政府机构自身特殊利益的目标，而不是满足社会公众利益的“公共”目标。例如，预算内部性、技术进步内部性、信息获取和控制内部性分别意味着政府官员在进行决策时将机构自身的预算规模最大化、技术现代化以及获取和控制信息以满足“私”用目的作为机构努力的目标之一。②

内部性是由供给方（即政府官员）引起的，主要表现形式是增加供给，使政府机构的成本上涨，出现了多余而不是必要的成本。如同外部性会影响经济活动的结果一样，内部性也会使政府

---

① http：//www.economiclaws.net/jiaoliu/list.asp？id=144，2005-04-20.

② ［美］查尔斯·沃尔夫著，谢旭译．市场或政府［M］．北京：中国发展出版社，1994.

干预的实际结果与预期的(社会希望的)结果之间出现偏差，从而产生政府失灵。当然，两者在表现形式上还是有差异的，因为由市场手段引起的外部性的存在意味着经济行为者在进行决策时没有或无法将应该考虑的外部成本和外部收益考虑进去，从而使信息资源共享偏离社会有效的共享水平；而由政府干预引起的内部性的存在却意味着政府官员在进行决策时将不应该考虑的内部成本和内部收益考虑了进去，从而使信息资源共享偏离社会有效的共享水平。

③外部性

政府干预常常会派生出某些并没有在决策时予以考虑的副作用，而这些副作用又被施加给了无关的第三方。这些副作用可能是负的、正的或者兼而有之。例如，当政府机构建立起一套网络使用标准，以防止网络用户因在互联网上下载信息包而使其他用户被迫承担拥塞的外部成本的时候，却造成了某些网络软、硬件开发商的商品销售利润的急剧下跌以及另外一些网络软、硬件开发商的商品销售利润的骤然上升。

政府干预的外部性常常无法预测。这是因为，政府官员所进行的干预决策，往往不是完全地由客观实际情况决定，而是更多地融入了其主观的愿望和情感(如同情心)。此外，政府官员缺乏足够的信息能力，以及在进行干预时乐于使用笨重的“机器”，也往往容易使政府干预的后果远离社会期望的目标。

④分配不公平

政府干预的手段不管有多少变种，本质上都是一部分人(政府官员)以“施压”的方式强行将手中的权力有意地交给某些人而不交给另一些人，这势必会导致社会分配不公。例如，税收来自于所有纳税人，从公平的角度来说，它应该“取之于民，用之于民”，即将这些税收用于资助由所有纳税人参加的市场活动。但事实上，受益者却常常是某些特定的集团。这种分配不公很容易导致某些政府官员滥用职权和其他腐败行为的发生，从而加大政府干预的成本，引发政府失灵。

3.3　市场机制和政府机制的比较与选择

根据以上研究，可以看出，简单地阐明市场作用与政府干预作用的谁强谁弱是不太现实的，因为这两种手段在数字信息资源优化配置问题上都既有积极的一面，也有消极的一面。市场手段具有极强的数字信息资源配置功效，但它却存在自身无法避免和克服的市场失灵现象；政府干预在纠正信息市场失灵方面堪称楷模，但政府干预是需要成本的，而且其自身同样具有无法清除的缺陷，同时也不能完全解决市场失灵问题。这就产生了这样一个问题：对于一个既定的经济活动，究竟应该选择哪种或哪些手段呢？

可以从两种手段发生作用的条件来考察这一问题。

从发生作用的条件来看，市场手段是一种自组织手段，不管人们(经济行为者、社会公众、政府官员等)喜不喜欢，也不管现行的经济体制接不接受，它都会在市场运行中自行发生作用。因此，只要有市场，就一定有存在于其中的市场手段。经济活动会自发地选择市场手段，并且不会因为市场失灵的存在而迫使市场手段完全退出舞台。政府干预是一种人的行为，是否选择该手段完全取决于政府官员的决策。

由此可见，市场手段总是一个必选的手段，是不以人的主观意志而转移的。事实上，市场手段的作用不仅表现在自我调节市场行为方面，而且还表现在能动地改善政府干预行为和弥补政府失灵方面。例如，在政府干预的作用下，经济活动中的某些信息产品或信息服务可能只存在唯一的生产和提供者。如果真是这样，那么，垄断性生产和提供，以及随之而来的信息资源共享低效率甚至无效率就无法避免。市场手段的注入可以在一定程度上缓解这一问题，如在市场机制作用下，未来可能的进入者通过了解相关的信息可以成长为间接的竞争对手，进行可替代产品或服务的生产和提供等。又如，专利法的作用会使专利权人成为专利技术的唯一拥有者，从而引发垄断行为。将市场因素注入政府干预领域中，可以缩小政府失灵的影响范围，如通过专利技术贸易促进市场竞争，从而减轻垄断性程度等。正如美国著名经济学家舒尔茨(C. L. Schultze)在《私人利益的公共利用》一书中所指出的，将市场手段的力量渗透到政府干预领域中，至少可以带来以下几个潜在的好处①：

第一，可以减少政府干预对整个社会和官僚化的需要。

第二，可以减少政府对信息以及详细的、经常出错误的成本—收益分析的需要。

第三，促使政府改革(如在私有领域中提供一种促进技术变化的动力)，以使政府干预向社会所期望的方向努力。

既然市场手段是一个必选的手段，那么，前面的问题就可进一步归结为是否有必要再选择政府干预手段的问题。

一般地，政府干预是为弥补市场缺陷而出现的。是否选择以及如何选择政府干预手段，需要结合市场失灵的具体情况，并顺序地思考以下问题：

第一，市场手段所引发的市场失灵究竟有何表现?

第二，市场失灵是否影响到了信息资源配置和共享效率?

第三，政府干预能不能或者能在多大程度上解决市场失灵问题?

第四，政府干预需要投入多大的成本?

第五，政府干预会引发哪些政府失灵?

第六，政府失灵对信息资源配置和共享效率有何影响?

第七，政府干预是否比不干预或者通过其他途径努力更好?

第八，是否还有除市场和政府之外的更好的解决方案?

对上述问题的思考不应仅仅是粗线条的。为了防止使失灵的市场进一步失灵，需要谨慎而又大胆地深入实际，具体问题具体分析，综合权衡利弊得失。

实际上，在多数情况下，如同市场手段是不可缺少的手段一样，政府干预手段一般也是不可缺少的。一些极度自由化的市场经济发达国家的实践早已证明了这一点。一般来说，政府干预是作为

① Schultze, C. L. *The Public Use of Private Interest*[M]. Washington, D. C.: Brookings Institution, 1977.

解决市场失灵问题的对策而提出来的，通常只尝试用于解决那些信息市场做不了或做不好的事情。① 因此，政府干预的市场促进作用主要体现在其在弥补市场失灵方面是否具有针对性。例如，当市场出现垄断行为时，反垄断立法和其他相关的政府干预措施可以有效地减轻该市场缺陷，而与之无关的政府干预措施则无法奏效，甚至产生消极的影响。

可见，在经济活动中，数字信息资源配置手段的合理选择是极其困难和复杂的，它既不是在完善的市场和有缺陷的政府之间的选择，也不是在经常失灵的市场和完善的政府之间的选择，而是在经常失灵的市场和肯定有缺陷的政府之间寻求某种妥协，以达到扬长避短、相互补遗的目的。现实而合理的政府与市场之间的关系应该是在保证市场对资源配置起基础性作用的前提下，以政府干预之长弥补市场之短，同时又以市场之长来克服政府干预之短，从而实现市场和政府两种机制的最优组合，即经济学家所推崇的“凸性组合”。② 在具体地进行市场和政府干预决策的时候，应该全面而合理地进行不同程度搭配的比较和选择，包括市场手段应该在哪些领域发挥作用，政府干预应该从哪些角度，在哪些领域，哪些时段，以何种方式和原则进行，不同的手段应该如何做到合理搭配和相互弥补等。对于每一个问题，还应该注意要在实事求是的基础上通过调查和研究的方式来回答。例如对于政府干预的角度问题，决策者应该考虑是依靠政府的力量推行体制方面的调整和改革以促使市场机制日趋完善，还是在某些方面直接对市场进行功能上的替代；是以“红萝卜”的方式(如减免税收、低息或贴息贷款等)进行干预，还是以“大棒”的方式(如惩罚性税收征稽、高息贷款、惩罚性价格规定、淘汰产品目录的定期公布等)进行干预，或者以“红萝卜加大棒”的方式进行干预等。总之，要使“看不见的手”和“看得见的手”保持一种合理的结构，并做到双管齐下。

---

① 查先进．面向高速信息网络的信息资源有效配置[M]．情报学报，1999，18(3)：255-259.

② http：//www. docin. com/p-438052279. html，2013-07-31.

当然，在实际操作时要真正做到这一点是很困难的。因为从对数字信息资源配置效率影响的程度来看，不论是积极的影响，还是消极的影响，政府干预的后果都带有很大的不确定性，令人难以捉摸。因此，在进行政府干预决策时，决策者都会普遍感到无从下手。但不管怎样，这却是一个必须努力的方向。

需要说明的是，在市场手段难以使数字信息资源配置变得有效率的地方，政府干预手段可能也很难发挥作用。所以，在很多情况下，即使市场手段和政府干预手段双管齐下，可能也不能解决问题。此时，作为一种补充或替代，非盈利的基金会以及其他一些非市场组织可以出面组织一些活动，如承担人力的再培训或在私人资助下提供各种形式的社会福利服务等。

第 4 章

数字信息资源配置复杂系统

现代信息社会里，数字信息资源数量急剧增长，数字信息资源开发与利用模式复杂多变，简单的线性分析方法不再能全面、准确地解释数字信息资源配置与管理机理。从系统视角看，数字信息资源配置的主体、客体以及配置关系构成一个复杂适应系统，具有整体性、层次性、开放性、耗散性、自组织性和涌现性。主体的自适应配置行为、自组织配置行为和协同配置行为过程也是数字信息资源配置系统结构演变和功能升级过程。如果数字信息资源开发与利用始终维持在系统承载力和环境容量范围内，系统演化呈组合 S 形曲线增长，数字信息资源配置与系统可持续发展协同演化，那么对应的数字信息资源配置模式则是能够实现数字信息资源系统动态平衡和良性循环的优化模式。

4.1 复杂适应系统与数字信息资源配置

4.1.1 复杂适应系统理论及其适用性

复杂适应系统（Complex Adaptive System，CAS）由美国计算机

科学家霍兰德(John Holland)于1994年首次提出。所谓复杂适应系统是指在系统演化发展过程中，系统主体通过“学习”不断改进自身行为，与系统环境相互适应、相互影响所形成的具有自适应、自组织和协同演化的复杂动态系统。① 微观层面上，系统中具有适应性和主动性的个体称为主体(agent)，主体之间以及主体与环境之间具有持续的相互作用，不断地进行信息交流和资源交换。一方面，主体为了更好地适应系统环境，不断“学习”和“积累”经验，并根据所学经验改变行为习惯和作用方式；另一方面，主体行为规则的改变反作用于系统环境，致使环境发生相应变化。宏观层面上，主体间复杂的非线性作用导致系统演化产生“涌现”现象，使得系统在宏观上突现出新的结构、现象和更复杂的行为。

复杂适应系统理论认为，适应性是造就复杂性的根本原因。如图4-1所示，复杂适应系统具有三种状态：稳定状态或受控于负反馈，不稳定或受控于正反馈，有限不稳定或生长在混沌边缘。② 其中，完全的稳定状态和不稳定状态都是系统演化中某时刻的特殊状态，有限的不稳定状态则是复杂适应系统的常态。当系统处于有限的不稳定状态时，主体之间以及主体与环境间的相互适应使得系统复杂多变。根据复杂适应系统理论，所有的复杂适应系统都具有四个特征——聚集、非线性、流和多样性，以及三个机制——标识、内部模型和积木机制。

复杂适应系统理论的创立为人们深刻认识、理解、研究、分析、设计、控制和管理一大类复杂系统提供了新思想，已在经济、信息、社会、生物、生态、环境等领域得到广泛应用，得到普遍认可。对于数字信息资源配置研究，复杂适应系统理论提供了一个新的理论视角，在分析数字信息资源配置系统结构和资源配置机制方面体现出优势，具有较强的适用性。

---

① 葛永林，徐正春. 论霍兰的CAS理论复杂系统研究新视角[J]. 系统辩证学学报，2002，10(3)：65-67.

② Chiva-Gomez，R. *Repercussions of complex adaptive systems on product design management*[J]. Technovation，2004，24(9)：707-711.

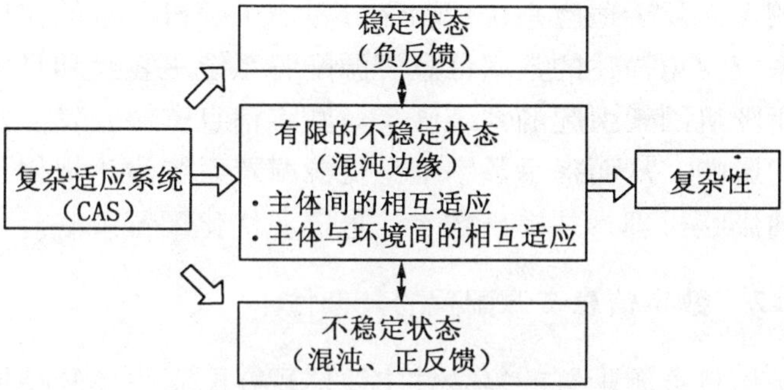

图4-1　复杂适应系统

(1)主体是复杂适应系统理论最基本的概念，主体概念对于数字信息资源配置具有鲜明的实用性和可操作性。在复杂适应系统理论的指导下，将信息个人、组织甚至集群视为系统主体，充分考虑主体的主动性和适应性对系统演化和资源配置效果的影响，能够获取配置过程中的用户体验，有利于深入研究配置主体的信息行为策略，并归纳配置主体的行为模式。

(2)复杂适应系统是多层次组织，各层之间界线分明且具有非线性关系。而数字信息资源配置系统具有网状层次结构，较低层总是根据积木机制，聚集成较高层。例如，许多同类型数字信息资源构成一个数据库，多个数据库构成一个数字图书馆，多个图书馆构成一个数字图书馆联盟。利用复杂适应系统理论能够厘清数字信息资源配置系统的层级关系，清晰展示数字信息资源结构和配置主体之间的相互关系。

(3)复杂适应系统理论变革了还原论，恢复了古代系统思想强调的活力观。利用复杂适应系统理论研究数字信息资源配置系统，能够将微观主体信息行为和宏观系统演化有机结合。在刺激—反应模型和系统回声(ECHO)模型的作用下，配置主体的适应性行为势必引起配置系统结构和功能的涌现，实现配置主体的利益变化与系统性能演变的有机统一。因而在复杂适应系统视角下，可以同时关注微观配置的效率和宏观配置的公平性问题。

(4)数字信息资源配置常常受到随机因素影响，使得配置结果不可预测。而复杂适应系统理论充分考虑了随机因素的作用，从复杂适应系统视角描述的数字信息资源配置系统更客观和具体，能够全面分析随机因素引起的系统涨落对数字信息资源开发、共享和利用行为的影响，从而揭示数字信息资源配置系统演化规律及其对配置结果的影响机理，并提出数字信息资源优化配置策略。

4.1.2 数字信息资源配置的复杂性

数字信息资源配置的复杂性主要体现在配置主体复杂性、配置客体复杂性、配置过程复杂性、配置关系复杂性以及配置环境复杂性五个方面。

(1)配置主体的复杂性

配置主体是指在数字信息资源配置过程中，发挥基础性作用的运行载体和运行基础，主要包括信息市场行为主体(市场)、信息主管机构(政府)和配置服务机构(企业、高校、科研院所、其他信息组织和个人)。配置主体具有学习能力和进化机制，同时又具有有限理性。为了响应外部环境变化，精确地衡量信息行为以及行为组合的利弊，配置主体通常根据刺激—反应模型，在各种行为策略中进行复杂博弈。

(2)配置客体的复杂性

配置客体是指配置对象，包括信息内容、信息人员(组织)、信息技术、信息政策、信息系统等多种类型的数字信息资源。配置客体的复杂性表现在：第一，数字信息资源效用具有不确定性和难以计量性，不可能按照固定模式，一次性实现合理配置，而需要根据供需情况进行调整和优化；第二，数字信息资源具有非消耗性和非排他性，配置过程中常常出现“搭便车”现象，导致市场配置机制失灵，增加了配置的复杂程度；第三，数字信息资源具有时效性，只有在恰当的时机，才能实现数字信息资源效益最大化。

(3)配置过程的复杂性

数字信息资源配置过程是一个复杂的社会过程，其主要任务是将各种数字信息资源按其价值、数量、品种、地域、时间等属性进行系统整合，尽可能使其价值得到及时的、最大化的体现，解决数字信息资源稀缺性与信息需求无限性之间的矛盾。信息需求具有不确定性和动态时序性，难以估算数字信息资源的稀缺程度。通常需要参考配置主体多方态度和行为趋势，调整数字信息资源的流向与流量，将适量的数字信息资源分配在最恰当的使用方向上。

(4)配置关系的复杂性

配置主体之间、系统之间不是被动的、简单的因果关系，而是主动的相互适应，从而产生混沌、分形、分岔等非线性耦合关系。正因如此，配置行为动态变化，配置效果难以准确估量，配置状态呈现多样化。表现在：一是配置效果不能叠加，例如区域信息资源配置效率提高不意味着整体配置效率提升；二是配置变化率不恒定，例如数字信息资源利用率与共享率随时间不断变化。

(5)配置环境的复杂性

配置环境是指对数字信息资源配置有直接或间接影响的一切事物的总和，包括自然环境、社会环境、经济环境、政治环境、技术环境等。配置的各要素不断地与外部环境进行复杂的信息交流、物质传输和能量交换，推动数字信息资源结构和效用处于动态变化中。

4.1.3　系统构成

数字信息资源配置复杂系统是由配置主体、配置客体以及主体与客体之间相互作用与影响关系构成的，具有开放性、动态性、层次性的复杂系统。如图4-2所示，在系统内部非线性作用和外部环境影响下，数字信息资源配置复杂系统动态演化并涌现出系统行为。

在数字信息资源配置复杂系统中，配置主体主要由信息市场主体、信息主管机构和配置服务机构等构成，他们之间具有不同的配置关系：信息主管机构主要是一些政府机构和官方组织，通过颁布信息政策和法规，管理和规范信息市场行为主体；配置服务机构是辅助和优化数字信息资源配置的信息个人和组织，包括企业、高校、科研院所、图书馆等，他们受信息主管机构监管，为信息市场

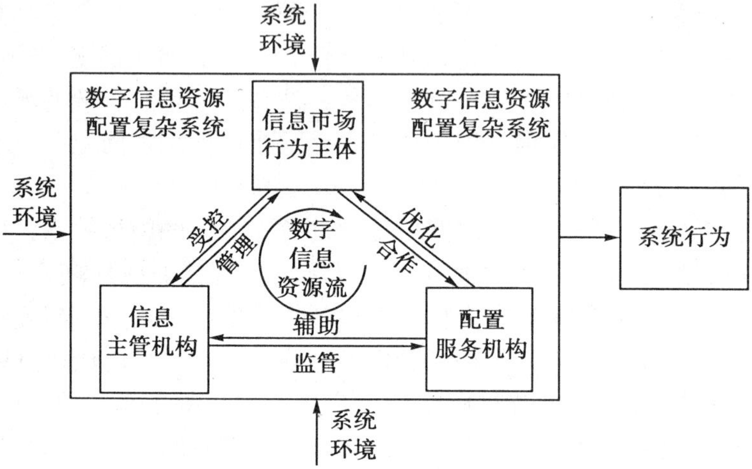

图 4-2　数字信息资源配置复杂系统

行为主体出谋划策，以帮助他们改进信息行为，实现信息资源供需平衡；信息市场行为主体是参与信息市场交易的买卖双方，他们受控于信息主管机构，并在配置服务机构的决策支持下，采取最优策略，以满足自身信息需求。配置客体包括政府信息资源、学术信息资源、图书馆信息资源等各种数字信息资源。在系统演化与数字信息资源动态配置中，各种数字信息资源形成信息资源流，在不同主体之间流转。

4.1.4　系统特征

数字信息资源配置的复杂性以及系统各组分关系的多变性，决定了数字信息资源配置系统具有复杂适应系统的特征和机制。数字信息资源配置系统是典型的复杂适应系统，其复杂适应性主要表现为以下六个方面：

(1)整体性

数字信息资源配置系统的整体性表现为系统具有完整的结构和完善的功能。一方面，数字信息资源配置系统并不是孤立存在的，它与其他自然资源系统和社会资源系统具有物质、能量和信息的交换，具有相互依存、相互影响关系，在结构上表现出完整性；另一方面，系统不是各种组成要素的简单拼凑，而是由系统内部相互关联的要素按一定规则组成的有机整体，整体功能大于各组成部分功能之和。

(2)层次性

数字信息资源配置系统的层次性表现在：众多信息个体动态组合形成子子系统(数字信息种群、集群)，各子子系统相互作用、重组形成较高一级的子系统(数字信息群落)，以此作用，再形成更高级的子系统，直至最终形成数字信息资源配置系统，如图 4-3 所示。

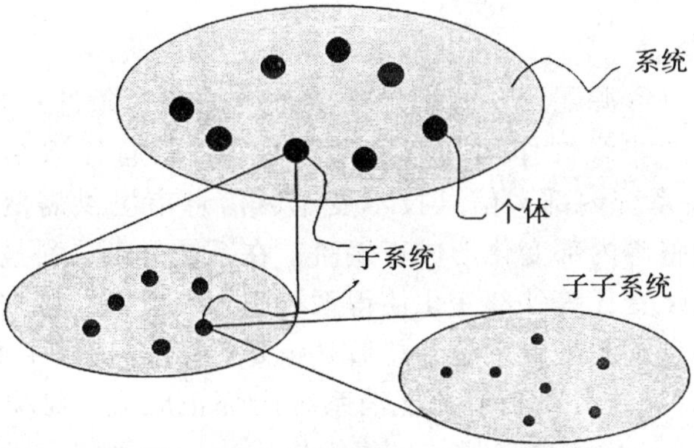

图 4-3 数字信息资源配置系统层次分布

(3)开放性

数字信息资源配置系统不断地与外界进行着信息交流、物质传输和能量交换，是一个开放系统(如图 4-4 所示)。开放性不仅表现为数字信息资源的可获得性和可利用性，可方便地读取和下载各种数字信息，还表现在网络标准和网站源代码的开放性上。例如，HP 为充分满足客户瞬息万变的数据中心需求，携众厂商共同打造适应性网络，成功发布了 HP ProCurve 开放网络生态系统(HP ProCurve ONE)。

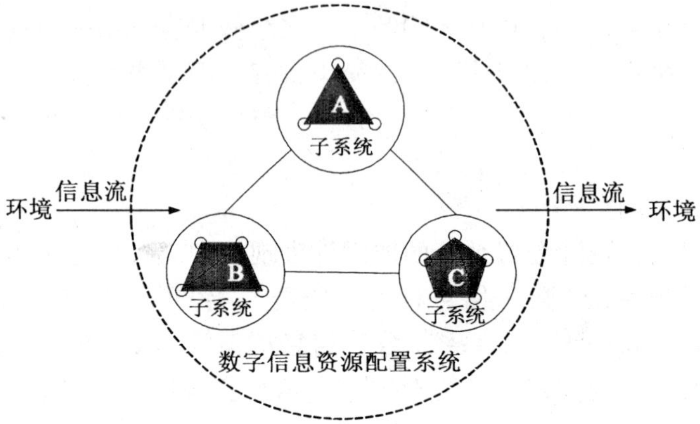

图 4-4 数字信息资源配置系统的开放性

(4)耗散性

数字信息资源配置系统满足耗散系统的四个条件：开放系统、远离平衡态、非线性作用和有涨落触发①，具有耗散结构。如图4-5所示，在系统内部，信息技术变革、信息市场供需变化、信息政策法规调整等内部变化形成正熵流；在系统外部，科技进步、经济发展、文化变迁等外部变化使得系统引入负熵流。根据熵变化原理，数字信息资源配置系统的总熵 $d_s = d_{is}$(内部正熵) + d_{es}(外部负熵) < 0，即系统外部负熵流抵消系统内部正熵流的结果使得系统远离平衡态。② 由于序参量的自组织作用，远离平衡态的系统将会从混沌到有序，从低级到高级，最终趋向新的平衡和有序状态，从而形成新的数字信息资源配置系统。

(5)自组织性

自组织是指自然界和人类社会中的事物或组织自发地、自主地

① [比]普里戈金，斯唐热著，湛敏译．确定性的终结——时间、混沌与新自然法则[M]．上海：上海科技教育出版社，1998：37-45.

② 任敦亮．熵及其应用[J]．哈尔滨师范大学自然科学学报，2002(6)：47-50.

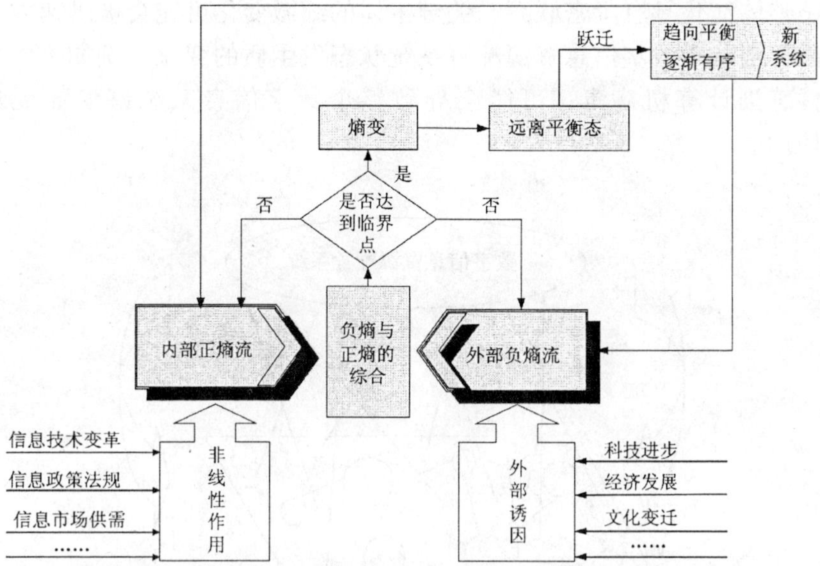

图 4-5　数字信息资源配置系统耗散结构

从无序向空间、时间或功能上有序的宏观结构演化。① 数字信息资源配置系统的自组织特性以一种潜在的方式存在于系统内部，在竞争和合作的共同作用力下，整个系统通过自组织实现其构建、发展和演化。同时，正是由于数字信息资源配置系统具有自组织性，系统才能够调节和容忍一定的干扰因素，当系统中的少数主体与系统整体发展方向不一致时，系统利用其自组织力协同各个主体，将主体的“例外”行为调节到可容忍范围内。

(6)涌现性

正如气象学中的“蝴蝶效应”一样，巴西丛林里一只蝴蝶翅膀煽动可能会掀起美国德克萨斯州的一场龙卷风。数字信息资源配置系统也有类似“1+1>2”的涌现现象，主要表现为新层次的产生、分化和多样性的出现，新聚合而成更大主体等，其涌现模式如图 4-6 所示。在数字信息资源配置系统演变过程中，配置主体的行为与系

① http：//en. wikipedia. org/wiki/Self-organization，2013-07-31.

统整体演化具有紧密联系，关键主体的细微变化可能会被迅速放大而导致整个数字信息资源配置系统状态发生质的变化。例如重要文件感染计算机病毒，可能会导致整个数字信息系统瘫痪而无法使用。

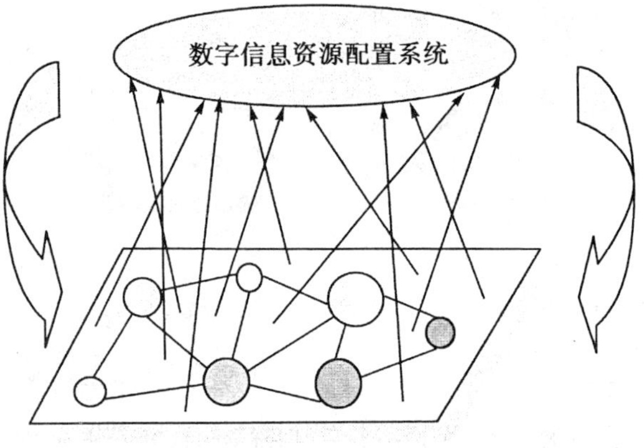

图 4-6 数字信息资源配置系统涌现模式

4.2 数字信息资源配置复杂系统的主体行为

在数字信息资源配置复杂系统中，主体行为主要有自适应配置行为、自组织配置行为和协同配置行为。

4.2.1 自适应配置行为

自适应性是配置主体最基本的特征。在自适应性机制的作用下，配置主体会根据其他主体的配置行为以及环境的变化，调整配置行为规则，优化配置策略。

(1) 自适应配置模型

主体根据内部适应性模型(如图 4-7 所示)采取信息行为。适应性模型包括执行系统、竞争机制与信用分派、规则发现三个部分。首先，在执行系统中，主体利用探测器，接收环境信息和识别环境，感知信息技术变革、经济形势变化、信息制度改革等诸多变化，然后根据 IF/THEN 规则库，针对各种外界刺激匹配反应行为，并由效应器输出合适的信息行为。

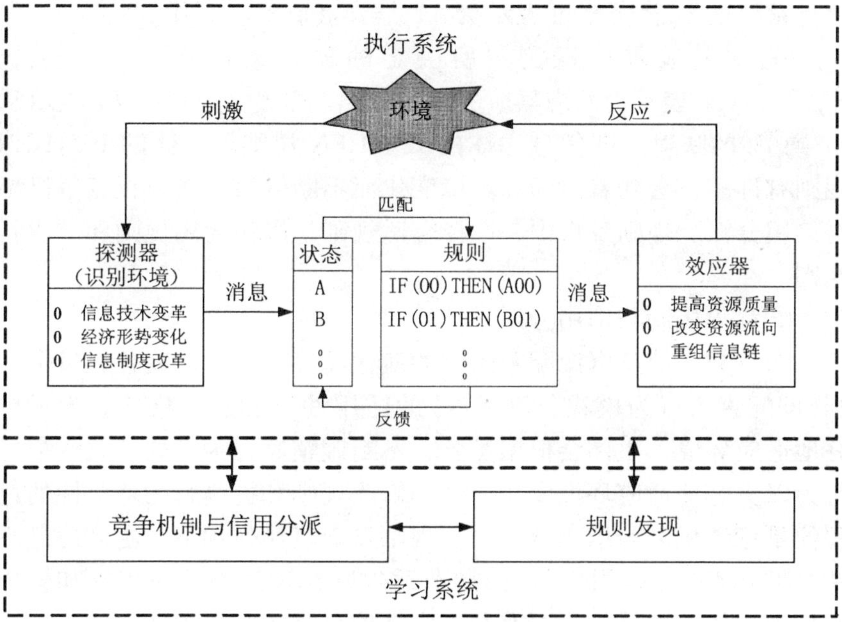

图 4-7　配置主体适应性模型

①执行系统

执行系统表示配置主体在特定条件下对环境的反应能力，执行系统确定了数字信息资源配置模型与配置轨迹，主要包括三个部分：探测器、效应器和一组 IF/THEN 规则库。

a. 探测器是执行系统的输入，是配置主体存在的条件，用于接收环境信息和识别环境，感知信息技术变革、经济形势变化、信息制度改革等诸多变化。

b. 效应器是执行系统的输出，能够反映配置主体适应环境的能力，可根据不同的输入条件变更配置主体内部状态。

c. IF/THEN 规则集是配置主体的内部模型，即刺激—反应模型，它规定主体对各种外界刺激做出何种的反应行为，代表主体处理信息的能力。

所谓刺激是配置主体对外界环境信息的感知，反应是配置主体对各种刺激的响应，而规则实质上是从刺激到反应的映射。因此，执行系统的数学模型可表示为：$Y_N = F_N(X_N)$ 。其中，$X_N = \{x_1, x_2, \cdots, x_n\}$ 表示由探测器所决定的输入条件集，$Y_N = \{y_1, y_2, \cdots, y_n\}$ 表示由效应器所决定的输出功能(行为)集，F_N 表示从 X_N 到 Y_N 的映射，即信息主体的 IF/THEN 规则。主体的 IF/THEN 规则有许多，会随着时间和环境变化而不断调整，需要在竞争机制与信用分派、规则发现中，选择合适规则，淘汰无用规则和生成新规则。

②竞争机制与信用分派

随着数字信息资源配置系统的演化和外界环境的变化，每个规则(即配置的行为模式、机制等)的适用性可能发生变化。为了更好地适应环境，主体会根据经验，不断调整其行为模式，改变配置行为以更好地适应环境变化，这一修改规则和提高行为适应性的过程便是竞争机制与信用分派。在规则发现机制作用下，主体通过不断“学习”和“经验积累”，选择合适规则，淘汰不适应规则和生成新规则，使得主体行为更有利于实现信息资源配置整体效益。

竞争机制与信用分派是通过对规则进行比较和排序，选择出适应性强的规则，并根据规则执行结果对其进行合理修订。一个恰当的自适应竞争机制对于实现数字信息资源配置系统的动态平衡和数字信息资源的优化配置至关重要。在配置过程中，主体会根据规则适应性强弱，赋予其权重大小。适应性强的规则权重值大，更容易被选中和利用，适应性弱的规则权重值小，经过多次筛选，最终将会被淘汰。

在执行过程中，信用分派采用拍卖机制和交易机制。所有参与竞争和匹配的规则需凭借其权值参与投标(bid)，投标值与规则的权值成正比。也就是说，投标值越高的规则使用价值越高，适用性越强，越能够在数字信息资源配置中发挥重要作用。如果某一规则被主体选作信息资源配置方案，此规则仍然将根据配置状态做出适当调整，调整过程具有一定成本。若有多个规则与某种信息资源配置情景相匹配，那么所有规则便组成了一个规则序列。①

信用分派过程用数学表达式作如下描述：

任选一配置规则 i，在时间 $t+1$ 时的权值 V 由下式计算：

$$V_i(t+1)=V_i(t)-P_i(t)+R_i(t) \tag{4-1}$$

式4-1 中 $V_i(t)$ 为第 i 个配置规则在时间 t 时刻的权值；$V_i(t+1)$ 为第 i 个配置规则在 $t+1$ 时刻的权值；$P_i(t)$ 为第 i 个配置规则在配置中调整所需的成本；$R_i(t)$ 为第 i 个主体应用此配置规则获得的收益。由式4-1 可知，$V_i(t+1)$ 取决于三个变量值：配置规则在 t 时刻时被选中的几率、配置规则作用于配置行为的回报率以及配置规则在时刻 t 的权值。又由于配置规则的投标值与其权值成正比，因而投标值可按照下式计算：

$$B_i=P_i(t)=C_{bid}V_i(t) \tag{4-2}$$

C_{bid} 为配置规则 i 的中标系数，B_i 为配置规则的投标值。假设配置规则最多适用于 k 种配置情景，其适应性大小为 k，那么主体选择 k 个最适用的规则会引发一个随机扰动，即：

$$EB_i=B_i+N(\varepsilon_{bid}) \tag{4-3}$$

$N(\varepsilon_{bid})$ 是均值为 0 且方差为 bid 的正态分布随机噪声。为了降低随机因素对配置规则的影响，防止权值较低的规则被选中，需引入征收与其权值成正比税收的策略，即：

$$T_i=C_{tax}W_i \tag{4-4}$$

那么，对任一配置规则的权值计算有以下方程：

$$W(t+1)=W(t)-C_{bid}W(t)-C_{tax}W(t)+R(t) \tag{4-5}$$

即：

$$W(t+1)=(1-k)W(t)+R(t) \tag{4-6}$$

式 4-6 中 $K=C_{bid}+C_{tax}$，设 $t=0$ 时，初始权值为 $W(0)$，则当 $t=n$ 时，有：

---

① Fudenbern, D., Levine, D. Learning in games [J]. European Economic Review, 1998(42): 629-631.

$$W(n) = (1-k)^{w} W(0) + \sum_{j=0}^{n-1} R(j)(1-k)^{n-j-1} \tag{4-7}$$

为了确定配置规则的适应性大小，配置主体需要计算配置规则的投标值和权值，将相关信息与原“规则集”进行匹配，有两种匹配情况：

第一，完全匹配：某类信息和知识与原“规则集”内的规则基本相符。例如，对高校数字图书馆信息资源进行配置时，由于配置目标、配置内容相同或相近，可以借鉴同行经验，采用同样的配置模式。

第二，部分匹配：某类信息或知识是“新知识”，与原“规则集”的某些规则相似。例如对不同行业的数字信息资源进行配置时，可以求同存异，对好的配置模式加以推广，不适用的策略则加以改进。

总之，主体会根据以上匹配情况，判断已有信息和知识能否有利于配置主体获得最大效用，并进一步决定是否提取这些信息和知识作为新规则。对于主体而言，效用最大就是主体不断朝着自身利益最大化方向发展，最终实现自我收益最大。收益最大也能成为了主体与主体、主体与系统环境相适应的动力，促使主体不断学习和改善，获得更多知识和信息，优化配置行为规则。

③发现规则，产生决策

规则发现就是通过对各种数字信息资源的配置机制与规则进行重组，为配置提供新方法、新模式。在配置过程中，主体根据已有知识和参与信息资源配置的经验，通过学习、选择和更新等方式，产生新的配置行为规则。新产生的规则是配置主体根据其他配置主体行为以及与环境间交互后得到的结果，是配置主体“学习”和“积累经验”的表现。

(2) 自适应配置行为过程

①自适应配置行为的数学描述

数字信息资源配置系统具有多样性和聚集性，主体会聚集形成数字信息资源子系统，子系统会形成各种数字信息资源集群（例如CALIS、CASHL 等），集群相互作用会形成巨大的数字信息资源配置系统。

在数字信息资源配置复杂适应系统中，假设该系统由L个数字信息资源集群构成，那么数字信息资源配置系统的资源结构为：$A = \{A_1, A_2, \cdots, A_L\}$，$A_i$ 为第 i 个集群，$A_i = \{a_{i1}, a_{i2}, \cdots, a_{ij}, \cdots, a_{ik}\}$ 即集群 A_i 具有 k 个数字信息资源子系统，那么整个数字信息资源配置复杂适应系统的资源结构可表示为；

$$\tilde{A} = A_1 \times A_2 \times \cdots \times A_L = \prod_{i=1}^{L} A_i \tag{4-8}$$

式中，$\tilde{A}$ 代表数字信息资源配置系统在演化过程中可能出现的最大的空间结构。由于系统演化要经过形成期、成长期、成熟期和变更期四个不同阶段，并不是每个阶段系统拥有的信息资源数量、品种和结构都相同。因此，通常情况下，数字信息资源配置结构只是 $\tilde{A}$ 的一个真子集。

不妨设数字信息资源配置系统适应过程的时间周期为 $t = 1, 2, \cdots, T$，单位时间表示一段时间或信息更新频率。假定在 t 时刻，系统结构为 $A(t)$，系统所在环境为 $E(t)$，环境当前信息 $I(t)$ 和环境历史信息 $H(t)$ 对系统状态都有影响，其中，环境历史信息 $H(t)$ 是指环境变化的信息，表达式为 $H(t) = \{I(1), I(2), \cdots, I(t-1)\}$。系统在配置策略 $F(t)$ 的作用下，数字信息资源配置状态演变为新结构：

$$F(t): A(t) \times H(t) \times I(t) \to A(t+1)$$

即：

$$A(t+1) = F_t(A(t), I(t), H(t)) \tag{4-9}$$

在 $t+1$ 时刻，数字信息资源配置系统通过对当前环境信息的继承和扬弃，形成下一时刻的环境历史信息，可表示为 $H(t+1) = F_t(H(t), I(t))$。

由于配置主体对信息掌握并不完全，加之随机因素的影响，系统资源配置结构由 t 时刻的 $A(t) = \{a_f | f = 1, 2, \cdots, N\}$ 演变为 $t+1$ 时刻的 $A(t+1) = \{a_g | g = 1, 2, \cdots, M\}$ 具有概率性，概率可表示为：

$$P(t) = \left\{ p_{f,g}(t) \,\middle|\, \sum_{g=1}^{M} p_{f,g}(t) = 1 \right\} \tag{4-10}$$

当$f=g$时，表示系统数字信息资源配置状态没有改变。因此式4-9可改写成

$$A(t+1)=P(t)\times F_t(A(t),\ I(t),\ H(t)) \tag{4-11}$$

② 配置策略的适应性变化

用$\mu_{E,t}$表示适应性函数，在时刻t，数字信息资源配置结构$A(t)$对环境$E(t)$的适应程度为：

$$\mu_E(A(t))=\mu_{E,t}(A(t),\ E(t)) \tag{4-12}$$

其中，$\mu_{E,t}(A(t),\ E(t))>0$表示配置策略带来正效用，数字信息资源配置行为与系统演化越来越协调，也越来越适应系统环境。

此外，配置主体感知的环境信息由数字信息资源配置系统和环境共同决定，即：

$$I(t)=\mu_{E,t}(A(t),\ E(t)) \tag{4-13}$$

配置主体在对所有环境信息（包括$I(t)$和$H(t)$）充分理解和掌握的基础上，参照当前系统结构$A(t)$，不断学习历史策略集$M_F(t)=\{F(1),\ F(2),\ \cdots,\ F(t-1),\ F(t)\}$，对配置策略做出适应性调整。从$t$到$t+1$时刻，数字信息资源配置策略由$F(t)$变为$F(t+1)$：

$$F(t+1)=F(A(t),\ I(t),\ H(t),\ M_F(t)) \tag{4-14}$$

$F(t+1)$是$t+1$时间段的策略，是配置策略集$\tilde{F}$的元素，即$F(t+1)\in\tilde{F}$。

同时，配置策略的变化会改变配置行为的适应程度，引起适应性函数$\mu_{E,t}$的相应变化，$t+1$时刻的适应性函数$\mu_{E,t+1}$可表示为：

$$\mu_{E,t+1}=F_{t+1}(\mu_{E,t},\ A(t),\ I(t)) \tag{4-15}$$

显然，$\mu_{E,t}$和$\mu_{E,t+1}$都是$U(T)$的元素，即$\mu_{E,t+1}\in U(T)$。由于数字信息资源配置行为轨迹与历史策略集$M_F(T)$紧密相关，在配置策略集$M_{F_1}(T)=\{F_1(1),\ F_1(2),\ \cdots,\ F_1(T)\}$的影响下，整个配置过程的适应性度可表示为：

$$U(T,\ M_{F_1}(T))=\sum_{t=1}^{T}\mu_{E,t}(F_1(t)) \tag{4-16}$$

考虑到其他随机因素对数字信息资源配置的影响，在 $M_F(T)$ 的影响下，整个数字信息资源配置过程的适应度可表示为：

$$U(T)=\sum_{t=1}^{T}\sum_{j}^{N}\mu_{E,\,t}((a_j)\times p_j(t))=\sum_{t=1}^{T}\mu_{E,\,t} \tag{4-17}$$

上式中的 $\mu_{E,\,t}=\sum_{t=1}^{T}\mu_{E,\,t}((a_j)\times p_j(t))$。

以上就是主体自适应配置行为的主要过程，主体的目标是不断调整配置行为策略，提高配置行为的适应度，采取最适应的策略即最优策略进行数字资源配置。

4.2.2 自组织配置行为

(1)自组织配置行为方式

数字信息资源配置系统是一个开放的、非平衡的复杂适应系统，在自组织力的作用下，数字信息资源配置状态自行演化、自我组织形成：为适应环境变化，配置主体将环境变化反馈到系统内部，通过改善和重新自组织，将数字信息资源进行合理分配、组织、规划与布局，形成相对均衡状态。根据自组织理论，数字信息资源配置是系统内部竞争与合作的协同发展过程。也就是说，内部矛盾引起的竞争和共同利益带来的合作是自组织配置的两种主要行为方式。

①竞争性配置

竞争是数字信息资源配置系统动态演化和数字信息资源优化配置最根本的动力，它有利于实现系统平衡，促使数字信息资源配置实现经济有效。数字信息资源配置系统的开放性本质及其价值交换的内生性功能决定了只要有不同的主体存在，竞争就不可能消除，新的配置状态必然产生。为了竞争取胜，各主体会竭力改善竞争条件和手段，提高自身生存与适应能力的同时，也避免了重复生产与盲目建设现象，提高信息资源配置经济效率。

②合作性配置

合作并不是有意识的契约安排，而是配置主体或子系统自发地、自动地根据刺激—反应模型形成相互联结关系。配置主体间的合作具有两个特征：一是结构性，即不同的数字信息资源或要素以非线性作用方式连接；二是条件性，即协同效应因信息要素和结构关系的不同而各异。在恰当的时机，合作有利于数字信息资源配置：通过资源的互补互利、信息人才的合理流动、信息技术设备的共享利用、信息生产与服务的分工协作，以最省力的方式实现数字信息资源有效配置和公平配置。同时，合作还能促使数字信息资源配置系统形成有序结构，维持数字信息资源配置系统动态平衡。

(2) 自组织配置行为模型

信息资源配置是数字信息资源配置系统的主要活动，数字信息资源配置状态可作为描述系统动态演化过程的宏观变量。用 $\{X_i\} = X_1(t), X_2(t), \cdots X_i(t), \cdots X_n(t)$ 表示政府信息资源、学术信息资源、图书馆信息资源等各种数字信息资源配置总量，整个数字信息资源配置系统可表示为：$S = F(\{X_i\}, \{C_i\}, f(t), t)$，其中，$i \in U = \{1, 2, \cdots, n\}$，$\{C_i\}$ 为参数集，包括环境对系统的影响参数，配置主体之间竞争关系参数 O 以及合作关系参数 I，$f(t)$ 为系统随机涨落函数，t 表示时间。

假设 r_i 为 X_i 的自然增长率，K_i 为 X_i 在既定技术条件下的发展潜力，因此数字信息资源子系统 i 与信息环境间的关系可表示为：$r_iX_i\left(1 - \frac{X_i}{K_i}\right)$，子系统 i 和 j 间的竞争关系对 i 的影响可表示为：$-O_iX_iX_j$，子系统 i 和 j 间的合作关系对 i 的影响可表示为：$I_iX_iX_j$。

而子系统 i 的信息资源配置是系统自身发展、随机涨落以及环境、子系统间的竞争与合作等因素共同作用下的结果，因此可将数字信息资源配置子系统的自组织模型表达为：

$$\hat{X} = \frac{dX_i}{d_t} = r_iX_i\left(1 - \frac{X_i}{K_i}\right) - \sum_{j \in U,\ j \neq i} O_iX_iX_j + \sum_{j \in U,\ j \neq i} I_iX_iX_j + f(t) \tag{4-18}$$

4.2.3 协同配置行为

(1) 协同配置的特征

协同效应是任何复杂系统固有的现象，主体之间、子系统之间的协同会实现系统整体的有序性和稳定性。作为典型的复杂适应系统，数字信息资源配置系统主体必定受到协同力的作用而产生协同配置行为。协同配置并不是一般意义的合作与协调，而是主体之间进行的基于承诺、相互信任以及信息共享的资源配置与系统运作。具体而言，数字信息资源协同配置是指以实现数字信息资源配置系统平衡与可持续发展为宗旨，在兼顾公平与效率的前提下，不同配置主体通过分工协作，有先后、有侧重、有组织、有计划地开发数字信息资源，合理规划、积极引导数字信息资源流向，实现数字信息资源充分共享，以最低成本和最高效率满足信息需求，实现数字信息资源效益最大化，提高全社会的信息福利。数字信息资源配置系统信息资源协同配置具有以下特征：

①以数字信息资源共享为核心

数字信息资源共享是数字信息资源配置的目的与归宿，协同配置建立在数字信息共享的基础上。由于数字信息资源的时效性较强，协同配置特别强调及时共享和充分共享，即数字信息资源配置在时间和空间上保持同步。

②具有协同放大效应

数字信息资源配置的协同放大效应是指配置要素在相互间非线性关系的影响下，协调一致并有放大趋势，系统整体配置总量并不等于各部分之和。协同放大效应非常普遍，例如许多数字商品市场都具有边际效益递增现象，又如著名的“信息悖论”现象，增加的信息和技术并未能如期地创造商业价值。① 可见，协同配置放大效应有利也有弊，在配置过程中，应该根据配置目标，尽可能放大协同配置的积极影响，减少消极影响。

③网络化结构

在全球经济一体化和泛在网络环境下，数字信息资源优化配置需要全人类的共同努力和相互合作。不同个人、组织之间关系错综复杂、动态变化，所有的配置主体及其相互关系构成一张动态的复

① 陈远，彭珍．信息技术投资效益实现研究[J]．中国图书馆学报，2006(2)：46-50.

杂网络。

(2)协同配置的内容

数字信息资源协同配置包括技术协同、资源协同和管理协同三个内容。

①技术协同

数字信息资源数量激增且存储在不同的信息系统中，资源统一描述、互操作与异地存取需要相关的协同技术加以实现。涉及的协同配置技术包括：角色协同技术(包括群体感知技术和协作控制技术)、操作流程协同技术、信息资源协同技术(包括基于标准协议的协同技术、协同数据库技术、语义协同技术)和计算协同技术。①

在数字信息资源配置过程中，技术协同常常表现为配置主体根据配置任务、用户需求和资源条件，选择与其目标相匹配的多种技术进行集成，并相继进行需求分析、技术选择和融合开发。

②资源协同

数字信息资源具有很强的渗透性，已经广泛地渗透到经济活动和社会活动的方方面面，需要对多种资源进行协同配置，不仅要统筹规划数字信息资源，更要合理计算其他资源的投入与产出。资源协同包含两个层次：一是不同种类数字信息资源的协同，例如商务数字信息资源与娱乐数字信息资源的协同配置，数字图书馆增加微博功能等；二是数字信息资源与其他经济资源、社会资源在资源结构、资源能力和资源状态上的协同。

③管理协同

通过对数字信息资源配置战略层协同、战术层协同与操作层协同，增强各主体之间的同向合作，减少系统内耗产生的负面效应，提高配置主体以及各个子系统之间的耦合度。这种协同式的管理有利于缩小数字鸿沟，提高数字信息资源配置的社会公平性。

---

① 赵杨．国家创新系统中的信息资源协同配置研究[D]．武汉：武汉大学，2010.

4.3　数字信息资源配置复杂系统的结构和功能

4.3.1　系统结构

根据结构决定功能的思想，要掌握数字信息资源配置复杂系统功能，首先需要剖析其系统结构。系统结构是指系统内的元素和子系统之间关联方式的总和①，具有特定功能的系统具有相应的系统结构。数字信息资源配置复杂系统结构是一种动态演化结构，系统内部主体之间以及系统与环境之间不断作用，通过数字信息资源生产、传递和消费等信息活动，在时空上形成数字信息资源配置状态和系统演化态势。

如图4-8所示，数字信息资源配置系统具有三层结构：微观层（主体）、中观层（子系统）和宏观层（系统）。各层内部主体之间交互作用非常广泛，各层之间相对独立具有松散的非线性关系。较高层次系统对较低层次系统具有刺激作用，低层次系统（主体）根据其ECHO模型（内部模型）对高层次的刺激进行反馈，从而产生适应性行为。

（1）主体层

主体层对应的系统成员主要是各类信息配置主体，它们通过供给信息资源，提出信息需求，管理信息资源和提供信息服务等，实现信息资源的合理规划和统筹安排，提高数字信息资源配置效率。配置主体的主动适应性是数字信息资源动态配置与数字信息资源配置系统演化的基础和前提。

（2）子系统层

子系统是系统中观层，对应于数字信息资源区域配置或行业配置，例如，根据各地区经济技术发达程度，建立各种规模不同的产学研数字信息资源联盟、图书馆数字信息服务系统、数字科技信息

---

① 宣慧玉，张发．复杂系统仿真及应用[M]．北京：清华大学出版社，2008：12-15.

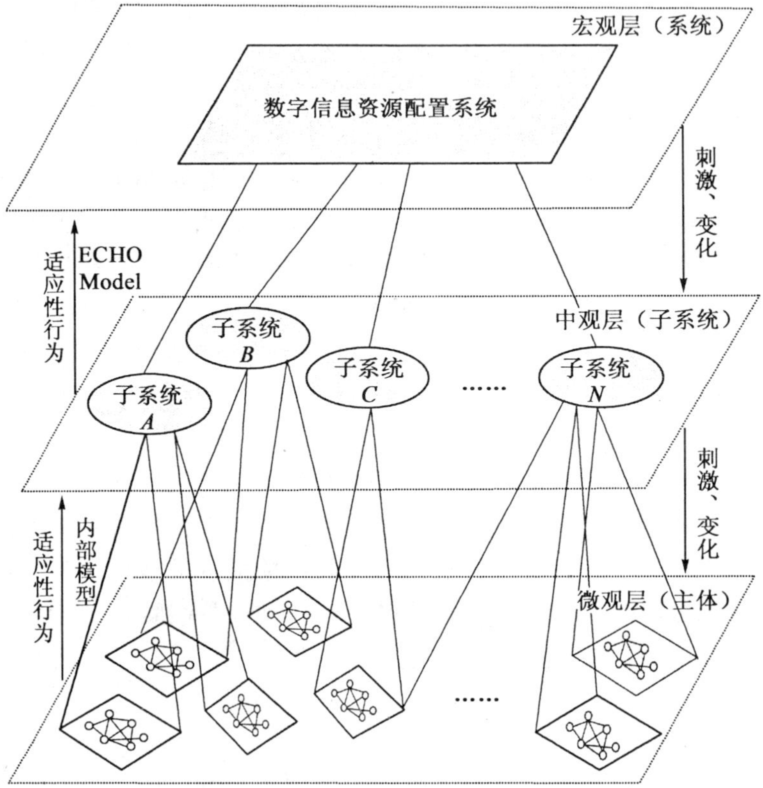

图 4-8 数字信息资源配置系统动态演化结构图

联盟等。子系统层强调系统主体之间的合作，配置主体根据其内部模型的执行系统和正反馈机制，相互作用、相互影响而聚集成数字信息资源集群。

(3)系统层

较低层次的子系统通过相互作用，协同演化，按照积木机制进行组合形成较高层次的数字信息资源配置系统。系统具有涌现性，宏观系统层上信息资源的结构特征、集群信息共享的规模效应、系统的抗干扰能力是较低层次的主体和系统不具备的。

4.3.2　系统功能

受外部环境扰动和内部涨落影响，数字信息资源配置复杂系统结构与功能不断演替和变化。系统演化不仅是系统结构、功能、规模、等级在时空上的有序演变，更是数字信息资源开发、共享与利用过程。数字信息资源配置复杂系统通过演化实现资源配置功能，主要体现在以下三个方面：

(1)增加资源负熵，提高数字信息资源有序度

数字信息资源配置复杂系统是耗散系统，要维持其耗散结构，系统须与外界交换物质、信息和能量，从中获取负熵以抵消正熵，使系统实现从无序到有序，从简单到复杂的演化。资源正熵代表数字信息资源无序和耗散，丧失系统自组织能力，加剧系统混乱和解体；资源负熵与资源正熵相对立，代表资源有序和再生，使数字信息资源利用效率更高，配置更合理，推动系统向有序、平衡的方向发展。

在系统内部，数字信息资源自适应配置行为、自组织配置行为以及协同配置行为会带来信息供需双方关系动态变化、配置主体数量变化以及数字信息资源结构变化，系统内各要素间的非线性作用会形成并增加资源正熵。数字信息资源配置复杂系统主要通过两种途径抵消资源正熵带来的消极影响，提高数字信息资源有序程度：一是通过优化信息市场交易机制，减少信息不对称，改进配置模式等降低系统内部资源正熵；二是增强与系统环境间的交互，从系统外部的科技进步、经济发展、文化变迁等变化中吸收资源负熵流。

(2)系统协同演化，优化数字信息资源流

信息资源流是数字信息资源配置的主要形式①，也是维持和促进数字信息资源配置系统有序与演化的基础。在系统演化过程中，数字信息资源配置系统总是在给定技术和消费者偏好的前提下，在既定约束或代价下，通过自组织行为，以最小代价获得最大数字信

① 周毅．资源流动：信息资源配置的基本形式[J]．图书情报工作，2001(7)：36-39.

息资源流。具体地，在协同演化力的作用下，数字信息资源配置系统内部各要素不断适应、相互协调，通过数字信息资源开发，共享与管理的分工协作，信息人才的合理流动，信息技术的更新换代和数字设备的共享等活动，调整各种数字信息资源要素比例及相互间关系，调节数字信息资源流的流向和流量，使得恰当的数字信息资源在恰当的时间流向恰当的人，以最大程度满足用户对数字信息资源的需求。

(3) 寻求系统演化的混沌解，改进数字信息资源配置路径

由于数字信息资源配置复杂系统长期处于不稳定的混沌状态，资源优化配置并不是系统演化的处处最优和时时最优，而是系统长期演化的整体最优，是对系统状态初始值极敏感的“混沌解”。数字信息资源配置复杂系统通过寻求系统演化的混沌解，实现数字信息资源的优化配置。

在系统演化过程中，系统演化轨迹对应数字信息资源配置路径，但并不是每条演化轨迹都能保证系统以最小配置成本获得数字信息资源的最大价值。由于混沌吸引子的存在，系统演化表现出一定的目的性，实现数字信息资源优化配置便是系统运行的目标轨迹。在各配置主体之间以及主体与环境间的非线性作用下，系统朝着经济相对有效的方向演化，从而实现数字信息资源的高效生产、合理分配和优化组合，优化数字信息资源配置路径。

4.4 数字信息资源配置复杂系统的优化

4.4.1 数字信息资源配置复杂系统演化曲线

数字信息资源配置复杂系统的演化过程是配置主体、配置活动以及配置环境相互耦合的结果，也是数字信息资源的配置过程。将影响系统演化的因素按其作用分为两类：一类是起促进作用的利导因素；另一类是起阻碍作用的限制因素。当利导因素发挥主导作用时，系统演化过程表现为对这些利导因素的争夺，包括对新信息资源的开发、信息资源潜在效用的挖掘、信息市场的竞争等，演化速

度加快，系统演化轨迹大致呈指数增长。随着利导因素的消耗，限制因素的阻碍作用逐渐凸显，系统演化速度受到限制，在自组织力作用下，系统尽力克服限制因素，其演化轨迹呈无限增长趋势。无论是指数增长还是无限增长，都是一个信息积累的过程，是系统演化影响因素变化规律、配置主体间相互作用规律、信息资源分布变化规律等的进一步深化，也是数字信息资源配置系统演化至最高层次后发生质变的主要条件。

数字信息资源配置系统演化一般需要经历形成期、成长期、成熟期和变更期，整个演化轨迹呈现 S 形曲线，可以用生态学中的 Logistic 方程描述系统演化过程：

$$\frac{dX}{dt} = \alpha X\left(1 - \frac{X}{N}\right) \tag{4-19}$$

式中 X 为数字信息资源配置系统整体演化水平，表示数字信息资源总量；α 为系统演化增长率，可视为信息技术发展水平，例如表示信息技术进步推动系统的演化；N 为系统演化的资源和环境容量，表示在现有条件下，数字信息传输的最大带宽、系统对信息污染和信息入侵的容纳能力、人们的信息能力与信息素养等；t 为时间，表示系统整体演化水平在时间上的延续。参数 α、N 与系统的资源结构、层级关系有关，随时间不断变化。数字信息资源配置系统演化过程如图 4-9 所示，L 表示环境、各种资源对系统的限制容量，低于此限制容量时，数字信息资源配置系统演化轨迹为 S 形曲线。

由图 4-9 可知，在系统演化初期，限制因素作用较弱，环境容量足以驱动系统快速演化；随着时间推移和系统规模扩大，演化空间逐渐缩小，各种资源供给能力不断降低，环境对系统演化的限制作用明显增强，阻碍系统增长率提高；当系统规模接近环境容量时，系统增长率趋向缓慢。

数字信息资源配置系统是人工的复杂适应系统，系统演化轨迹是自组织和他组织作用的共同结果。一方面，为了缓解数字信息资源的稀缺，人们会增加投入资金、技术和人力资源，开发新的更多的数字信息资源，为系统演化提供动力；另一方面，环境的有限容

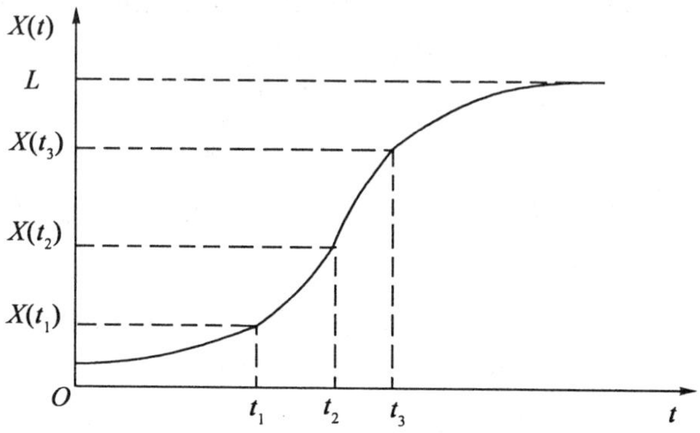

图 4-9 数字信息资源配置系统演化的 Logistic 曲线

量在某个时间以后便成为系统演化的阻力。

4.4.2 数字信息资源配置复杂系统优化模式

数字信息资源配置复杂系统在演化动力的作用下，形成了演化的 Logistic 曲线。当完成一个阶段的 Logistic 增长后，进入系统演化稳定期，增长率接近零。此时，系统到达演化模式分叉点 Q（如图 4-10 所示），同时开始进入不稳定期。系统在 Q 点的行为选择决定了系统此后的演化轨迹。系统之所以进入近衰退状态，主要是由于利导因素受到限制因素的制约，并达到极限。数字信息资源配置系统具有复杂性和多样性，因而限制因素也不止一种，而是系统性制约甚至结构性制约。

（1）协同演化模式

在数字信息资源配置系统的持续发展模式下，数字信息资源的开发和利用始终在系统承载力范围内，数字信息资源实现优化配置与系统可持续发展协同进行，两者是相互促进的正反馈统一性关系。一方面，数字信息资源开发与利用效率提高，质量改善，为系统长期发展提供可靠的信息资源保障；另一方面，系统协调发展，结构优化，为数字信息资源优化配置提供了良好的条件和环境。因此，协同演化模式是一种可循环的良性演化模式。

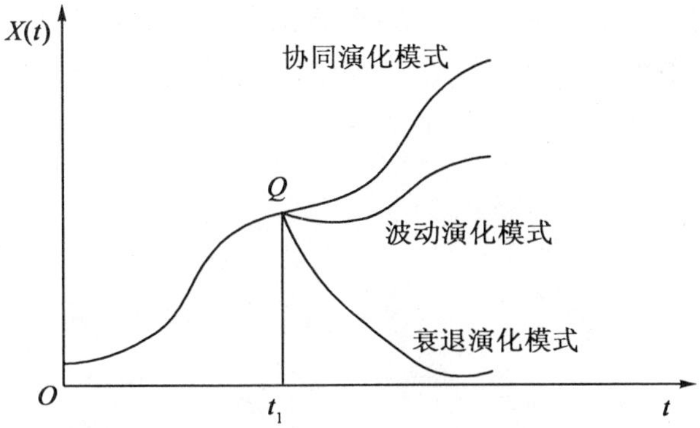

图 4-10　数字信息资源配置复杂系统演化的不同模式

（2）波动演化模式

在数字信息资源配置复杂系统中，波动演化模式表现为系统、资源与环境之间协调与不协调交替出现，呈现出波动发展的曲线特征。当数字信息资源配置活动低于环境容量时，数字信息资源配置与系统演化相对协调。随着数字信息资源配置规模扩大和数字信息资源开发利用程度加深，数字信息资源配置活动超过了系统承载力，配置活动便与系统环境之间开始出现不协调。此时，若配置管理机构采取行政、法律和经济手段干预数字信息资源配置活动，仍然可能出现数字信息资源配置与系统环境协调的局面。因此，波动演化模式的发展趋势受外界干预影响较大。

（3）衰退演化模式

在衰退演化模式下，数字信息资源配置系统演化在某个时间以后一直存在数字信息资源配置与系统环境不协调的情形。系统内长期存在着配置主体之间的恶性竞争，数字信息资源短缺与重复生产并存，数字信息资源配置活动远远超过系统的承载能力，导致系统演化无序，整体功能衰退，并制约数字信息资源配置活动。

总之，数字信息资源配置系统演化的每个阶段都具有一种模式。而数字信息资源配置系统优化是一种可持续演化。要实现系统优化，需要正确认识信息个人和信息组织等配置主体的行为模式和作用范围，依靠配置主体的适应性调节策略，因势利导，引导数字信息资源配置系统不断向更高层次演化；系统演化水平不断地突破环境容量和系统承载能力限制，发生跃进式演化；整个系统演化呈组合 S 形曲线增长，实现数字信息资源优化配置。

第 5 章

基于生命周期理论的数字信息资源配置

5.1 生命周期理论的沿革

生命周期理论源自生物学领域，是研究生物在其生命形态或功能上所产生的阶段性改变的相关理论，比如生命体从出生、发育、衰老直至死亡的过程，可以视作为从形成到消亡的生命循环，其完整的生命周期可以划分为幼年期、成年期和老年期等不同的阶段。而生命周期理论即是根据研究对象在不同生命周期阶段的运动状况与特点的规律性总结。进入 20 世纪后半叶，伴随社会经济文化的飞速发展，信息论、控制论以及系统论等横断理论日益成为现代科学各个学科、领域的基础理论。遵循整体关联原则，侧重将研究对象划分为不同运动状态阶段加以动态研究的生命周期理论与方法得到了广泛应用，并被移植到政治、经济、环境、技术、社会等诸多领域。例如，1959 年，马森·海尔瑞(Mason Haire)提出企业在管理方面的不足与局限会造成企业发展过程中出现企业兴盛与衰退现象，认为生命周期理论的生长曲线同样适用于企业管理，企业发展存在着或成长或消亡的不同生命周期阶段，由此将生命周期的理论引入企业管理领域。① 美国哈佛大学教授雷蒙德·弗农（Raymond Vernon）1966 年在其《产品周期中的国际投资与国际贸易》一文中将典型的产品生命周期划分为成四个阶段，即介绍期（或引入期）、成长期、成熟期和衰退期，提出产品生命周期理论。② 格林纳等则以社会有机体理论为基础，认为组织生命周期跟任何有机体一样，由不同的发展阶段构成，组织生命周期的构成是由组织的构成、管理模式、管理者心理等多种因素决定。总体而言，企业生命周期、产品生命周期、组织生命周期等一系列在不同学科领域出现的关于生命周期的理论都是以研究对象从产生到消亡的过程进行整体探究，并将研究对象在其生命过程中体现出的功能变化与价值涨落加以区分研究。

在信息资源管理领域，对于信息资源生命周期的研究源自 20 世纪 40 年代末、50 年代初对于文献信息资源增长与老化规律的认识，主要根据文献信息资源的出版时间、利用次数以及引用次数等指标进行统计和分析，通过构建模型，移植相关理论与术语，从而揭示文献信息资源的生命周期规律。如美国图书馆学家巴尔顿（R. E. Burton）和凯普勒（R. W. Kebler）于 1960 年提出的文献"半衰期"的概念，以及普赖斯指数、剩余有益性指标等衡量文献信息资源老化数量指标的引入。③ 早期的文献信息资源增长与老化规律的研究为生命周期理论及其方法在信息资源管理领域的应用与发展奠定了理论基础，信息资源生命周期的概念随着生命周期理论与方法在文献信息资源检索与组织、科技信息分析与预测以及科研项目管理等领域的应用而初步形成。进入 20 世纪 70 年代末、80 年代初，伴随着科学技术的迅猛发展，信息资源的"爆炸式"增长，信息资

① Haire, M. *Biological Models and Empirical Histories in the Growth of Organizations*[M]. New York: John Wiley, 1959.

② http://www.provenmodels.com/583, 2013-07-31.

③ 裴雷，望俊成．信息生命周期管理研究进展述评[J]．情报杂志，2010，29(9)：7-29.

源的开发、利用、存储与处理日趋数字化与网络化，海量增长的信息资源与开发利用之间的矛盾日益凸显，对信息资源进行科学有效的生命周期管理亟待理论上的创新。1985年，霍顿(F. W. Horton)在《信息资源管理》一书中正式提出“信息生命周期”的概念，他认为信息是一种具有生命周期的资源，信息生命周期是信息运动的自然规律，其由存在逻辑关联关系的若干阶段与步骤构成。同时，霍顿从“信息需求”和“信息创造”两个方面分别定义了不同形态的信息生命周期：前者由需求定义、搜集、传递、处理、存储、传播、利用7个阶段组成；后者由创造、交流、利用、维护、恢复、再利用、再包装、再交流、降低使用等级，处置10个阶段构成。① 有学者认为，霍顿的信息生命周期思想的实质是信息生命周期管理，是从管理学的角度对一系列的信息内在运动与变化阶段规律性的认识，但不可否认信息生命周期与信息生命周期管理无论是在概念上还是理论上都存在着明显的区分与联系。② 霍顿等人的信息生命周期概念提出后，学界对于生命周期理论在信息资源管理领域的研究不断深入，并在政府信息资源管理、数字信息资源开发与利用、信息资源周期管理以及信息资源战略规划等方面得到广泛应用。如美国政府在2000年修订《联邦信息资源管理政策》(OMB A-130号通告)时，明确将政府信息资源生命周期定义为信息经历的不同阶段，主要由创造或采集、处理、传播、利用、存储与处理等主要阶段构成，要求对政府信息资源的生命周期进行全寿命管理。③

进入21世纪，信息技术的迅猛发展，以数字代码形式出现的文字、图像、音频、视频等多种信息，存储于磁光电等非纸介质上并可通过计算机、通信网络传播与使用的新型信息资源——数字信息资源，日益成为信息资源的重要组成部分。据统计，在2003年

---

① Marchand, D. A., Horton, F. W. *Infotrends: Profiting from your information resource*[M]. New York: Wiley, 1986.

② 吴品才．论信息生命周期与信息管理周期[J]．档案学通讯，2004(4)：22-25.

③ http://www.whitehouse.gov/omb/circulars_a130_a130trans4,2013-07-31.

美国“联邦寄存图书馆计划(Federal Depository Library Program, FDLP)”所提供的政府信息中有近七成是以数字信息资源形式公布，同时美国政府计划自2004年起，将其掌握的95%的信息资源以数字信息资源形式向外界提供。①

数字信息资源的迅速增长，在给信息用户带来海量信息的同时，也由于其类型的多样性，生产发布的随意性与快捷性，尤其是其传播速度与影响范围的时效性，使得对于数字信息资源的开发利用的难度超过了以往任何一种信息资源。相对于传统信息资源，数字信息资源在媒介依赖性、强制转移性、信息活动周期性以及价值变化性等方面存在显著的差异，学界对于数字信息资源运动规律与阶段特征方面的认识依然不足，使得如何科学有效地管理数字信息资源成为当前信息资源管理领域的重要课题与研究难点。因此通过引入生命周期理论，动态分析数字信息资源管理流程，以生命周期循环与演化规律作为主线划分与分析数字信息资源管理不同环节的特征业已成为一种研究趋势。在另一方面，作为信息资源管理的关键，信息资源配置对于信息资源的共享起到基础性作用。用户对于信息资源的迫切需求与消费欲望使得信息资源配置具备强烈的时效性，因为对于大多数信息资源而言，随着时间的推移和社会的变迁，过时并缺乏更新的信息资源往往由于内容的滞后而失效。虽然该信息资源内容犹在，但效用已被“磨损”掉，没有共享的外在动力了。时效性的存在使得信息资源的总效用常常得不到及时和全面的挖掘，从而引发不必要的社会财富浪费。此外，由于盲目生产与重复建设并存，信息污染、信息垃圾现象普遍存在会造成信息市场长期处于一种“有效供给不足”与信息生产能力闲置的矛盾状态，信息生产偏离了消费者的需求偏好，产出结构比例不合理，从而严重影响信息资源配置的效率，因此信息资源对优化配置具有强烈的需求的期待。在数字时代，信息资源配置的主要任务就是通过合理规划和布局数字信息资源，以尽可能小的成本取得尽可能大的收益，使得更多的组织或个人能在一定范围内合理、高效地利用数字

① http://www.arl.org/resources/pubs/br/br229/br229fdlp.shtml,2013-07-31.

信息资源，并充分挖掘数字信息资源的潜在价值，实现最大化的信息福利和社会福利。同时在目标上，需要消除数字信息资源的冗余，减少重复低质的数字信息资源建设对于人力、物力、财力和时间的浪费，使得数字信息资源能够更好地满足用户的信息需求。

作为一种成熟理论与有效方法，生命周期理论的引入为揭示数字信息资源的运动状态全过程及其周期特征提供了理论依据与研究路径。通过生命周期理论为数字信息资源开发与利用建立分析模型，便于厘清数字信息资源在开发与利用过程中各阶段的演变规律与关联关系，从而分析市场、制度以及产权等因素对于数字信息资源配置的积极或不利影响。因此，基于生命周期理论，动态研究数字信息资源配置有利于把握数字信息资源配置的运动规律与阶段特征，具有重要研究意义。

5.2　数字信息资源生命周期划分

从现有文献来看，生命周期理论及其方法被移植进入信息资源管理领域的时间尚短，一般认为源于 ISO/TC171 文件成像应用技术委员会于2000年10月召开的伦敦年会，在该年会上文件成像应用技术委员会建议将 ISO/TC46 信息与文献技术委员会的一个分委员会改名为“信息生命周期管理技术委员会”，并通过405号决议，该决议认为“信息无论是以物理形式或以数字形式加以管理，该信息生命周期都由信息的生成、获取、标引、存储、检索、分发、呈现、迁移、交换、保护与最后处置或废弃构成”。① 这一对“信息生命周期”的经典定义显然是以信息本身的生命周期出发，无法揭示信息作为一种资源在被利用与开发的不同阶段所体现的特征与价值上的演变。在另一方面，作为一种新型资源，对于数字信息资源生命周期研究尚处于起步阶段，大多数学者从管理学视角去划分数字信息资源的生命周期与运动阶段，这一视角虽然可以清晰识别不同

① 索传军．试论信息生命周期的概念及研究内容[J]．图书情报工作，2010，54(13)：5-9.

生命周期阶段的逻辑关联，却往往混淆数字信息资源生命周期与数字信息资源管理生命周期两个概念的区别。因此，即便是信息生命周期理论的奠基者，霍顿和马钱德(D. A. Marchand)等人从不同的研究角度对信息生命周期有过“七分法”、“十分法”以及“信息生命周期六阶段模型”等不尽相同的阐述。由于数字信息资源本身具有多类型、时效性以及易变性等特点，本研究试从管理与资源配置这两个方面认识数字信息生命周期，科学合理的划分其生命周期各个阶段。

5.2.1 基于管理角度的生命周期划分

在数字化时代，伴随互联网技术的普及，全球范围内的数字信息资源共建共享成为可能，个人、组织和政府都能够成为数字信息资源的创建者与转播者。个人用户可以按照兴趣喜好搜寻或发布资料，企业能够通过互联网发布企业经营状况的数字化信息以快捷、方便地进行企业宣传，而政府信息资源的公开与获取则保证了公民对于公共信息的知情权。数字信息资源环境下的全球参与使得多样化的数字信息资源海量增加，加之其发布与出版的随意性与自发性造成信息用户在如何合理有效的采集、开发、利用这些资源方面陷入“奈斯比特困境”——淹没于数据的海洋，却忍受着知识的饥渴。较之传统的文献信息资源，数字信息资源的组织与管理在手段、工具与模式上都存在着巨大差异。信息用户对于数字信息资源的偏好在于其获取与传播的便捷，而往往忽视了数字信息资源生命周期的脆弱性。有学者统计，记录与存储数字信息资源的信息基础设施约每3至4年就需更新一次，期间难以避免数字信息资源的更新与删减，而传统文献信息资源的保存周期可长达20年以上，数字信息资源从创建到消亡的生命周期跨度明显较短。① 传统文献信息资源基于长生命周期跨度的管理模式在数字信息资源环境中需要通过数字化工具与高速信息网络的引入，不断满足信息用户更新、更快、更准的信息需求，传统的生命周期管理路径必须根据数字信息资源

① http://www.nla.gov.au/niac/meetings/roles.html，2011-09-04.

更新快、实时利用以及生命跨度小的特点加以优化。因此，从管理学的视角，可以将数字信息资源的生命周期划分为创建(产生、发布)、采集、组织、利用、保存、处置等阶段。

(1)数字信息资源的创建

数字信息资源的创建往往源于信息产品的制造，计算机以及网络的普及使得用户可以将各种资料以数字化的形式加以产生或发布。数字信息资源创建的主体可以是人，如资源的原创者或发现人；也可是机器设备，如电子扫描仪或是计算机程序如网络爬虫。数字信息资源的创建根据资源类型的不同主要来自以下几种途径：一是对原有文献信息资源的数字化转换。传统文献信息资源主要是以纸质媒介为载体，由于受到信息载体形态存储容量上的约束，需要耗用大量的物理存储空间和维护支出，且在分布传播范围、交流互动与手段工具上都存在着局限。因此通过使用数字方法与工具将现有的文献信息资源转化为CD-ROM、VCD和软盘等以计算机和多媒体技术存储并加以处理的数字信息资源，能够提高资源的利用率；同时通过LAN、WAN或者因特网等通信网络，可将文献信息资源转化为网络虚拟资源，实现文献信息资源的自动管理和高度共享。由于数字信息资源能够最大化的满足信息用户对于信息资源海量存储与易于获取方面的需求，因此将现有的传统类型的信息资源进行数字化转换是数字信息资源创建的主要形式之一。二是根据信息用户的需求，购买或利用的网络信息资源。网络信息资源是数字信息资源的主要组成部分，包括网络数据库、WEB OPAC公共信息查询系统、电子公告(BBS)、新闻组、电子期刊等多种类型。大型、常用的网络数据库如Elsevier全文电子期刊数据库、EI工程索引数据库、CNKI中国知识资源总库往往通过使用许可协议授权的方式来提供特定时间段某一范围内的数字信息资源的使用授权，用户必须通过购买来获取资源的使用权。对于网络信息资源的利用也是创建数字信息资源的途径之一，如将网络信息资源下载到本地数据库或网络中，提供给信息用户并加以保存和使用，或者将含有用户需要信息的网页的超链接(hyperlink)和统一资源定位器(Uniform Resource Locator，URL)链接到本地网页上，通过建立资源导航或学科指引库提高资源利用效率以减少数字资源创建的支出，并可丰富数字信息资源的来源。当然，由于网络信息资源改变了信息传播的方式，模糊了出版与非出版间的界限，创建数字信息资源过程中使用来自网络的资源时，必须注意网络信息资源的利用与开发是否存在知识产权方面的障碍以避免侵权行为的发生。三是信息用户的自由发布。伴随以信息技术为核心驱动力的现代科学技术飞速发展，数字存储、管理以及传播设备的性价比不断上升，数字信息基础设施的功能与价格的关系依然演绎着“摩尔定律”，即在单位时间内，功能的提升与价格的增长成反比例关系，使高性能计算机、数码交换机、网络服务器、数字化文字处理设备逐步得到普及。同时在 Web 2.0 环境下，随着搜索引擎、博客、wiki、微博、社交网络以及大众标注等系统与平台的构建，信息用户不仅是数字信息资源的使用者，也是数字信息资源的创建者，通过用户在信息发布过程中与网络服务器的交互，实现不同用户之间的数字信息资源的共建共享，而 tag 技术（用户设置标签）则可以帮助用户实现信息的自组织与大众分类。四是其他方式创建。由于数字信息资源种类繁多、内容复杂，并且数字信息资源对于计算机、远程通信网络、数字化传播载体等信息技术基础设施具有强依赖性，因此数字信息资源不仅包括资源本身，还包括数据库软件与工具、IP 地址、域名等基础资源，数字信息资源创建具有多元化特征。例如应用数据挖掘技术通过对信息用户访问网络服务器的记录进行挖掘分析，从而抽取用户行为模式的数据也应被视为特定类型数字信息资源的创建方式。

（2）数字信息资源的采集

数字信息资源的采集，是指根据用户内容与类型需求，借助科学有效的采集技术与工具，从海量存储并处于不同形态的资源中提取、搜集并积聚出对用户具有使用价值和参考意义的数字信息资源的过程与活动。数字信息资源的采集是在资源创建的基础上，根据数字信息资源的来源、类型与特点，确定采集工作的原则、途径与技术手段，以规范采集流程与质量控制，是数字信息资源生命周期管理的重要环节。数字信息资源采集的原则是对采集流程的指导性思想，是对采集方法的标准化规范，也是为数字信息资源下一步的分类与组织提供依据。根据数字信息资源采集的具体要求，数字信息资源采集过程应遵循以下原则：

第一，系统化原则。即数字信息资源的采集要注重根据用户的需求，进行全面、准确、完整地进行采集，要注重数字信息资源在空间与时间维度的分布，保证采集活动的综合性与连续性。采集工作需发掘出不同类型、不同内容数字信息资源隐含的逻辑关联与相互作用，从而系统地认识采集对象，实现采集工作的全方位覆盖，从而满足信息用户对于数字信息资源的多样化需求。

第二，精细化原则。即采集工作必须立足于现有资源量与软硬件条件，在提供有效服务的前提下，对于数字信息资源的采集必须有的放矢。在采集过程中需要根据信息需求的具体情况，仔细分析数字信息资源的来源与价值，针对性的精细化采集。

第三，质量化原则。由于数字信息资源的创建具有高度的自由性，而数字信息资源的传播渠道纷繁芜杂，资源在传递过程中易受干扰、污染，因此对数字信息资源的采集需要“去粗取精、去伪存真”。通过加强质量管理，在兼顾数量的同时注重数字信息资源采集的精确与可靠，以保证数字信息资源采集的效益和效率。

第四，时效化原则。即数字信息资源的采集要以最快的速度在最适宜的时间节点上为用户提供所需的信息资源。采集工作要及时有效，把握住数字信息资源在时间序列上的价值峰值，力争获取最具时效价值的信息资源，并根据事物发展的最新动态进行实时更新，保证数字信息资源采集工作的与时俱进。

第五，协同化原则。数字信息资源的采集覆盖面广，采集对象形态多样，因此采集工作往往涉及多个部门，需要大量人力、物力与财力的投入。数字信息资源采集的协同化就是要合理配置采集工作的投入，根据信息资源的内在联系与耦合效用，组织好采集工作的进程与衔接，同时避免数字信息资源的重复采集与流程延误，保证采集工作的有效性与集约化管理。

由于网络环境下的信息资源的发布与传播方式发生了很大的变化，数字信息资源创建的高自由度与非受控性模糊了数字信息资源创建者与使用者的知识产权关系；同时由于数字信息资源跨媒介、跨部门和不受地域限制的特点，使得数字信息资源的采集不可避免存在着“灰色地带”，即人们往往可以在未经授权的情况下去采集那些业已存在、非常规发布但允许用户使用的数字信息资源。因此，数字信息资源采集的途径可以分为正式途径和非正式途径：正式途径包括源数据库的采购、资源共享联盟的交流、委托采集等，而非正式途径包括现场搜集、私下索取、网络采集等。根据用户信息需求的不同，数字信息资源采集途径的选择也不同，对于某些特定类型的资源，也可以多渠道并行采集。其中，源数据库的采购、资源共享联盟的交流、现场搜集、网络采集是相对常用的采集途径。源数据库的采购，是指采集部门通过正式商业渠道向商业信息机构购买相应的数字信息资源，是数字信息资源采集的主要途径。如美国汤姆森路透(Thomson Reuters)集团旗下拥有 Derwent World Patents Index，Science Citation Index，Current Contents，ISTP，ISI Web of Science，ISI Web of Knowledge，Manuscript Central，Delphion，Aureka，Patent Web，IP Master，MDC，Horizon Global，Thomson Pharma，Techstree，Prous Integrity，BondPlus 等许多著名的信息服务品牌，所提供的数字信息资源与服务包括学术期刊、学术会议录、发明专利、技术标准、医药情报、在线学术编辑和出版系统等。资源共享联盟的交流是指图书馆、高等院校、信息研究机构以及企业信息中心等信息服务机构为了节约数字信息资源采集支出，以合作协议的方式共建共享资源，实现数字信息资源的交流与互补，业已发展成为数字信息资源采集的重要途径。如图书馆馆际联盟通过数字信息资源整合平台的建设，提升资源获取效率，节约采集成本。非正式交流时信息资源交流的重要途径，由于非正式交流环境宽松、自由，信息资源可以更快的速度与效率在用户间进行传递。作为数字信息资源采集重要的非正式途径，现场搜集指通过使用数码摄录设备将现场考察、参会以及私下沟通等非正式交流过程中所获取的经验、思维、知识以及研究进展与成果进行记录、编辑，并转化为可资利用的数字信息资源。由于现场搜集采集的是第一手资料，因此获取的信息质量可靠性强，具有更高的利用价值。

网络环境中数字信息资源的采集在实质上就是传统信息资源采集的一种延伸与发展，在网络环境中也存在虚拟聊天室、网络会议、电子邮件往来等非正式交流的传播方式，而搜索引擎、社交网络以及即时通讯工具的应用为网络环境中采集数字信息资源构建了平台，网络采集也日益成为数字信息资源采集的主要非正式途径。

数字信息资源采集的技术手段主要包括以下几种：

第一，数字信息资源导航库技术。导航库是指将在分布在不同信息源上的数字信息资源节点按照便于用户采集的方式，依照主题词、信息类别、内容摘要等原则，用专业名词加以组织的数据库。导航库技术包括对数字信息资源 UPL 的定位与检索技术，对外源数据库在本地服务器上进行镜像拷贝与自建技术，以及为用户数字信息资源采集提供查询与服务的支持技术。

第二，搜索引擎技术。搜索引擎技术是指根据一定策略，根据用户资源采集查询请求，运用特定搜索软件在互联网或索引数据库中搜寻、抽取、组织和处理相关信息，并以可视化界面将检索结果展示给用户的技术。搜索引擎技术包括网络爬虫技术、索引技术、检索器技术以及可视化人机界面技术。利用搜索引擎技术，用户只需根据数字信息采集要求，在可视化界面对话框中输入主题词或关键词就可以进行资源的目录层级检索或全文检索，以确定所需信息在网络或索引数据库中的分布位置，并通过超链接采集数字信息资源。

第三，数据挖掘技术。数据挖掘是指利用多种分析方法与工具从大量的、不完全的、有噪声的、模糊的、随机的数据中提取隐含在其中的，人们事先不知道的，但又是潜在有用的信息和知识的过程。数据挖掘技术主要由人工神经网络、统计分析工具软件、最邻近技术、可视化技术、决策树方法等常用技术构成。数字挖掘技术可以帮助用户在繁多而复杂的数据库系统内发现并采集隐藏的数字信息资源，并可对采集的资源进行评估分析，监测其是否满足用户需求。

(3)数字信息资源的组织

较之传统的信息资源，数字资源具有类型多样、数量庞大、传播媒介多元化等特点，同时采集获取的数字信息资源往往分布于跨媒体、跨语言和跨国界的多类型异构数据库中。因此如果不能对数字信息资源进行科学有效的组织，将直接影响数字信息资源的开发与管理，用户的信息需求也将无法满足。作为数字信息资源生命周期的重要阶段，数字信息资源组织就是依据一定的标准、原则与技术，对采集到的海量的、格式不一的、质量参差不齐的数字资源进行筛选、分类、描述，使之从无序集合转为有序集合的过程。数字信息资源组织的模式主要有：①主题树模式。即将数字信息资源按照特定的概念范畴，分门别类的逐层组织。该模式根据数字信息资源的外部特征与内容特征，将资源分为若干大类，大类下细分为众多子类，子类下的基层分支则由特定信息源构成，从而形成树状的数字信息资源序列。主题树模式的特点是简单明了，用户可以通过基于树浏览的界面对数字信息资源进行逐层检索，最终找到所需信息源，因此对于信息用户而言查准率较高，是目前常见的数字信息资源组织模式。②元数据模式。元数据是用来描述数据的数据，即“关于数据的数据”，是最小的数据单位。元数据可分为描述性元数据、结构性元数据与管理性元数据。描述性元数据指为发现资源的元数据；结构性元数据指显示资源要素构成与相互关系的元数据；管理性元数据是指与资源管理与状态相关的元数据。由于数字信息资源的异构分布环境，资源散布在不同的数据库、网络服务器与软件上，通过元数据的描述功能，能够将数字信息资源的形式组织转化为内容组织，用户能够快捷、准确地进入资源获取终端。在元数据类型上主要包括：a. 机读目录格式（Machine Readable Catalogue，MARC），主要由载体形式、数据单元定义和数据单元组三个基本组成部分构成，是目前使用时间最长、应用最为广泛的元数据形式；b. 都柏林核心元素集（Dublin Core Element Set），如表5-1所示，其由15个基本元素组成，分成内容描述、属性描述以及知识产权三个基本部分，其基本要素可以HTML metatag形式添加到网页的标头，具有简练、扩展性和兼容性强的特点。①

---

① 何志兰．网络信息资源组织[J]．现代情报，2005(1)：83-84.

表 5-1　　　　　　　　**都柏林核心元素集**

资源内容描述元素	资源属性描述元素	知识产权元素
标题	日期	创建者
主题	类型	发现者
描述	格式	其他责任者
来源	标识符	权限
语言		
关系		
范围		

资源描述框架（RDF）和可扩展标记语言（XML），RDF 是一个能对结构化元数据进行编码、交换及再利用的体系框架，而 XML 是从标准通用置标语言（Standard Generalized Markup Language，SGML）发展来的，是一系列定义资源元数据的规则集合。由于元数据在资源检索与数据挖掘方面的良好应用前景，正逐步成为主流的数字信息资源组织模式。超媒体模式，实质是多媒体超文本，即多媒体技术与超文本相结合的数字信息资源组织模式。作为一种数字信息资源综合管理模式，超媒体模式中数字信息资源存取基本单元——节点，不仅可以是传统数据形式如文本、数字等，也可以是数字信息资源如音视频、计算机程序、图形等，各节点通过超链接形成超媒体网络，使用户可以根据特定的概念与规程在高度关联的数字信息资源中获取信息。由于超媒体具有良好的扩容性、动态性与逻辑关联性，并将数字信息资源、用户思维习惯与人际交互有机结合起来，使得用户可以通过超链接在网状结构中根据设定路径在各种数字资源中“自由航行”，检索效率得到极大提高。由于超媒体在资源组织与资源呈现上符合用户认知模式，能够提高资源的传递速度与用户理解深度，超媒体模式业已成为网络环境下数字信息资源组织的重要方式。

（4）数字信息资源的保存

数字信息资源的保存是指图书馆、研究所、资源提供商以及商业机构为了保持所持有数字信息资源的形态与内容，运用技术手段与措施避免数字信息资源由于自然或人为原因而出现利用效用与价值损耗，最大限度的延长资源的生命周期，以满足可预见的将来来自用户的资源需求。与传统信息资源保存于纸质或胶片载体中相比，数字信息资源的保存是以磁光电的形式存储在磁盘、光盘与通信网络等软硬件载体中，因此数字信息资源的保存更加困难。有统计显示，根据资源存储介质、技术与管理的不同，数字信息资源的保存年限仅为 2 至 10 年。① 目前，数字信息资源保存主要包括以下几个方面的内容：①数学信息资源的固化。数字信息资源创建主要是依靠对现有传统信息资源的数字化转换和以数字化形式发布并传播的非传统信息资源，两者的存在状态都是依赖一定技术、工具和管理机制的数据信息流。因此实现数字信息资源的保存，就是使用光盘、磁盘阵列、资源服务器等物理存储媒介对数据信息流进行固化，进而通过对物理存储媒介的维护，确保存储其中的数字信息资源被完好保存。②数字信息资源保存网络建立。由于数字信息资源在网络环境中呈分布式存储状态，不同信息机构所拥有的资源在数量、质量与类型上各不相同，对于数字信息资源的保存必然涉及多个领域、社会层面以及信息服务组织，各自为政式的资源保存形式必将导致资源重复建设、保存负担重的问题。因此，有必要建立跨组织、跨行业乃至突破地域界限的数字信息保存网络，即一个由多个异地分布的长期保存系统紧耦合而成的虚拟组织，促进数字信息资源的协作保存，以实现资源共享、分担保存风险并摊薄保存费用。③数字信息资源的标准化保存。即通过对数字信息资源格式、描述语言、编码、著录的标准化统一，建立通用的资源保存标准体系，从而解决异地、异构资源保存系统间的互操作问题，并通过制定资源保存的数据标准、业务标准以及认证标准，实现数字信息资源规划化保存。④数字信息资源保存的管理体制建设。数字信息资源保存是一项浩大复杂的工程，对资源的有效保存需要科学高效的

① http：//quod. lib. umich. edu/cgi/t/text/text-idx？ c=jep； view=text； rgn=main； idno=3336451. 0005. 406， 2011-09-04.

管理体制作为保障。数字信息资源保存的管理体制主要包括资源认证体制、知识产权管理体制、信息安全体制、保存环境监控体制、用户身份识别体制等，以确保数字信息资源来源合法、可靠，并得到妥善、安全的保存。⑤数字信息资源的功能保存。即保存数字信息资源的可得性与可用性，避免保存工作造成资源来源的变更，并使资源的功能出现损耗。数字信息资源用途类型各异，其功能性远超传统信息资源，如数字信息资源的多媒体传播、超文本存在、内容交互式扩容等功能都是传统信息资源所不具备的。因此，数学信息资源的保存要在资源存储形态发生变化的同时，确保其功能性能够被完整保存下来。

(5)数字信息资源的处置

通过对数字信息资源的深层开发与利用，随着内容逐渐过时无法满足新的信息需求，数字信息资源对于用户的使用价值骤减趋零，开始进入生命周期最后环节——处置。数字信息资源的处置主要包括更新、迁移和删除。更新是指对数字信息资源内容的汰旧换新，比如将资源中过时、缺乏使用价值的数据予以淘汰，及时补充新的信息，也包括对于旧版本资源数据库、软件的升级换代。迁移则是将数字信息资源从现有的软硬件配置向另一个软硬件配置转移，通过将老化的数字信息资源迁移出主服务器、资源导航数据库或关键存储设备，并送入备份系统，从而在释放数字信息资源保存空间提高资源利用效率的同时实现了数字资源的备份。删除包括物理删除与逻辑删除，是对没有使用价值的数字信息资源如网页链接、数据编码、资源程序等从存储设备中彻底清除。区别在于逻辑删除只是对资源做出删除标记，资源数据不会在用户终端得以显示，删除过程可逆；而物理删除则是对资源数据在存储设备上存储空间上清除与归零，数字信息资源一旦删除，无法恢复。

5.2.2　基于配置角度的生命周期划分

数字信息资源的出现对传统意义上的信息资源配置提出了新的要求与挑战。数字信息资源配置的主要任务就是利用现有的技术手段，以最小的成本优化配置数字信息资源，充分挖掘其潜在价值、配置效益与社会福利的最大化。由于在既有技术、资源条件下，数字信息资源的总效用趋向一个最大极限值，在配置过程中，数字信息资源在被用户使用与共享后，其总效用会出现损耗，直至趋于零值。数字信息资源总效用衰减至零时，也意味该资源对用户而言已不具备使用价值。由于数字信息资源在配置过程中效用损耗与使用价值涨落具有明显的周期性与阶段性，因此从资源配置的角度，数字信息资源的生命周期包括规划、开发、发布、利用、维护、评估、更新、迁移等阶段，本节着重探讨规划、开发、利用与评价这四个主要阶段。

(1)数字信息资源规划

在数字化环境下，信息资源的共享的形式与内容出现了多样化、复杂化的趋势，对信息资源配置的效率与公平提出了更高要求。由于数字信息资源创建的自由性与随意性，使得缺乏统一标准、结构各异但数量繁多的数据库构成了数字信息资源的源系统。而各个数据库由于在标准化体系上存在差异，从而形成众多相对独立的“信息孤岛”，妨碍了数字信息资源的有效共享与配置。因此，通过数字信息资源规划，实现数据库系统集成与资源共建共享是数字信息资源配置的先导性与基础性工作。规划是资源配置视角下数字信息资源生命周期的初始阶段。

数字信息资源规划理论可溯源至20世纪80年代初由美国学者詹姆斯·马丁(James Martin)提出的“信息工程方法论”。信息工程方法论的核心思想包括：所有信息系统的开发成功的关键首先在于顶层设计，管理高层必须全程掌握系统规划；信息系统的规划应当建立在用户需求分析基础上，信息系统从规划到实施都应有信息用户的参与；规划工作的核心是数据，要以数据为中心整合与集成信息资源。① 1986年，高复先教授在国内首先提出信息资源规划的概念，认为信息资源规划是在总体数据规划的过程中进行数据管理标准化工作。通过数据标准化工作进一步完善总体数据规划，从而使

① Martin, J. Finkelstein, C. *Information Engineering* [M]. Prentice Hall, Inc., 1981.

总体数据规划成果能在集成化的信息系统建设中发挥作用。① 虽然信息资源规划概念与理论是否适用于数字信息资源规划尚值得商榷，但作为一种方法论与工具，对于数字信息资源规划仍具有指导意义。

根据信息工程方法论与信息资源规划相关理论，数字信息资源规划的主要内容包括：数字信息资源标准化规划、数字信息资源集成和以资源为中心的系统设计。② 数字信息资源标准化规划的主要目标是建立资源配置的基础标准，基础标准决定着数字信息资源配置的质量与效率。根据信息资源规划已有的理论、方法与实践，这些基本标准包括元数据标准、数字资源分类编码标准、人机界面标准、概念数据库标准与逻辑数据库标准。具体而言，元数据标准是指通过对元数据这一信息最小单位的标准化规范、识别编码，将用户所需的数字信息资源按照一定规则进行定义识别出所有的元数据，并由所有系统共同使用。数字资源分类编码标准则是按照数字信息资源的属性与特征对资源进行聚类与序化，并按照一定的标准体系与规则对资源赋以能够被人与计算机识别的编码。人机界面标准是对数字信息资源输入与输出系统的格式、数据流形式、显示模式的规范，以帮助终端用户对数字信息资源加以理解。概念数据库标准对数字信息资源全系统内所有主题数据库的界定，是对主题数据库的属性、特征与内容的描述。而逻辑数据库标准是通过一组标准化的数据结构，即基本表(base table)对概念数据库的细分，并将数字信息资源全系统内所有主题数据库分解出的基本表结构加以规范。通过上述“五项标准”的建立与执行，可以构建起数字信息资源配置各环节的标准化体系，实现资源的共建共享。数字信息资源集成主要包括系统层、资源层、应用层三个层面的集成。③ 系统层集成是对数字信息资源基础设施如资源载体、传播媒介、软硬件配置的集成，目标是消除数字信息资源系统间的异构性，实现系统

① 高复先．信息资源规划[M]．北京：清华大学出版社，2002.
② 高复先．信息资源规划的理论指导[J]．中国教育网络，2006(9)：62-64.
③ 秦艳姣．信息资源规划与企业信息化[J]．现代情报，2006(7)：179-181.

间的无缝对接；资源层集成将类型不一、来源不同、格式各异的数字信息资源进行规范与聚类，实现逻辑上与形态上的一致与聚集，以利于资源的共享；应用层的集成是指根据用户需求，将某一功能的资源系统的应用与另一资源系统的应用进行集成，如数字信息资源采集系统与数字信息资源聚类系统的集成。数字信息资源集成能够有效利用数字信息资源全系统的运作效率，是数字信息资源规划的重要环节。以资源为中心的系统设计，根据信息工程的基本原理，信息系统的开发应以数据为中心而不以处理为中心，信息系统设计的目标是规范与控制数据流。而在数字化环境中，信息系统设计要根据用户的信息需求构建标准一致、资源共享的主题数据库，实现对开放式分布的数字信息资源与系统进行集成。同时，利用系统建模技术与工具，将面向资源的各种数据模型应用于规划，用于分析和评估数据流与数据库结构，使系统保持良好的动态扩容性，以利于各种数字信息资源的整合。以资源为中心的系统设计通过主题数据库的构建、系统建模避免了信息系统的分散开发，提升了信息系统的集成，改善了数字信息资源配置的数据环境，是数字信息资源规划的关键环节。

综上所述，数字信息资源规划的目标就是通过数据标准体系构建与标准化管理，实现系统集成和资源共享，以消除由于数据、系统与用户终端异构性而形成的"信息孤岛"，从而优化数字信息资源配置。数字信息资源规划是对资源本身、系统以及用户需求的全面规划，涉及数字信息资源配置的各个阶段，并决定着资源配置的效率与效用，因此数字信息资源配置是数字信息资源生命周期的首要环节。

(2)数字信息资源开发

数字信息资源是资源配置的基础性环节，所谓开发就是围绕用户的信息需求，将存储载体与传播媒介中的数字信息资源进行搜索、挖掘、重组与加工，并通过聚类、标引和建立导航，实现用户对于数字信息资源获取和利用。数字信息资源开发的主要方式是：数字信息资源基础设施建设，数字信息资源的开发与利用都是基于计算机硬件设施、数字通信网络以及各种用户终端等基础设施之上，基础设施的建设为资源数据库之间的信息交换与传输提供了通链路，实现数字信息资源创建者、持有者与用户彼此间的互联共享，从而为数字信息资源开发提供平台。数字信息资源集成建设。数字信息资源包括网站主页、数据库、数字化音视频文件、电子报刊以及各种数字化文献等，数字信息资源集成建设就是在基础设施上，按照一定规则标准对于各种资源进行中间技术处理，使其能够集成在统一的系统中，提高数字信息资源的利用效率。数字信息资源的深度挖掘是指对数字信息资源的结构挖掘、内容挖掘与用户行为挖掘。结构挖掘是挖掘数字信息资源节点间的链接结构关系，通过资源节点链接关联度的分析，对资源节点的分布进行归类与导航，有助于引导用户更快捷检索到相关资源；内容挖掘是对数据库、资源网络以及用户终端中的数字信息资源内容及其描述信息中获取潜在、有价值的知识，并通过揭示资源之间的关系，提升数字信息资源利用的相关性与专深性。用户行为挖掘，是指对用户利用信息资源的行为挖掘，从资源访问记录、Agent 服务器日志、用户会话与交易信息、cookie 信息等数据中，挖掘出潜在用户并抽取出有关用户兴趣、习惯以及忠诚度等行为模式的信息，为数字信息资源的个性化推荐、主动推送与智能代理等用户定制化服务创造了条件。

(3)数字信息资源的利用

数字信息资源的利用是指通过各种数字信息资源应用、检索和展示技术为用户提供有序化、规范化的数字信息资源服务，并为用户管理决策与问题求解提供信息保障的过程。数字信息资源利用主要方式有以下几种：①提供信息检索服务。根据用户需求，建立专业数据库系统，并通过数字信息资源索引工具，对源数据库、网站以及有用信息进行自动跟踪与排序，并通过人机交互界面向用户展示，以便为用户的数字资源检索决策提供参考。②提供数字信息资源导航。即根据一定的规则与策略，以学科领域、科研机构、专家学者以及专业数据库等导航单元，对导航单元的 URL(包括 http、gopher、ftp 等)进行搜集、评估与组织，并自动生成摘要报告，揭示资源特征并序化推荐，以帮助用户准确获取数字信息资源。数字信息资源推送服务，即资源服务机构与用户签订委托协议，通过特定发布渠道，根据用户的要求定时、定量地把用户需要的资源自动推送到用户终端上。推送服务顺应数字信息资源动态性、时效性与针对性的特点，通过对用户信息行为的挖掘，建立个性化数字信息资源库，依托智能搜索引擎、信息筛选、信息代理等推送服务技术，从而能够准确、主动地向用户提供所需的个性化数字信息资源。③数字信息资源增值服务。通过构建镜像资源，建设虚拟馆藏，收费资源代理等方式对数字信息资源进行深度挖掘与加工，根据用户个性化需求不断提高数字信息资源服务的质与量，从而增强资源利用效用，实现数字信息资源的增值。数字信息资源增值服务包括效用增值与经济增值两个方面：效用增值是指对原始数字信息资源进行再加工，如浓缩、整序、重组，实现利用效用上的增值；经济增值则是通过数字信息资源的有偿营销，或是资源利用后产生的社会效益与经济效益的增加，实现数字信息资源的经济价值的增加。① 利用是数字信息资源生命周期最重要的环节也是资源配置的目的。

(4)数字信息资源评价

数字信息资源评价就是依据科学评价的基本原理，构建合理的评价指标与指标体系，运用多种有效的评价方法与工具对数字信息资源的内容、质量与价值进行评估与选择。由于数字信息资源创建的开放性与自由性，使得数字信息资源的发布与传播具有非受控、结构多样、无序化和可无限利用等特点。用户在通过计算机与通信网络获取海量数字信息资源的同时，也面临着信息过载与信息污染的问题，而丰富的资源来源也导致了数字信息资源质量异化的现象。因此，通过数字信息资源评估，建立完善的评估指标体系与运用科学有效的评估方法，是确保信息用户能够及时获取高质量的资源，提高信息用户的信息福利水平的关键。在另一方面，用户的信息福利水平反映了资源共享的公平性与均衡性，而数字信息资源共享是数字信息资源配置的出发点和归宿点，因此基于资源配置的视

---

① http://www.lib.lnnu.edu.cn/gylt/gylt-001/c-01.pdf，2011-09-04.

角数字信息资源评价可以被认为是数字信息资源生命周期的最终环节。

通过相关的文献调研发现，学界对于数字信息资源评价研究最早始于1991年理士曼(Betsy Richmond)对于网络信息资源评价"10C"原则的提出。此后，围绕数字信息资源评价，学界展开了一系列的研究，产生了大量学术成果。总体而言，对于数字信息资源评价研究可以分为定性评价、定量评价与综合评价。①

数字信息资源的定性评价是指按照一定的评价标准和指标体系从主观角度对数字信息资源的优选与评估。定性评价一般是根据用户的要求与评价目的，通过主观思辨分析相关的评价标准并构建指标体系，然后通过统计调查、专家问卷或头脑风暴等方法对资源的评价标准进行评定排序，最终结合评价体系给出资源的评价结果。例如，理士曼提出的网络信息资源评价的"10C"原则，即内容(content)、置信度(credibility)、批判性(critical)、版权(copyright)、引用(citation)、连续性(continuity)、审查(censorship)、连接性(connectivity)、可比性(comparability)和范围(context)。又如，美国南加州大学哈里斯(Robert Harris)教授针对网络信息资源真实性提出的评价"CARS检验体系"(CARS Checklist)，即：置信度(credibility)、准确性(accuracy)、合理性(reasonableness)和支持度(support)。而我国学者张咏将网络信息资源评价分为三个层次，即第一个层次为基本要求指标，适用于所有资源评价的通用指标；第二个层次为主题领域要求指标，适用于特定主题领域；第三个层次为用户专题要求指标，适用于特定专题资源评价。并构建了相应的指标体系。② 这些都属于对数字信息资源的定性评价。由于定性评价受到主观因素影响较大，因此在实际操作中存在评价指标设置可信度与可测度的问题，对于同一数字信息资源多次评价的结果往往差异较大，评价结果缺乏说服力。

---

① 张洋，张磊．网络信息资源评价研究综述[J]．中国图书馆学报，2010，136(189)：75-89.

② 张咏．网络信息资源评价方法[J]．图书情报工作，2002(10)：41-61.

数字信息资源的定量评价是指根据数量分析方法，从客观量化的角度对数字信息资源进行优选与评价。由于定量分析依托数字信息资源系统中计算机、通信网络与数据库自动生成的机读数据，并按照科学、客观与系统的数量分析方法，因此可以弥补定性分析存在主观偏差的不足，评估结果可信度较高。目前，对于数字信息资源的定量分析方法应用较多的是网络计量学方法。网络计量学是指“采用数学、统计学等各种定量方法，对网上信息的组织、存储、分布、传递、相互引证和开发利用等进行定量描述和统计分析，以便揭示其数量特征和内在规律的一门新兴分支学科。它主要是由网络技术、网络管理、信息资源管理与信息计量学等相互结合、交叉渗透而形成的一门交叉性边缘学科，也是信息计量学的一个新的发展方向和重要的研究领域”。① 网络计量学方法不是单一的网络信息资源统计分析方法，其已经在数据采集与数据分析两个方面发展出了一系列专门方法，如链接分析法、网站双引聚类分析法、网络影响因子、网络信息流量计量方法等方法。以链接分析法为例，该方法运用网络数据库、数学分析软件等工具，利用数学(主要是统计学和拓扑学)和情报学方法，对通过网络链接数字信息资源进行分析，并揭示其数量特征和内在规律，并用以解决各方面问题的一种研究方法。Google 搜索引擎所采用的 page rank 算法就是利用链接分析评价网络上的数字信息资源，并按资源的评价顺序提交结果报告，供用户选择参考。

数字信息资源的综合评价，就是定性分析与定量分析两者有机结合起来，将定性分析的逻辑推理与定量分析的客观规范灵活运用，从而综合完整的评价数字信息资源。数字信息资源综合评价的主要方法有层次分析法、线性回归分析方法、模糊综合评价法、数据包络分析方法等。

层次分析法是 20 世纪 70 年代初美国运筹学家萨蒂(T. L. Saaty)提出来的，是一种定量分析与定性分析相结合的多目标决策分析方法，该方法应用网络系统理论和多目标综合评价方

① 邱均平. 网络计量学[M]. 北京：科学出版社，2010.

法，将决策总体分解成目标层、主准则层、分准则层，在分层的基础之上，将描述评价对象的多项指标信息加以汇集，进而从整体上认识评价对象的优劣，是一种有效地将那些复杂、模糊不清的相互关系转化为定量分析的方法。我国学者邱燕燕曾运用层次分析法构建网络信息资源评价指标体系，并证明层次分析不失为信息资源评价的好方法。①

线性回归分析方法，线性回归是利用数理统计中的回归分析，来确定两种或两种以上变量间相互依赖的定量关系的一种统计分析方法之一，运用十分广泛。分析按照自变量和因变量之间的关系类型，可分为线性回归分析和非线性回归分析。张东华、索传军采用统计中的线性回归方法构建了量化的数字信息资源评价模型，并基于用户问卷调查结果对评估参数进行计算，初步验证了评估模型的合理性。②

模糊综合评价是一种运用模糊数学原理分析和评价具有“模糊性”的事物的系统分析方法，能够解决传统方法难以解决的“模糊性”评价与决策问题，这种方法考核的对象可以是方案、产品或是各类人员。模糊综合评价的数学原理，以数字信息资源评估为例来说明，首先考虑到影响数字资源评估量的确定是模糊的，也就是在确定了数字资源的评估指标体系之后对各因素指标标准首先不做定量处理，而是由评估专家对各因素指标标准进行模糊选择，然后统计出专家群体对评估因素指标体系的选择结果，再按照所建立的数学模型进行最后计算。模糊评估法的过程就是先从定性的模糊选择入手，然后通过模糊变换原理进行运算取得结果。③

数据包络分析(Data Envelopmnt Analysis，DEA)方法是在相对效率概念基础上发展起来的一种系统分析方法，由著名科学家查恩

① Saaty, T. L. The Analytic Hierarchy Process[M]. New York: McGraw Hill, 1980: 57-72.

② 张东华，索传军. 基于线性回归法的网络信息资源评价模型研究[J]. 情报杂志，2007，26(3)：12-14.

③ 吕顺利. 模糊综合评价法在高校图书馆评估中的应用[J]. 大学数学，2008，24(2)：139-143.

斯(A. Charnes)和库珀(W. W. Cooper)以及罗兹(E. Rhodes)于1978年提出。数据包络分析是一种非参数的统计分析方法，按照多指标投入和多指标产出，对多个同类型对象即决策单元进行有效性评价。数据包络分析方法可以通过若干个有代表性的数字信息资源系统作为决策单元，调研其投入、产出情况，构建数据包络分析模型，确定各决策单元是否资源配置有效。①

对于数字信息资源的评价是全面、系统的工作，任何一种评价方法都有其特点与局限，较之单一定性分析与定量分析，综合分析能够结合两种方法的优长，在客观、科学的基础上克服了主观偏向对于评价的影响，因此十分适用于多维度、复杂化的数字信息资源评价。

5.3 不同阶段数字信息资源的优化配置

数字信息资源配置就是以用户需求为导向，以公平与效率为原则，调整数字信息资源分布与分配预期的过程。数字信息资源配置的目标是通过对数字信息资源能动部分即信息本身、资源基础设施、信息投资、信息技术等要素进行合理、有效的规划、设计与配置，实现数字信息资源的高度共享，实现信息福利的最大化。数字信息资源优化配置就是从资源整体需求出发，对数字信息资源的分布与流向进行调整，通过资源系统内各子系统与配置主体间的协作，在有限配置环境下，以尽可能小的配置成本发挥数字信息资源最大可能的整体效益，并实现资源的均衡配置。由于数字信息资源生命周期中效用损耗与使用价值涨落具有明显的周期性与阶段性，而各阶段用户需求、配置主体以及资源的数量、分布以及类型都在不断发生变化，因此数字信息资源配置必须根据资源生命周期各阶段的运动规律与内在联系，在配置模式与内容上适时调整，确保数字信息资源配置的连续性与有效性。

---

① 查先进等. 信息资源配置与共享[M]. 武汉：武汉大学出版社，2008.

5.3.1　规划阶段的数字信息资源优化配置

较之传统文献信息资源，数字信息资源的配置更加依赖计算机、通讯网络、数据库等基础设施的投入，数字信息资源的类型与分布往往由于用户投入不足造成资源类型短缺以及分布失衡。同时由于资源数据库、应用系统以及接口界面的异构性与分散性，导致资源关联度不高，客观上形成了无数的“信息孤岛”。因此，在数字信息资源生命周期的规划阶段，需要解决的问题就是如何消除“信息孤岛”对于资源共建共享造成的障碍，从而实现数字信息资源建设的整体规划，以充分发挥资源的潜在效用，提升用户的信息福利水平。数字信息资源规划的实质就是对资源配置要素进行整合、集中与协同，从而减少配置主体间“信息孤岛”的数量，提高资源的效用，提升数字信息资源配置效率。在某种意义上，数字信息资源规划的目标就是通过集成配置实现数字信息资源的优化配置。

集成的概念可以理解为“将某类事物好的方面、精华部分集中起来，从而达到整体最优的效果”①。在信息资源管理领域，最早引入集成思想的学者是美国信息资源管理专家霍顿，他认为信息资源管理是一个集成概念，是将信息技术与不同领域进行融合的过程。② 我国学者王小云认为信息资源的稀缺性是应用集成理念对资源进行优化配置的主要动因，通过信息资源多层面的集成配置以满足用户对信息资源多元化需求，从而实现社会与经济效益的最大化。③ 胡昌平提出信息资源集成配置的实质就是信息资源协调与集成，是将集成思想应用于资源配置实践，将信息资源按分布原则进

---

①　霍国庆，杨英．企业信息资源的集成管理[J]．情报学报，2001，20(1)：2-10.

②　Horton，F. W. *Information resources management* [M]．NJ：Prentice Hall，1985.

③　王小云，王运彬．集成理念下的档案信息资源优化配置探究[J]．档案资源建设，2010(5)：45-49.

行集中、集约调配的过程。① 综合上述观点，可以得出数字信息资源集成配置的内涵是将集成思想与资源配置理论应用于资源配置过程中，以用户需求为中心，对资源配置过程中所涉及各要素进行协同、整合与集中，以提高资源配置的效用与效率，集成配置是数字信息资源配置的主要内容，也是资源优化配置的基础。

从广义数字信息资源的概念出发，数字信息资源的集成配置，不是简单的对于资源的"集中"配置，而是根据配置效用对数字资源按照分布性原则进行配置主体协同、配置资源耦合、配置技术整合以及配置方法综合的资源调配过程。数字信息资源配置结构具有多层次、多维度以及复杂性的特点。其中，配置主体协同是指推动资源配置的各配置主体，包括各类信息市场的参与者、政府、信息机构或是个体的信息人员，通过相互之间的竞争与合作不断优化配置模式与流程，使各配置主体在开放性自组织过程中形成整体协同效应，从而以用户需求为中心，动态化、互补化协作配置资源要素，实现资源的集成配置。配置主体协同根据配置主体间的相互关系，可以分为平行协同、垂直协同以及网络协同。通过配置主体协同，可以消除配置主体间的时空障碍，协调一致的共享与配置数字信息资源，已达到配置主体间的资源互补与供求平衡，优化资源配置的效率。配置资源耦合是指根据数字信息资源间存在内在要素的关联与相似对资源进行融合集成。例如通过对异构数字信息资源的内容耦合和网络信息资源的链接耦合，可以减少资源分布的分散性并避免资源的重复建设，从而实现资源优化配置，提升资源的整体质量与利用效率。配置技术整合是指对数字信息资源配置过程中所使用的一系列的技术进行评价、选择和提炼，目的是使配置技术经过综合集成能够与配置环境相匹配并与用户需求相适应。配置技术集成是数字信息资源集成配置的前提条件，主要包括技术基础设施、资源共享技术、数字信息资源组织与检索技术等配置技术要素的集成。配置技术的集成目标是消除配置主体间存在的技术上的

---

① 胡昌平，胡吉明．网络信息资源集成化配置模型及实现研究[J]．情报探索，2008(3)：3-6.

"鸿沟"，为数字信息资源集成配置构建有效、标准并适应用户需求的技术支持平台。配置方法综合是指由于数字信息资源具有海量、类型多样、跨地域和跨语种等特点，因此数字信息资源配置需要综合多种具体配置手段与方法，比如经济方法中的计划配置与市场配置，技术方法中的面向服务架构(Service-Oriented Architecture, SOA)的资源配置方法，人文方法中的基于用户行为分析的配置方法等。只有多种配置方法综合运用形成集成配置功效，才能最大化的提高数字信息资源配置的效率。基于上述论述，基于集成理论的数字信息资源配置结构如图 5-1 所示。

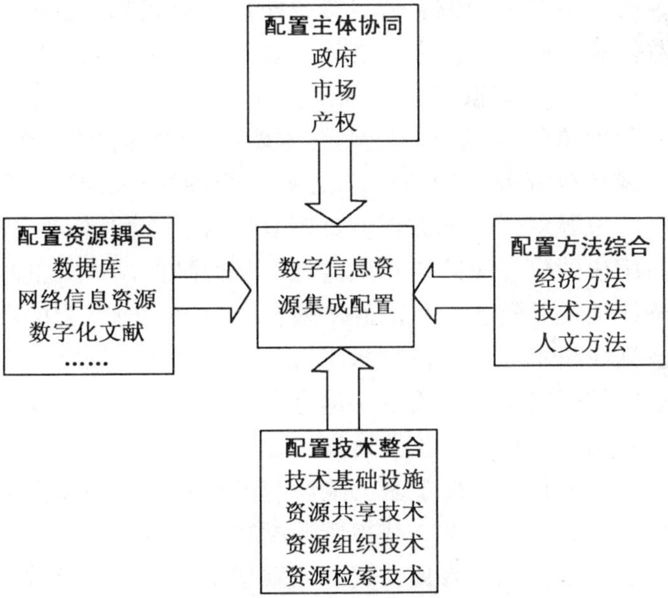

图 5-1　数字信息资源集成配置示意图

资源最优配置理论的主要内容是研究在给定的生产技术和消费者偏好下，如何将有限的经济资源分配于各种产品的生产，以便最大限度地满足人们的需要。这一理论同样适用于数字信息资源。因为数字信息资源与其他传统资源一样，同属经济资源的范畴，具有作为生产要素的人类需求性、稀缺性、使用方向的可选择性等经济学特征。作为数字信息资源规划的核心与目标，集成配置对于数字信息资源优化配置的实际效果主要体现在经济效益上。根据钱德勒(A. D. Chandler)的观点，规模经济效益是在一定产量范围内，产量增加而平均成本不断下降，从而获取最优的投入产出效益。① 数字信息资源集成配置将资源配置的各个要素融合起来，不仅充分发挥单个要素的功能，还通过要素集成形成的规模效应，使得数字信息资源整体配置效用远远大于各配置单元效用之和，从而实现配置效用倍增而无需配置成本的相应投入。由于资源集成配置的规模效益只有在配置成本的节约与效益提升到一定程度才能显现，因此，对于多维度、多类型的数字信息资源而言，集成配置也可获取范围经济效益。集成配置的范围经济效益是指对数字信息资源整合进行统一整体配置的成本低于由不同配置主体分开配置资源的成本总和。集成配置的范围经济效益不仅体现在对资源类型与形态的集成，也体现在对资源来源与分布的集成配置所产生的范围经济效益。通过对来源多样化的数字信息资源进行互补和协同，能够最大化地消除用户的信息风险与不确定性，从而降低用户的信息成本支出，在整体上提升资源配置的经济效益。数字信息资源的主要传播渠道是数据库技术、计算机技术与远程通信技术等数字化信息传播技术为集成的网络系统，为数字信息资源在配置过程中及时响应用户需求的变化，加快资源配置速度创造了条件。数字信息资源集成配置可以减少或整合资源配置的响应与处理环节，促使资源配置过程加快从而减少流通成本，获得资源配置的速度经济效益。集聚经济效益是指通过集成配置促使资源元素集聚以获取规模效用外部化的现象。在集成配置过程中，数字信息资源配置主体通过互动和互操作将各种配置要素整合成资源配置综合体，通过资源配置相关要素在综合体内的集聚，形成资源要素间相互关联、相互协作的共享互补的关系，从而降低资源交易成本，增加收益。

---

① 黄杰，李必强．企业信息资源集成管理的经济性分析[J]．武汉理工大学学报，2006，28(1)：49-52.

5.3.2 开发阶段的数字信息资源优化配置

数字信息资源的开发根据开发主体不同，资源类型不同以及用户需求不同存在三种不同的配置机制：政府开发机制，也称之为行政开发机制，是指政府出于社会管理与服务的需要，满足民众对于政府信息的知情权，通过行政手段规划与实施政府所掌握的数字信息资源的开发，并通过政府财政工具、税收工具与法律政策工具对资源进行有效配置以实现社会效益与信息福利的最大化。在数字化时代，政府是信息资源最大的拥有者与控制者，据统计，政府所掌握的信息约占社会信息资源总量的80%，而数字信息资源又占到政府信息资源的70%。① 但由于信息不对称以及其他人为原因，政府掌握的数字信息资源往往存在信息不透明、不对称的现象，对于人们而言政府掌握的数字信息资源仍是稀缺的。因此，数字信息资源的政府开发机制应当侧重于公平兼顾效率，通过提高政府存量信息资源的透明度与可获取程度促进资源的共享，调整数字信息资源在时间、空间与类型的分布，从而最大化满足用户的需求，实现资源的优化配置，而非一味追求数字信息资源数量上的增加。政府对于数字信息资源的开发存在着显著的外部性，外部性是指资源开发主体与资源用户的活动往往会影响到其他开发主体与用户的信息福利，而不表现在自身的成本与收益上。数字信息资源开发的外部性包括正外部性与负外部性。正外部性是指资源开发主体与用户的活动对于其他人是有益的影响，如具有公开课程教学软件、学术信息资源库以及虚拟图书馆的开发，这类资源的开发在给开发者与用户带来收益的同时也能提升其他人的信息福利，因此属于正外部性；而数字信息资源开发的负外部性则反之，如盗版软件的开发，不良信息的创建与发布等。在另一方面，政府开发的数字信息资源属于典型的“公共物品”，政府由于其权威与职能的公共属性，注定政府所掌握的数字信息资源必然针对广大公众并为之服务，具有实质

① 范丽莉．信息资源开发机制选择影响因素分析[J]．图书情报工作，2010，54(17)：23-99.

上的公共性。而政府开发数字信息资源无论是资金、渠道还是人力投入上都必须完全依赖社会公众，因此政府数字信息资源在产权属性上也归全民所有，因此政府开发的数字信息资源具有很强的非竞争性与非排他性。由于公共物品属性与外部性的存在，政府主导的数字信息资源开发往往会出现“搭便车”现象，即使用政府开发的数字信息资源而不付出任何成本，例如政府部门或官员通过数字信息资源垄断与寻租获取利益。“搭便车”现象的产生会扰乱市场功能并导致市场失灵，从而造成资源配置效率的低下。并且，由于公共物品外部性的存在使得政府开发数字信息资源的成本与收益始终无法达到社会效率的水平，即“帕累托最优”。在政府主导的数字信息资源配置过程中，需要政府利用其权威对资源的配置进行管理与调整，以纠正市场失灵实现资源优化配置。福利经济学家庇古曾就外部性下如何实现社会福利最大化提出过“黄金法则”，认为任何行动的边际社会收益与此行动造成的边际社会成本之间的任一背离都应被消除，政府应该通过税收或补贴来矫正这种背离。① 在开发数字信息资源过程中，政府对于资源配置能够运用的手段主要包括行政手段与财政手段。行政手段有通过制定法律法规，维护市场正常秩序；构建知识产权保护体系，明确数字信息资源的产权；通过产业政策调整，引导数字信息资源的流向等。财政手段包括对数字信息资源正效应存在情况下加大预算投入，以及负效应存在情况下强化经济处罚，下面结合图形进行分析。

在图 5-2 中，横轴为政府开发的数字信息资源量，纵轴为资源配置成本，L、L_1 为资源需求曲线。在数字信息资源正效应存在的情况下，政府可以通过信息公开、提高政府信息透明度来增加政府数字信息资源的直接供给；或者通过加大信息资源数字化与网络化的预算投入来提高数字信息资源的开发效率，在一定的资源配置成本条件下扩大数字信息资源的配置量，从而摊薄单位数字信息资源的配置成本。通过上述手段，数字信息资源需求曲线从 L 上移至 L_1

① 蒋永福．论公共信息资源管理——概念、配置效率及政府规制[J]．图书情报知识，2006(3)：11-15.

处，达到资源配置成本与资源供给量均衡的 X 点，实现资源的优化配置。

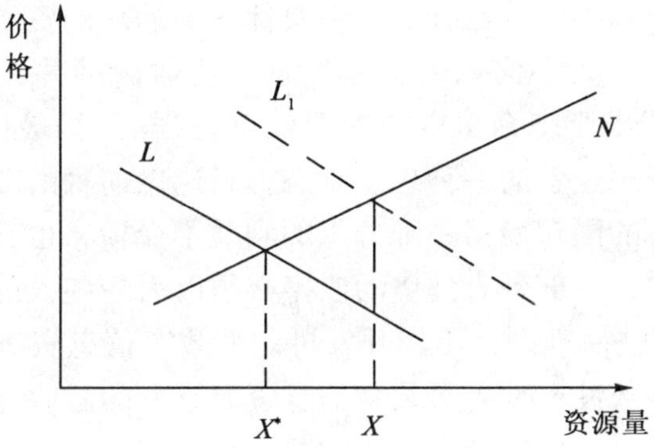

图 5-2　正外部性的纠正

在图 5-3 中，政府可以通过经济处罚来解决由于政府部门或官员通过数字信息资源垄断与寻租行为所产生的负外部性。在负效应存在的情况下，通过增加当事方的机会成本将边际外部成本内部化，使得产生负外部性的资源供给曲线上移到 L_1 处，提高单位数字信息资源配置的机会成本，从而减少负外部效益资源的供给，达到数字信息资源配置最优的 X 点。

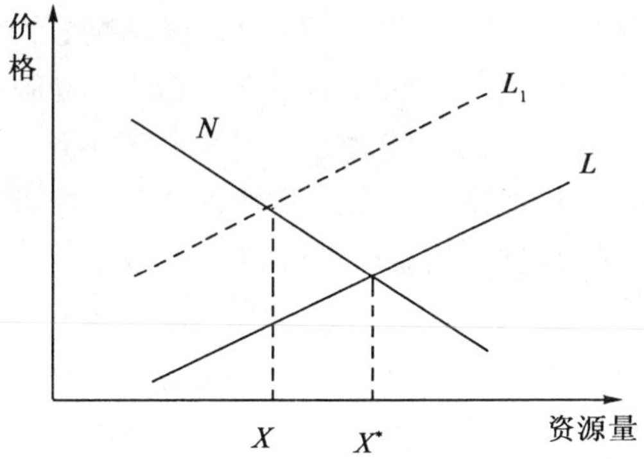

图 5-3　负外部性的纠正

市场开发机制，是指营利性信息机构根据用户需求，根据资源市场上供需关系的变化，以有偿收费的方式开发数字信息资源，在市场竞争中实现资源的合理配置。市场开发机制是通过价格杠杆调动数字信息资源的创建与开发，主要针对商品化的资源，因此在市场开发机制下，数字信息资源的配置与普通商品并无区别，可以"帕累托最优"准则来衡量资源配置效率。"帕累托最优"从文字上可以表示为资源配置的一种理想状态，无论做何种的改变都不能使一部分人受益的同时而另一部分人的利益不受损，也就是说，当资源配置最优时，一部分人处境的改善必须以另一些人的处境恶化为代价。① 基于这一准则，市场开发机制下数字信息资源的优化配置必须满足以下条件：首先是数字信息资源开发的总收益要大于总成本，开发的总收益包括开发主体收益、资源用户收益、资源配置中介收益等；而开发总成本包括基础设施投入成本、资源创建成本以及人力成本等。其次在资源开发总收益与总成本之差为正的前提下，数字信息资源开发的净收益应最大化。最后，数字信息资源配置的目标是提高数字信息资源的社会共享度，市场开发机制下的数字信息资源配置状态测度实质就是资源共享的程度，当社会资源共享度达到在相同水平社会总成本下无法再增加社会总收益的状态，我们可认为数字信息资源配置的效率达到"帕累托最优"。② 结合上述条件，根据图形进行分析，图 5-4 中数字信息资源市场机制下，资源配置的总成本与总收益随着社会资源共享程度的提高而提高，当社会资源共享程度 $S^* \in [S1, S2]$ 时，资源配置总收益始终大于总成本，但是社会资源共享规模不在 S^* 点时，资源配置仍然是低效率。当 $S^* < S1$ 时，则意味着社会资源共享不足；$S^* > S2$ 时，则意味着社会资源共享过度；在这两种条件下，资源配置总收益始终小于总成本，此时数字信息资源开发是无效率的。而当社会资源

① 孙瑞英，马海群．信息资源优化配置的效率研究[J]．情报科学，2006，24(7)：967-973.

② 周伟，韩家勤．电子政务信息资源的优化配置及其效率分析[J]．内蒙古科技与经济，2008(20)：183-184.

共享程度位于 S^* 点时，数字信息资源开发的社会总收益与社会总成本之差为最大，此时社会资源开发主体即便加大数字信息资源开发的投入，也无法通过提高资源开发成本来获得相应的收益增加，因此资源配置效率达到“帕累托最优”，社会数字信息资源共享程度也最佳。

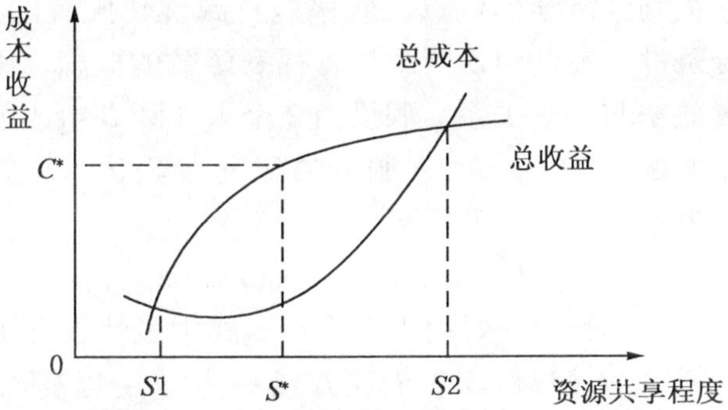

图5-4 数字信息资源配置效率实现条件

公益开发机制，是指非营利性的事业单位、社会机构和其他非政府组织以财政拨款、社会募捐或其他合法资金来源为经费，以公众收益与信息福利提升为目标，向公众提供数字信息资源与服务以及围绕这种资源与服务而进行的开发活动。由于数字信息资源相对于用户需求的稀缺性，以及资源类型的多元化，单纯政府主导开发或市场主导开发都无法在数量与质量上满足人们对于数字信息资源日益增加的需求。同时由于信息市场的不完全竞争，数字信息资源存在外部性与公共物品属性，部分资源的公益性特征往往造成资源市场开发的无效率，导致市场失灵。而政府开发数字信息资源只能从社会全体成员或大多数民众需求出发，提供标准统一、规格一致的共性资源，以弥补市场失灵的资源领域，因此政府资源开发机制存在着对个性化资源需求反应时滞，开发的资源类型单一无法满足公众多元化的资源需求，加之政府部门缺乏竞争，存在资源垄断与寻租的现象，往往造成政府开发数字信息资源效率低下，甚至政府失灵。数字信息资源的配置的市场失灵与政府失灵，在一些公益性、行业性和专业性的信息领域表现的更为突出，例如环境保护信息评估、卫生保健咨询和司法援助服务等。因此，数字信息资源的公益性是开发是对政府与市场开发机制的必要补充。① 对于纯公共物品属性，且具有非排他性与非竞争性的公益性数字信息资源来说，无论是政府还是市场开发机制都存在着强调效率忽视公平的弊端。而根据福利经济学的观点，效率是资源优化配置的必要条件，但不是充分条件，在此引入资源配置福利函数的概念，用以说明数字资源配置效率与公平关系。假设由2个人A和B组成的社会中，数字信息资源配置为R_A、R_B，服务的配置为S_A、S_B，则资源配置福利函数可表示为：

$$W = f(U_A(R_A,\ S_A),\ U_B(R_B,\ S_B))$$

U_A和U_B表示配置的效用水平指标。式中虽然没有明确的函数关系，但可作如下假设：A、B双方任一方效用提高而另一方不变，社会福利会相应提高；而双方效用都提高，社会福利必然提高。结合图5-5所示，得出社会福利曲线W，当A、B效用不断发生变化时，社会福利曲线数为W_1，W_2，…，W_n条，在图中sk为效用可能性曲线。由于社会福利与A、B效用相关，因此社会福利曲线必有一条与A、B效用可能性曲线相切，图中显示为W_2与效用可能性曲线sk相切于e点，该点称为“限制条件下的最大满足点”，说明此时数字信息资源配置效率最优，同时满足社会福利最大化。e点之所以为限制条件下的最大满足点，是因为最大社会福利并不允许为任何可能值，而要受资源配置条件的限制。在图中，社会福利曲线W_1与效用可能性曲线sk相交于g、h点，说明在资源配置上可以实现，但社会福利水平较低。而W_3则完全与效用可能性曲线sk相离，说明虽然社会福利水平很高，但在当前资源配置条件下是无法实现的。需要指出的是社会福利函数成立的前提是如何由个人的福利来推导社会的福利，由个人的偏好推导出社会的偏好 。

① 宗诚，马海群．数字信息资源开发利用的宏观战略与规划研究[J]．情报资料工作，2008(4)：65-76.

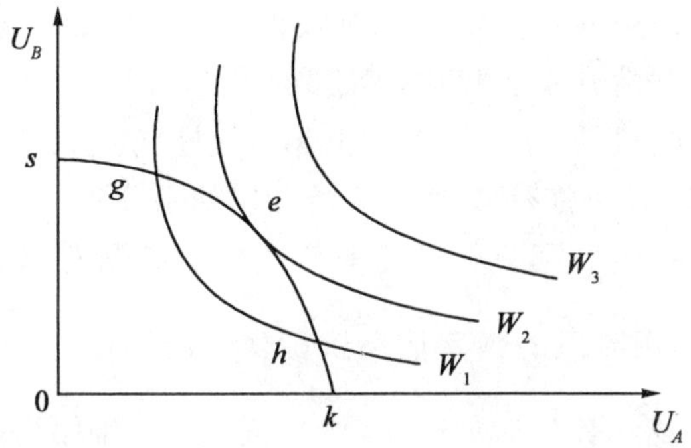

图 5-5　社会信息福利曲线图

例如，假设通过推动 A 个人福利来提升社会福利的社会偏好强度 m 大于通过推动 B 的个人福利来提升社会福利的社会偏好强度 n，则有社会福利函数 $W(m) > W(n)$，从而形成在社会偏好为 m 时，A 的社会福利得到改善而 B 的社会福利没有变化的局面，此时可以认为数字资源配置虽然有效率但有失公平。① 从上述推演来看，社会福利函数似乎能够很好解释资源配置过程中如何实现配置效用与社会福利的之间的均衡关系，但由于学界对于社会福利函数存在条件以及资源配置公平原则方面都存在争议，如肯尼斯 · 阿罗（Kenneth J. Arrow）的"不可能性定理"、罗尔斯主义（Rawlsianism）公平观对社会福利函数的合理性都产生了挑战，囿于篇幅在此不予赘述。总而言之，效率与公平是数字信息资源优化配置必须满足的两大标准，效率是公平基础与前提，公平是效率的保障，只注重效率而忽视公平最终只会造成整体福利水平的耗损。由于数字信息资源用户在教育背景、经济状况、地域分布以及资源使用能力上的差异，在数字信息资源开发初始阶段，用户的资源禀赋各不相同，导致出现"信息富有者"与"信息贫困者"之间的"数字鸿沟"。在政府与市场主导的资源配置机制中，作为"信息

① http://www.staff.city.ac.uk/n.j.devlin/weslides&notes.htm,2011-09-04.

贫困者”的这部分用户往往处于“社会偏好”不利的位置，信息福利无法改善，更谈不上资源的有效配置。因此，有必要通过数字信息资源的公益性开发，将用户需要的资源免费或低价格提供给用户，以降低社会资源开发总成本并减少用户的总支出，从而缩小“数字鸿沟”以有效弥补政府与市场开发机制下数字信息资源配置的失衡与不公，实现资源配置效率与社会信息福利的最优。

5.3.3 利用阶段的数字信息资源优化配置

根据库普曼（T. C. Koopmans）的观点，资源配置的主要内容是在现有技术环境下，如何以用户需求为导向，根据用户偏好将有限的经济资源分配于各种产品的生产，以最大化满足人们的需求。① 他认为资源优化配置的目标是稀缺资源利用效用的最大化。在微观经济学中，效用是指消费者在消费某种商品或劳务时，消费者所感受的心理满足程度。根据这一概念，可以认为数字信息资源的效用是指用户消费某种数字信息资源或服务而产生的效用。由于消费者的效用感受具有很强的个人主观性，难以通过精确的数理运算对效用加以衡量，因此新福利经济学派引入序数效用理论来研究商品与劳务对于消费者的效用，认为效用作为心理现象无法计量，只能通过对消费者心理欲望满足的程度的高低与顺序加以表示。例如，用户消费了三种不同类型的数字信息资源，可以根据用户的偏好对这三种资源的效用以序数排列的方式加以表示。在另一方面，数字信息资源利用从经济学的角度来看，是实质上的数字信息资源消费，即通过数字信息资源效用的发挥以满足社会不断增长的信息资源需求。② 因此，我们可以认为利用阶段的数字信息资源优化配置就是以用户需求为指向，对数字信息资源的分布与流向进行设计与调整，以尽可能小的资源投入获得数字信息资源的最大效用。通过对数字信息资源利用效用的定义，试从边际效用理论出发分析利

---

① Koopmans, T. C. *Three essays on the state of economic science* [M]. McGraw-hill Book Company, 1957.

② 张昆仑. 边际效用递减规律新探 [J]. 现代财经，2004 (4)：8-11.

用阶段中数字信息资源的优化配置。作为资源配置的基础理论之一，边际效用是指一定时间阶段内资源每一单位的投入所产生的效用增量。在传统经济学理论中，边际效用递减是边际效用理论的重要规律，运用于数字信息资源利用即指在特定时间内，当用户从某种资源或服务的利用中获得的满足水平随着该资源与服务投入的增加而递减；当资源利用总量增加到一定限度后，边际效用会为零；此时如果再增加资源利用量，边际效用将转为负。例如，网络信息资源具有传播速度快，信息容量大以及交互功能强等特点，通过利用网络信息资源能够让用户快速准确的搜寻、定位到所需要的信息，但是初次获取的信息对于用户而言是最有价值的，但内容同质又不断重复的信息则会被用户视为信息垃圾，由此可见边际效用递减规律对于同一数字信息资源的利用仍然有效。由边际效用递减规律可以推断，当数字信息资源利用总量确定时，对同一资源的多次重复投入超过一定限度时，由于负效用的出现，资源投入所产生的总效用会逐步减少。那么，在用户偏好既定，资源利用的投入与边际效用已知不变的前提下，如果数字信息资源利用各个方面的最后一单位资源投入产生的效用相等时，资源利用的总效用最大。① 数学证明如下：假设广义的数字信息资源利用包括资源基础设施利用、资源本身利用以及与资源相关人力资源利用等 n 个方面，数字信息资源利用的总投入为常数 R，资源第一方面的投入为 C_1，产生的效用为 $U_1(C_1)$；资源第二方面的投入为 C_2，产生的效用是 $U_2(C_2)$；则第 n 个方面的投入 C_n，产生的效用为 $U_n(C_n)$；那么 1 到 n 个方面的总效用为 $U(C_1, C_2, \cdots C_n)$。其中 $R = C_1 + C_2 + \cdots + C_n$，

$$U(C_1, C_2, \cdots C_n) = \sum_{n}^{1} U_K(C_k)(k = 1, 2, \cdots, n)$$

在 $\varphi(C_1, C_2, \cdots C_n) = C_1 + C_2 + \cdots + C_n - R = 0$ 约束条件下求总效用 $U(C_1, C_2, \cdots C_n)$ 的条件极限，目标函数定义为：

---

① ［美］哈尔·R. 范里安. 微观经济学：现代观点［M］. 费方域等，译. 上海：上海人民出版社，2006.

$L(C_1, C_2, \cdots C_n, \lambda) = U(C_1, C_2, \cdots C_n) + \lambda\varphi(C_1, C_2, \cdots C_n) = U_1(C_1) + U_2(C_2) + \cdots + U_n(C_n) + \lambda(C_1 + C_2 + \cdots + C_n - R)$

λ 为拉格朗日乘数，总效用最大化的一阶条件为

$$\begin{cases} \dfrac{\partial L}{\partial C_1} = \dfrac{dU_1}{dC_1} + \lambda = 0 \\ \dfrac{\partial L}{\partial C_2} = \dfrac{dU_2}{dC_2} + \lambda = 0 \\ \cdots\cdots \\ \dfrac{\partial L}{\partial C_n} = \dfrac{dU_n}{dC_n} + \lambda = 0 \\ \dfrac{\partial L}{\partial \lambda} = C_1 + C_2 + \cdots + C_n - R = 0 \end{cases}$$

求解可得：

$$\frac{dU_1}{dC_1} = \frac{dU_2}{dC_2} = \cdots = \frac{dU_n}{dC_n}$$

这意味着数字信息资源利用各方面效用均衡时，资源利用的总效用最高，此时数字信息资源配置的效率最高即实现“帕累托最优”。

通过对边际效用规律的探讨，可以发现在特定时间内，资源利用越多，则资源总的效用也越高。例如，数据库中数字信息资源被下载次数越多，说明其总效用越高，因此在数字信息资源利用过程中首要解决的问题是如何获取足够多的资源加以配置，以保证产生更多利用效用。而根据边际效用递减原则，资源某一方面的利用效用达到一定限量时，其边际效用会逐步减少，那么数字信息资源配置应当根据效用的变化进行及时调整，将资源优先配置给效用产出较大的方面，以保持资源利用总效用的增长，提高资源配置的效率。此外，利用阶段的数字信息资源配置必须解决好均衡的问题，在对利用效用高的配置元素加大资源投入的同时，要兼顾利用效用相对较低的配置元素，从而促进资源均衡配置，实现资源整体利用效用的提升，最终达到数字信息资源配置的“帕累托最优”状态。

需要指出的是，虽然数字信息资源与传统资源同处经济资源范畴之内，具有一般经济资源同样的稀缺性、使用方向可选择性，因此在不考虑数字信息资源所具有的共享性、非同质性等特征的严格约束条件下，传统经济学中边际效用理论对于分析资源利用阶段配置效率的优化问题仍然具有指导意义。但在实际情况中，数字信息资源的利用效用往往受到用户知识结构与认知水平的限制。娄策群①、华海英②、史丛③等人就分别从不同的角度探讨过信息资源利用边际效用可能存在的几种情况，如：利用边际效用不存在，边际效用先增后减，边际效用特定阶段的递增等。因此，数字信息资源本身所具有的多维性、易变性以及抽象性特点，使得数字信息资源利用效用的变化趋向多样化，资源效用涨落对于资源配置效率的影响也远比传统资源复杂得多，因此具有更大的不确定性。

5.3.4　评价阶段的数字信息资源优化配置

数字信息资源评价是其生命周期的重要阶段，此阶段既是数字信息资源的生命周期的终点，也是下一生命周期循环的起点。通过对数字信息资源各阶段的评价，可以发现资源在规划、开发以及利用过程中存在的问题与障碍，从中找出影响资源生命周期循环的重要因素。通过评价，可以掌握资源生命周期的运动规律与阶段特征，从而为制定相应配置策略提供依据。通过将评价结果反馈于数字信息资源配置的初始阶段，对数字信息资源规划进行检验并纠正执行偏差，确保资源规划目标的实现。数字信息资源的评价并不局限于生命周期的某一环节，通过对资源生命周期各阶段的评价，可以确定数字信息资源在各阶段的特质、质量与价值，实现对数字信息资源有效的开发利用，从而促成资源配置的最优化。

---

① 娄策群，王颖．知识类信息消费的边际效用分析［J］．图书情报工作，2009（6）：126-129.

② 华海英．信息商品的效用及边际效用探讨［J］．图书情报工作，2002（10）：62-65.

③ 史丛．关于信息资源效用的分析［J］．情报杂志，2009，（28）：281-282.

在数字信息资源配置过程中，对资源配置效率进行评价往往需要构架客观、科学和合理的评价指标与测度体系。就现有的研究成果来看，越来越多的研究者认同将“帕累托最优”作为衡量数字信息资源配置效率的基本评价标准。根据“帕累托最优”标准，在现有数字信息资源配置格局下，如果资源的配置在不使一些用户的社会信息福利水平下降的情况下，任何重新配置都无法提高某些用户的社会信息福利水平，那么数字信息资源配置的效率为最优，配置状态是理想的。反之，当某些用户社会信息福利水平不变的情况下，还有一些人的社会信息福利水平能够通过资源的重新配置而提高，此时说明数字信息资源配置是低效或是无效的，数字信息资源的配置还有余地，资源配置还非达理想状态。因此，要通过调整资源的分布与流向，通过提高数字信息资源社会化共享程度来改进资源配置效率。基于以上认识，评价阶段的数字信息资源优化配置的实质是资源配置状态的“帕累托改进”。

数字信息资源配置的“帕累托改进”是指通过资源配置机制的改变，使得一部分用户在资源配置过程中社会信息福利有所改善而不会对其他人造成损害。具体到数字信息资源生命周期各阶段，对数字信息资源配置进行评价可以明确现有的资源配置水平，保证资源配置规划能够反映出当前用户的资源需求和资源消费偏好，使得规划阶段制定的数字信息资源配置标准得到贯彻。在数字信息资源开发阶段，对资源开发状况的评价能够推动资源的深度开发，以最大化发挥开发要素投入的效用。同时，通过评估发现并纠正资源开发过程中市场失灵与政府时效的情况，避免资源有效供给不足与资源开发能力的闲置之间矛盾的产生。在利用阶段，评价可以得出每一单位资源配置投入产生的利用效用，并可依据利用效用的产生状况调整信息资源配置机制，促进数字信息资源共享以尽可能小的配置投入获取资源整体利用效用的最大化。总而言之，对数字信息资源配置进行有效评估，以评估结果知道资源生命周期各个阶段的资源配置活动，能够推动资源配置各个环节的“帕累托改进”，实现数字资源配置效率的提高，促进资源优化配置。

5.4　数字信息资源配置的生命周期模型

模型是建立在一定理论与假设之上对于事物与现象的抽象描述，目的在于描述研究对象中各要素、变量或主体之间的相互联系与相互作用。模型的类型根据描述方式的不同而不同，比如对于客观世界问题域中事物的描述称为概念模型；运用数学符号和数字算式的推导来描述事物和现象的被称为数量模型；通过点线结构图形来描述事物与事物之间关系的被称为图示模型。通过模型的构建可以形象地对事物与现象加以直观揭示，将抽象的理论与假设具体化，有助于人们对事物与现象进行规律性的认识与总结。对于数字信息资源配置，生命周期模型的构建有利于从总体把握数字信息资源在其生命周期各个阶段的配置状态，实现信息资源的合理规划和高效配置。在模型构建方面，马费成、望俊成和朱晓峰等学者在梳理诸多生命周期模型基础上，归纳出多种适用于信息资源管理领域的生命周期理论模型。①② 本研究基于当前研究成果，结合数字信息资源配置相关理论与生命周期各阶段特征，试构建生命周期理论适用模型、数字信息资源生命周期配置的理论模型以及基于生命周期的数字信息资源配置总体模型。

5.4.1　生命周期理论适用模型

生命周期理论适用模型是指根据研究对象在生命周期各个阶段及要素关系的抽象，以特定形态对研究对象生命周期各阶段特征与关系的描述。研究对象的属性、运动方式、复杂程度大致可以分为一维模型、二维模型与多维模型三大类。

生命周期理论的一维模型是基于时间的单向不可逆性，无论是物质实体、管理流程还是信息资源，其从产生到消亡的“生命过

① 马费成，望俊成．信息生命周期研究述评（Ⅱ）：管理视角［J］．情报学报，2010，29（6）：1080-1086.

② 朱晓峰．政府信息资源生命周期管理［M］．南京：南京大学出版社，2009.

程”都可以时间作为维度加以衡量与划分。因此对于目前尚不能准确描述的研究对象，可以根据其运动规律与形态变化的特征按时间序列构建单一维度模型。链式模型和环形模型是典型的生命周期理论的一维模型。

链式模型是最简单也是最常见的一种生命周期模型，是将研究对象根据生命周期理论划分的各个阶段按照时间序列依次相连并顺次排列的模型。链式模型的特点是事物与现象的运动状况与阶段特征以时间序列的形式加以描述，各阶段间存在强相关关系，模型链条中的各个要素缺一不可。链式模型的优点在于能够直观反映研究对象生命周期的各个阶段与组成要素的基本构成，对生命周期的主要环节与相互关系描述清晰，一目了然。在生命周期理论引入信息资源管理领域初期，依据霍顿与马钱德等人构建的经典“信息生命周期六阶段模型”，即信息的“创建、采集、组织、开发、利用和清除”，就属于链式模型。链式模型的缺点则在于忽视事物与现象的多维性、复杂性与动态性，将事物与现象的运动状态简单归为单向流程，完全分隔了生命周期始末终端之间的联系。

环形模型实质是链式模型的变体，所不同的是将生命周期链式模型的首尾阶段相连成环形结构。环形模型考虑到了事物与现象的生命周期各阶段的交替的应是循环往复的“新陈代谢”，强调事物与现象的形成与湮灭之间存在着更新与变革，使得生命周期重新开始，凸显了生命周期的循环特征。例如，在英国国际数字保管中心（Digital Curation Centre）提出的电子文件生命周期模型就是典型的环形模型。该模型将电子文件生命周期划分为创建、现行利用、鉴别、移交、长久保存行为、存储、档案利用、迁移 8 个循环阶段。如图 5-6 所示，该模型认为通过将电子文件原有格式在迁移阶段进行更新，实现电子文件在不同技术环境下的再次利用，从而开启新的生命周期，因此电子文件生命周期存在生命进程循环，适用环形模型。①

① 段荣婷．国际电子文件归档最新标准及其对我国的启示［J］．情报学报，2009，28（6）：886-893.

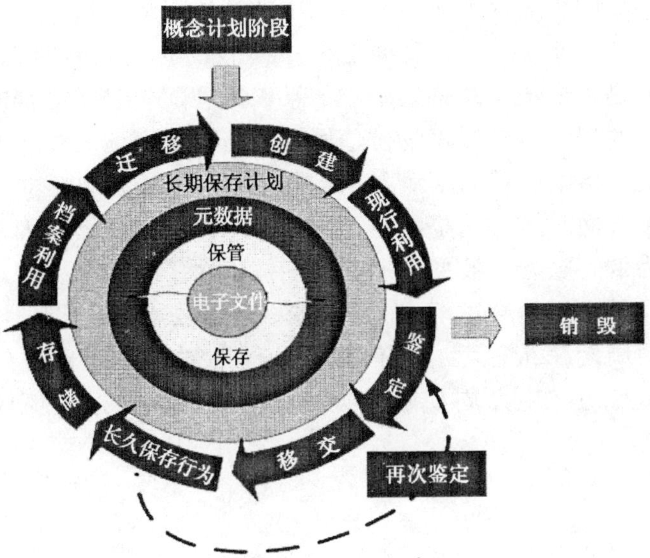

图 5-6　英国国际数字保管中心电子文件生命周期模型

生命周期的二维模型是指根据研究对象的生命周期各阶段和各阶段相对应的变量组成二维结构的生命周期模型。生命周期的二维模型包括矩阵模型、价值模型等类型。

矩阵模型是根据研究对象生命周期各阶段与相应变量构成的纵横交错的关系模型，适于描述行为主体在每个生命周期阶段的特征以及相应变量的变化。矩阵模型的优点在于应变性强，能够根据研究对象的变化对时间维度与变量维度进行重置，适合对研究对象进行多主体与多因素的深入探讨。具有代表性的是阿瑟 · D. 利特尔（Arthur D. Little）咨询管理公司于 20 世纪 70 年代提出的生命周期组合矩阵，该矩阵将组织在市场上的优势与劣势同该市场各生命周期阶段结合起来，以企业生命周期为矩阵横轴，企业在市场中的竞争地位为矩阵纵轴，构建起模型。① 生命周期组合矩阵主要用以分

① Hill, C. W., Gareth R. J. *Strategic management* [M]. Houghton Millin Company Press, 2000.

析组织在不同生命周期阶段其市场中的竞争态势。

如图 5-7 所示，价值模型是另一种形式的生命周期二维模型，价值模型是以价值视角描述事物的某一属性随着时间进程的推进而不断变化的现象，是以事物价值属性值与时间序列为维度的二维模型。价值是事物属性对于满足人们需要的意义关系，是对人们需求的有用性。而时效性是事物对于人们有用性的重要影响因素，以信息商品为例，随着科技的发展与人们知识水平的提高，特定类型的信息商品的有用性会逐渐丧失，最终完全失去价值。价值模型是常见的生命周期二维模型，在信息生命周期建模方面也得到广泛应用，信息价值在生命周期阶段上的涨落就可以通过价值模型加以描述。

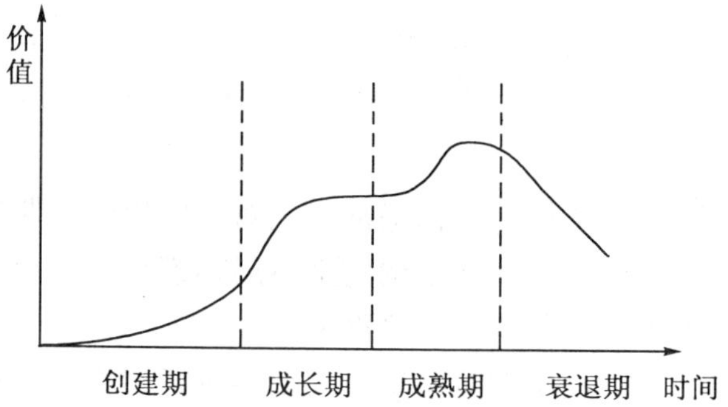

图 5-7　价值模型示意图

随着现代科学技术的发展，人们认识与改造世界的能力不断增强，科学研究的对象越发复杂，面对主体多样、属性多维以及运动状态复杂的研究对象，单向的一维、二维模型已经不能进行有效的特征抽取与总结概括。鉴于复杂性研究对象在不同时刻的运动状态、属性是不同的，因此为了对事物与现象加以准确、科学的概括，需要构建多变量、动态的多维模型。生命周期多维度模型的典型形式是螺旋模型。螺旋模型建模思想基于生命周期不是简单的闭式循环，而是在多维空间内进行线性递归，简言之就是上一个生命周期循环的结束是下一循环的开始，循环与循环间的生命周期阶段往往存在差异。在螺旋生命进程中，研究对象逐渐从较低的循环形式向更高循环形式演进，无限接近事物的边际。软件系统开发中常用的螺旋模型便采用了生命周期多维模型。① 软件开发螺旋模型是以周期性与进化式方法开发软件。如图 5-8 所示，螺旋模型设置了制定计划、风险分析、实施工程以及客户评价四个维度，模型中存在着大量的变量指标，软件开发流程在这些变量指标严格约束下按照上述四个维度进行迭代演化，确保软件开发过程与产品最大化满足用户需求与质量要求。

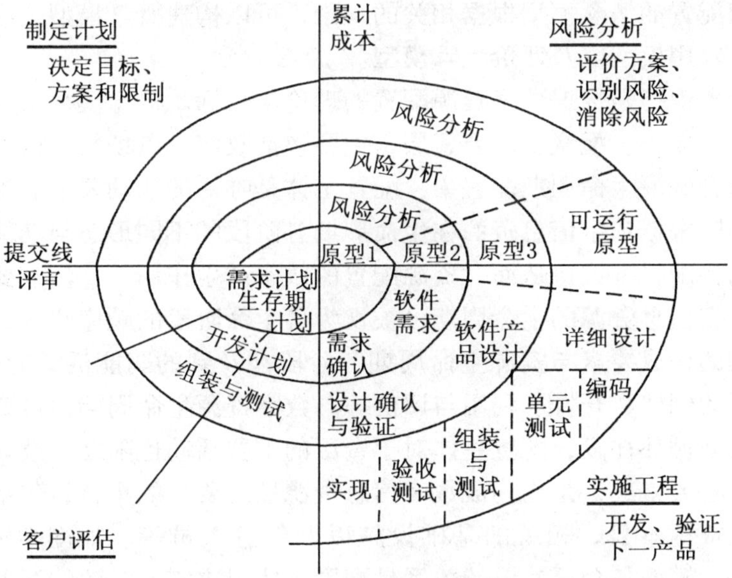

图 5-8　软件开发螺旋模型示意图

综上所述，生命周期适用模型在不同的研究领域都得到了广泛应用，特别适用于具有生命特征，自身价值具有时效性的研究对象。生命周期模型能够抽取研究对象生命周期的阶段性特征，对研

① 齐瑀，王春森，孙宇辉．螺旋模型在开发专家系统中的应用［J］．计算机工程，1997，23（4）：53-55.

究对象运动状态进行规律性总结，有助于对研究对象生命周期的全程观测与管理。当然，不同类型的生命周期适用模型并不是孤立使用的，可以根据研究对象的特点与使用条件，选择合适的模型或多模型组合对研究对象在生命周期不同阶段的作用与功能进行分析。

5.4.2 数字信息资源生命周期配置的理论模型

数字信息资源生命周期配置的理论模型，是根据数字信息资源在各生命周期阶段不同的配置特点及其影响因素关系，对数字信息资源在各阶段的配置状态与效用进行抽象与模拟。数字信息资源生命周期配置的概念模型根据相关的理论，可以构建概念模型、内容模型、效用模型以及评价矩阵模型。

概念模型是根据数字资源配置的理论与目标。概念模型由三个要素层构成：①配置主体要素层，主要包括政府、市场与产权。在数字信息资源生命周期配置中，配置主体是唯一的能动要素。配置主体可以根据数字信息资源在生命周期各阶段的不同形态与功能能动的调整配置方式，从而对资源配置的效率产生作用。②流程要素层，数字信息资源的生命周期可被视为各生命阶段的顺序流程，顺序流程的构成要素与资源生命周期各阶段涉及到的职能活动有关，如资源的创建、开发、利用与评价等。数字资源生命周期通过资源更新实现循环往复，配置主体对于资源的配置活动也随之持续。③资源核心要素层，是指构成数字信息资源核心要素的集合，包括数字信息资源本身、相关的基础设施以及信息人员等。如图 5-9 所示，概念模型各个要素层的关系是配置主体层决定着资源的配置状态与效率；流程要素层可以影响配置主体对于配置方式的选择；而资源要素的数量、质量、类型以及生命阶段形态则是流程要素层与配置主体要素层的核心与基础。

内容模型是对概念模型的完善与具体化。概念模型只是大致反映了数字信息资源生命周期的配置过程中各配置要素之间的相互关系，并能不反映资源在生命周期中的配置内容。数字信息资源的具体内容包括：数字信息资源的时间矢量配置、空间矢量配置、品种类型配置以及数量配置。根据数字信息资源生命周期的划分，各阶

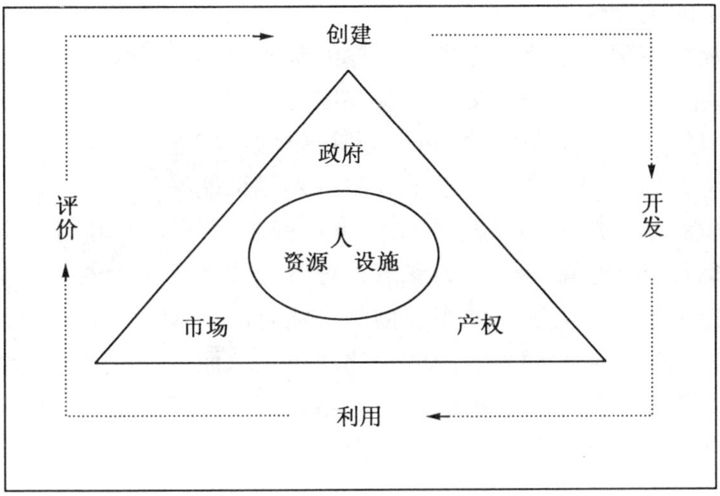

图 5-9　概念模型示意图

段的具体资源配置内容是：在数字信息资源规划阶段的配置内容是确定数字信息资源配置的时效；对资源的分布地域、行业以及使用方向上寻求最佳的组合方案；以用户需求导向确定配置资源的类型；根据地区、行业与组织的资源丰裕程度安排数字信息资源的存量配置与增量配置计划。数字信息资源开发阶段的配置内容是确定资源开发的流程进度；利用市场与非市场手段调节数字信息资源的空间流向；在数字信息资源类型开发上兼顾品种与效用；在满足用户需求的同时避免资源冗余与重复配置；实现资源存量与资源增量的均衡配置。数字资源利用阶段的配置内容是，配置效用为主导；在现有技术与资源条件及时、全面地挖掘数字信息资源总效用；保证数字信息资源类型与数量上的有效供给。数字信息资源评价阶段的配置内容是，通过对数字信息资源配置效用进行评价；对数字信息资源配置的时空分布以及资源在类型与数量的攻击状态进行分析；对资源闲置、市场失效与政府失灵的情况进行“帕累托改进”；提升资源配置的效率与社会信息福利水平。内容模型的意义在于对概念模型的各要素在生命周期中的作用与功能进行了解释说明；具体直观的明确了数字信息资源配置在生命周期中内容；提高了模型的可操作性。

效用模型。数字信息资源配置的基本原则就是公平与效率。公平是指社会各阶层的成员在资源获取与利用上具有平等的权利与机会；而数字信息资源配置的效率是指要用尽可能小的配置成本获取尽可能大的效用，或者以最小资源投入尽可能满足用户需求。如图5-10所示，效用模型反映了数字信息资源配置各个环节在资源不同生命阶段产生配置效用的涨落，对各配置环节对于效用波动的影响与作用进行了呈现。效用模型的构建有助于人们认识与分析数字信息资源生命周期配置效用的变化规律，从而根据配置效用状态相应的调整数字信息资源的投入与分布，实现资源配置整体配置效用的提升。

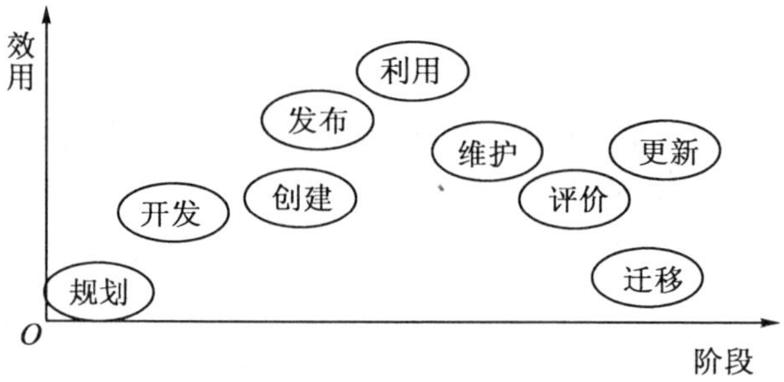

图 5-10　效用模型示意图

评价矩阵模型。数字信息资源配置主要是解决资源相对稀缺与人们无限需求间的矛盾，为了有效合理地利用资源，把有限资源配置给最需要的地方，就需要建立科学有效的评价模型，用以检验资源配置的经济效益与社会效益。数字信息资源评价矩阵模型由资源配置评价指标与生命周期各阶段两个对应维度构建而成。评价矩阵模型没有固定形式，可以根据资源配置内容、环境以及主体的不同，按照系统性、可比性与科学性的原则确定评价指标，因此具有很强的灵活性与适用性。也可根据资源的生命周期运动规律与阶段性特征，选择不同的生命周期划分标准，构建新的模型。基于上述原理，如图 5-11 所示可将数字信息资源周期划分为创建、开发、利用、评价这 4 个主要阶段，结合信息资源配置通用指标，生命阶段的资源配置均有对应的资源投入与产出指标，从而构建起数字信息源生命周期配置评价模型。

	投入	产出
规划	资源集成成本；规划人员投入；规划时间花费	厘清数字信息资源时空分布状态；确定用户需求；建立配置标准；消除信息孤岛；明确资源来源
开发	资源基础设施投入；资源创建成本；资源转换成本；资源采购成本；相关人员费用	资源网络建设；数据库建设；数字信息资源增量；数字图书馆建设；专业资源导航库；数字文化遗产保护
利用	资源获取成本；资源服务成本；资源损耗成本；信息安全成本	经济收益；资源利用率提高；用户资源需求满足；资源配置均衡；社会信息福利水平上升
评价	评价标准、体系与制度建设投入；评价机构与人员开支；专业与特殊资源评价投入	资源配置效果反馈；资源处置意见；配置效用评估

图 5-11　评价矩阵模型示意图

上述的几种数字信息资源生命周期配置模型都是基于相关概念与理论的抽象模型，是通过不同侧面反映数字信息资源配置在生命周期中的动态特征及其演化。在实践应用中，可通过理论模型与实际指标测度相结合对模型进行论证以检验理论模型的科学性与合理性，并根据结果对模型进行修正与优化，使模型具有对数字信息资源配置效用变化趋势进行分析与预测的功能，增强理论模型的可操作性。

5.4.3 基于生命周期的数字信息资源配置总体模型

基于生命周期的数字信息资源配置是指数字信息资源在不同生命周期阶段的特征，相应调整资源配置的内容与流向，以获取最大化的资源配置效用，实现数字信息资源配置效率的最优。由于数字信息资源在配置过程中效用损耗与使用价值涨落具有明显的周期性与阶段性，基于生命周期的数字信息资源配置流程可以分为规划、开发、利用与评价四个主要阶段。同时，根据在不同生命阶段中数字信息资源配置形式与要素的变化，可以构建基于生命周期的数字信息资源总体模型（如图 5-12 所示），从而反映在数字信息资源生命周期内数字信息资源配置流程与内容的动态变化。

用户对于数字信息资源的需求是资源配置的核心，也是数字信息资源生命周期的起点。失去用户需求数字信息资源配置的配置是无意义的，因为无法想象没有需求欲望的用户能将通过配置获取的资源效用最大化。在资源配置的规划阶段，在明确用户对于数字信息资源内容、类型、数量与质量等方面的需求基础上，通过资源配置标准规范、多类型与多维度的数字信息资源集成以及以资源为中心的系统设计，消除“信息孤岛”，为资源配置创建标准、规范和同构的数字信息资源。开发阶段的数字信息资源配置，通过政府、市场与公益机构的协同开发，不同配置主体形成有机配合，共同调节数字信息资源配置中的经济利益与关系，以配置效用驱动资源配置效率。利用阶段的数字信息资源配置，数字信息资源的配置目的是为了满足用户对于资源利用需求，用户通过配置中介获取资源的那一刻，就开始体验资源配置所产生的效用。依靠检索、导航、推送以及增值服务等数字信息资源利用形式，对用户进行持续动态的资源配置，通过数字信息资源共享实现资源配置效用的最大化并产生尽可能多的社会信息福利。评价阶段的数字信息资源配置是指通过评价模型与指标测度体系的建立，对资源配置状态以及资源在生命周期中的时效性进行评价，根据配置效用与效率对数字信息资源做出处置决策，并将配置评价结果反馈给资源规划阶段，以利于下

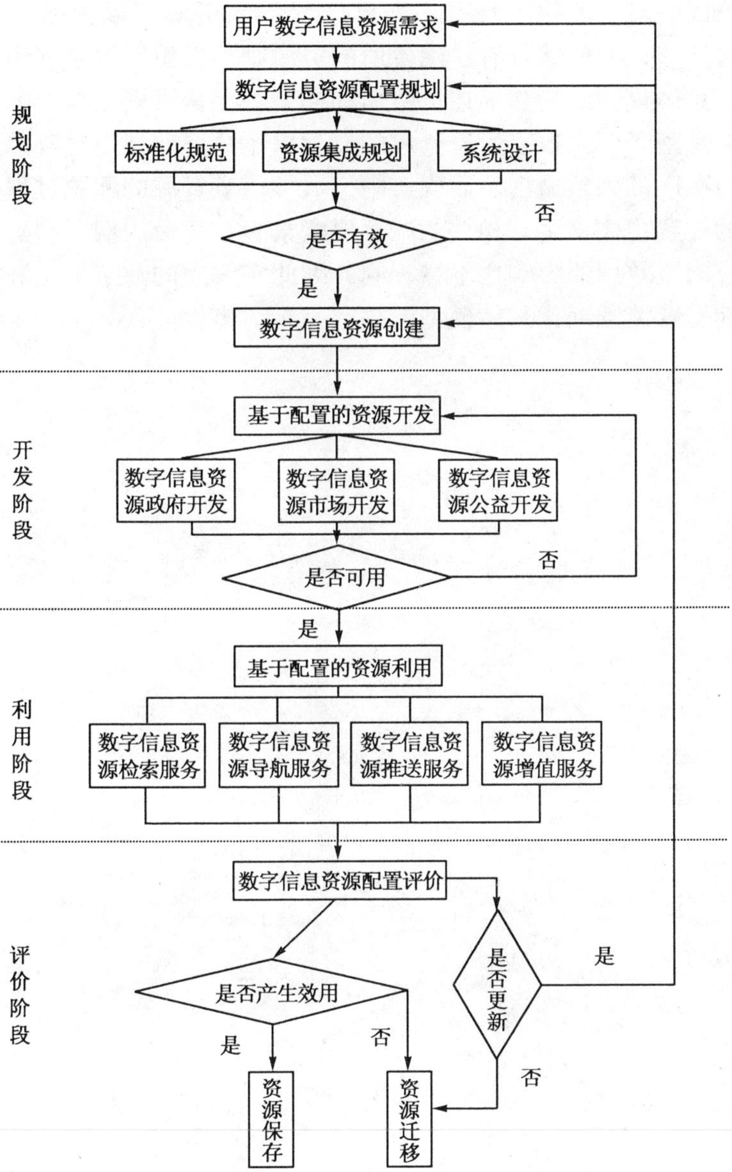

图 5-12　基于生命周期的数字信息资源配置总体模型

一生命周期中数字信息资源配置活动的改进。而在资源时效价值评价方面，对于老化、效用“磨损过度”的资源可以根据评价结果进行迁移，而依然具有使用价值的资源则加以更新继续利用。

总体模型的构建描述了生命周期中数字信息资源配置的基本流程，是基于广义数字信息资源的概念以生命周期视角对资源配置环节与次序的大致概括。而现实中，数学信息资源的配置过程中涉及到的配置主体众多，相关的配置要素繁多，生命周期不同阶段对于资源配置效用的影响也不尽相同，因此实践中的数字信息资源生命周期配置流程远比总体模型的描述复杂得多。

第6章

数字信息资源配置影响因素和行为模式

6.1 概 述

数字信息资源是当代社会重要的经济资源，它不仅可以作为一种生产要素投入到社会经济活动之中，替代物质资源或能源资源产生经济效用；也可以作为一种催化剂作用于物质资源和能源资源的配置活动，通过减少或消除经济活动中的不确定性，优化管理和决策行为，提高管理和决策效率，从而促进物质或能源生产效用的增长。

数字信息资源配置是信息资源领域的一个重要研究分支，是伴随着信息资源开发利用活动的产生和发展而形成的。合理配置是有效利用数字信息资源的关键，其本质是对数字信息资源效用的配置。数字信息资源配置研究是数字时代对传统资源配置理论研究的拓展。在数字时代，信息成为独特的资源和生产力要素，表现出稀缺性、共享性、非同质性、效用体验的分次性等特征。这些特征构成了数字信息资源配置研究的理论基础和出发点。毫无疑问，数字信息资源配置行为都是以“信息资源是稀缺的”这一基本事实为前提的。

当前，人类正面临着新的信息环境，经济全球化、社会信息化和网络化已成为一种趋势，学术界对数字信息资源配置的研究也在不断经历变革。本节结合新信息环境，分析和研究了数字信息资源配置研究的几个转变，即从关注配置主体向关注信息用户的转变，从经济角度向管理和经济角度并重的转变，从规范研究向实证研究的转变，从狭义信息资源向广义信息资源的转变。①

（1）从关注配置主体向关注信息用户的转变

国内外在信息资源配置研究领域，不论是理论方面还是实践方面，均已经形成了特色，产生了一批重要的研究成果。但综合国内外研究现状，依然存在一些不足之处，主要表现在：缺乏从信息用户（即信息资源效用体验者，如地区、行业、企业等）角度的实证研究。用户对信息资源效用的分次体验使得信息资源配置具有动态性并表现出特有的行为规律和模式，并因此极大地增加了信息资源配置的难度，而信息资源的效用体验只有用户最清楚，所以展现信息用户眼里的信息资源配置问题，以信息用户为中心开展信息资源配置研究应该受到情报界更多的关注。

由于信息资源的效用通常不可能一次性地得到全部体验，因此信息资源也不可能一次性地事先加以配置，而是根据信息用户在信息资源共享中吸收信息能力的不同而不断得到动态的配置，即动态地、持续地对信息资源及其使用方向进行重新规划和调整，使信息资源效用与其使用方向的要求相对应，保证始终使合适的信息资源用于合适的使用方向，以便充分挖掘信息资源的效用。物质资源和能源资源因为具有占有性和排他性，因而某种数量的物质和能源应该在一次性静态配置中满足使用方向的要求，重复配置会因为巨大的运输成本而导致效率低下。信息资源具有共享性，共享性成为信息资源动态配置的催化剂。现实社会中，信息资源的动态配置是客

---

① 查先进. 论信息资源配置研究的几个转变 [J]. 信息资源管理学报，2011，1（1）：33-38.

观存在的，并表现出一定的行为规律和模式。它不仅与信息用户效用体验相关联，还涉及配置主体、配置客体、时间、空间和品种类型，如图 6-1 所示。

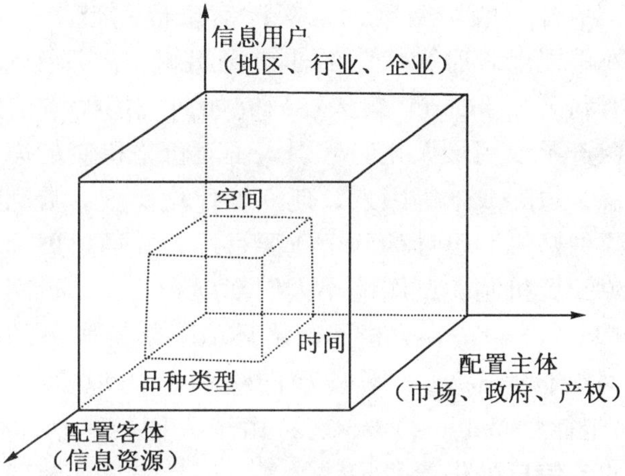

图 6-1　信息资源动态配置行为规律和模式示意图

信息资源在时间、空间和品种类型维度上的配置状况、特征和要求从某个层面反映了信息资源动态配置行为。配置主体、配置客体、信息用户从另一个层面反映了信息资源动态配置行为，并且与上面的层面相互交叉和融合。

在信息资源配置研究中，从配置主体角度展开的研究已取得了丰硕的成果。但信息资源配置是一个非常复杂的问题，有效的信息资源配置还应关注信息用户的效用体验，因为信息用户的效用体验会直接或间接地决定配置客体（即信息资源）的流向和流量，并对配置主体的行为产生影响。因此，信息资源效用体验在信息资源配置中占据重要地位，以信息用户为中心的研究应受到更多关注。例如，通过问卷和实地考察系统地了解效用体验和配置现状；根据特定的信息资源类型采访信息用户，了解并诊断信息用户效用体验在时间轴上的波动情况；利用案例分析，镜像跟踪特定类型的信息资源，掌握其配置的时间和地点特征，探寻信息资源动态配置的行为规律和模式；等等。

（2）从经济角度向管理和经济角度并重的转变

综观国内外既有的成果，学术界对信息资源配置的研究大多是在传统经济资源配置研究基础上的拓展。早期主要倾向于从经济学角度入手，结合一般均衡理论，探讨信息福利带来的社会福利优化，并格外重视以政府为代表的非市场组织在资源配置中的作用。例如，约哈利（R. Johari）等人在研究如何应用网络信息资源配置来实现信息资源效用最大化时，引入了对价格机制的思考，通过分析拥塞价格、边际成本等因素，建立纳什均衡。约哈利还指出了网络信息资源价格机制设计的两个重要目标，并通过展示和选择规模可变的资源配置机制，试图缩小人们期望和现实之间的差距。① 瓦里安（Hal R. Varian）在分析了网络环境下信息服务的特点后，指出近几年网络信息总量的增长和网络信息的消费揭示着信息的“马尔萨斯定律（Malthus’ law）”：由于人们处理信息的脑力和时间是有限的，信息的供给呈指数增长，但是信息的消费只是保持了线性增长，这就使得在生产出来的信息中，真正被消费掉的信息的比例无限趋近于零。② 金格马（B. R. Kingma）曾对图书和期刊市场均衡、馆际互借与资源共享的联合收益进行了系统的研究，并认为，图书、期刊、报纸、数据库等都是稀缺的信息资源，这些资源的使用效率取决于使用水平、成本以及顾客等待文献发送的机会成本。③ 布朗斯坦（Y. M. Braustein）和霍古德（J. Hawgood）曾研究了网络拥塞所增加的时间成本对网络信息资源配置效率的影响。

信息资源配置效率研究占据研究的主流，并因其基于传统经济资源配置研究而具有深厚的经济学色彩，如引入成本、收益、价格

---

① Johari, R., Tsitsiklis, J. N. *A scalable network resource allocation mechanism with bounded efficiency loss* [J]. IEEE Journal on Selected Areas in Communications, 2006, 24 (5): 992-999.

② ［美］卡尔·夏皮罗，哈尔·瓦里安．信息规则——网络经济的策略指导［M］．北京：中国人民大学出版社，2000.

③ Kingma, B. R. *The economics of information* [M]. Englewood: Libraries Unlimited, Inc., 1996.

等经济学手段和工具，研究信息资源配置过程中所表现出来的不同于传统经济资源配置的特有形式；信息资源配置的出发点在于其具有稀缺性，而稀缺性正是经济学研究中需要始终关注的一个基本的经济事实；引入福利经济学中颇为关注的“帕累托最优”准则、补偿原则、次优理论等，研究信息资源配置效率及其评价标准。

在未来的研究中，经济角度的研究仍是重要的一方面，但需要更多地结合信息资源的特点对传统经济资源配置的理论进行大刀阔斧的修正。例如，与传统经济资源相比，信息资源的一个重要特点在于信息内容具有共享性和非同质性。信息资源的共享性突破了原有资源观的限制，非同质性又使信息商品可以看成接近垄断的商品，因此信息资源的市场均衡是一个不完全等同于传统资源配置的命题，这使得“帕累托最优”标准和埃奇沃斯盒状图（Edgeworth box diagram）不能直接应用于信息资源。传统资源的稀缺性表现出量的减少，信息资源的稀缺性表现出的质的降低。围绕“帕累托最优”标准和埃奇沃斯盒状图，如何通过一定的修正，使得其有效地用于信息资源配置，将是未来研究的重要领域。以埃奇沃斯盒状图为例，为了将埃奇沃斯盒状图有效地应用于信息资源，可以考虑将盒子的水平长度表示整个经济中第一种信息产品的效用 X，盒子的垂直高度表示整个经济中第二种信息产品的效用 Y，如图 6-2 所示。在两种信息产品效用一定的情况下，消费者 A 多消费第一种产品的效用意味着消费者 B 少消费第一种产品的效用，消费者 A 多消费第二种产品的效用意味着消费者 B 少消费第二种产品的效用。改造后的埃奇沃斯盒状图，对于客观地评价信息资源配置效率具有一定的参考作用。

另一方面，以智能体（人和社会）为中心的研究是管理学研究的核心，从关注配置主体到关注信息用户本身体现出管理角度开始受到关注。虽然从全球范围来看，信息资源的开发和共享取得了一定成效，信息意识也空前高涨，但信息资源配置中的低效率甚至无效率情况依然普遍存在，不公平现象时有发生。如信息资源的地域分布不均衡问题，信息资源的盲目生产和重复配置问题，信息资源的冗余和短缺同时并存的问题，信息侵权问题，信息污染和超载

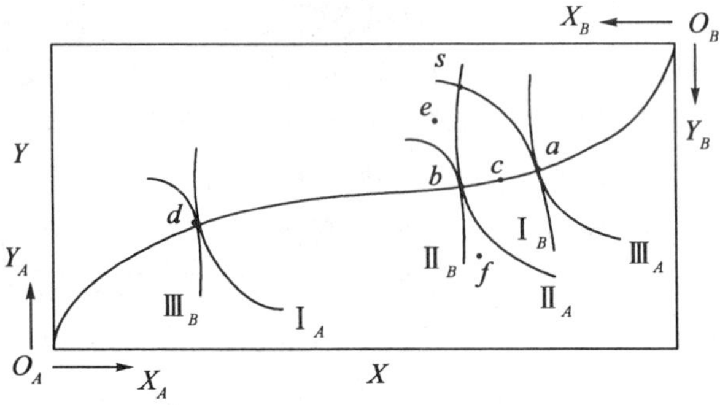

图 6-2 信息产品交换的埃奇沃斯盒状图

问题，信息犯罪问题，“信息富裕”和“信息贫穷”两极分化问题等，都正在愈演愈烈。这在一定程度上构成了信息资源共享的障碍，而改进资源配置方式和策略无疑解决这一难题的突破口。管理学是与实践密切相关的学科，如何结合信息资源配置和共享实践，在信息资源配置方面构建一套能推动信息资源开发和共享实践的管理模型和系统化的理论，是当前迫切需要解决的。在未来的研究中，将呈现出管理和经济角度并重的局面。

（3）从规范性研究向实证研究的转变

一直以来，在信息资源配置研究领域，规范研究占据主流地位。从规范性研究到实证研究是一个逐渐转变的过程，这个转变的一个重要表现体现在研究方法的使用上。下面抽取几个代表性方法加以说明。

①博弈论

经济角度的研究更多地体现出规范性研究的色彩，如博弈模型的构建。博弈论（game theory）是较早应用于信息资源配置研究的方法之一，是研究决策主体的行为发生直接相互作用时候的决策以及这种决策的均衡问题的。如今，经济学越来越重视对信息的研究，特别是信息不对称对个人选择及制度安排的影响。博弈论成为主流经济学的一部分，正是伴随着经济学对信息问题的重视而来的。从某种意义上讲，信息经济学是博弈论应用的一部分，或者说，信息经济学是非对称信息博弈论。因此应用博弈论的思想，构建适当的博弈模型，来分析和解决信息经济学中的信息资源配置的问题是可行而且极具理论和现实意义的。

在信息资源配置研究领域，一些学者倾向于将信息资源配置研究与信息经济学、博弈论等学科结合起来，通过构建经济模型和数学模型来分析和解决实际问题，彰显其实用性和社会价值。例如，伯克（David A. Burke）曾在一部关于“信息福利的博弈模型”的著作中对不完全信息条件下的重复博弈模型进行修正，以使“信息福利”包含于其中。① 约哈利曾在一篇关于“效率损失”的文献中引入了博弈论思想，利用经济模型，寻找制约网络信息资源效率损失的关键因素。② 查先进和严密在《信息资源配置与共享》著作中探讨了信息资源配置的静态博弈模型和基于“公共地悲剧”的博弈模型。③

②系统动力学

系统动力学可以看成从规范性研究转向实证研究的一个代表。系统动力学是一门认识系统问题和解决系统问题的交叉的综合性新学科。它所要解决的，主要是如何定量地分析各类复杂系统的结构与功能的内在联系，如何定量地分析系统的各种特性等问题。

系统动力学是由美国麻省理工学院的福瑞斯特（J. W. Forrester）教授于1956年创立的。第二次世界大战以后，随着工业化进程的不断推进，一些国家的社会经济问题日趋严重，如人口增长问题、失业问题、环境污染问题、资源短缺问题、交通运输拥挤问题等。这些问题的出现往往不是由某个单因素或少数的几个因素引起的，而是与众多的、错综复杂的各类因素密切相关。传统的定量研究方法在这些问题面前已经感到无能为力。这样，系统动力学便应运而生了。由于系统动力学的理论与方法非常适用于定量研究社会经

---

① Burke, D. A. *Towards a game theory model of information warfare* [M]. Storming Media, 1999.

② Johari, R., Mannor, S., Tsitsiklis, J. N. *Efficiency loss in a network resource allocation game: the case of elastic supply* [J]. IEEE Transactions on Automatic Control, 2005, 50 (11).

③ 查先进等. 信息资源配置与共享 [M]. 武汉：武汉大学出版社，2008.

济、科技、生态、生物等复杂系统中存在的问题，自创立以来，在全世界范围内得到了广泛的推广和应用。

系统动力学解决问题的独特性在于：系统动力学是基于因果关系和结构决定行为的观点，从系统内部的微观结构入手进行建模，同时借助计算机仿真技术来分析研究系统结构功能与动态行为的内在关系，从而找出解决问题的对策。以网络系统的信息资源配置为例，系统动力学方法在以下几方面表现出适用性：适用于研究网络系统的动态性。系统动力学研究的动态系统，是时间序列的动态系统，而网络系统的动态，包含了时间序列的动态；适用于研究网络系统的复杂性。系统动力学的主要研究对象是社会、经济、生态等复杂系统及其复合的各类复杂大系统，网络系统是系统动力学研究的理想对象；适用于研究网络系统的反馈性。反馈环是由一系列的因果与相互作用链组成的闭合回路。反馈系统是相互联结与作用的一组回路，或者说反馈系统就是闭环系统。反馈系统要受系统本身历史行为的影响，把历史行为的后果回授给系统本身，以动态影响未来的行为；适用于研究网络系统的长期性、周期性。从长期的角度来看，网络系统呈现周期性变化的趋势。系统动力学特别适用于处理长期性和周期性的问题；适用于对数据不足的问题进行研究。用其他研究方法建模过程中常常遇到数据不足或某些数据难于量化的问题，而系统动力学利用流图和有限的数据仍可进行推算分析，这对于数据不完备的网络系统恰恰适用。

③数据包络分析

数据包络分析是一种对若干同类型具有多输入、多输出的决策单元（Decision Making Unit，DMU）的相对效率与效益进行比较的有效方法。① 数据包络分析方法可以看作是一种非参数的统计方法，具有实证研究的色彩。使用数据包络分析对决策单元进行效率评价时，不仅可得到各决策单元的相对效率以及规模效益等方面的信息，还可以得到很多具有深刻经济含义和背景的管理信息。

信息资源配置是一项庞大的系统工程，包括制定配置策略、选

① 魏权龄．数据包络分析［M］．北京：科学出版社，2004.

择配置机制和具体的配置过程，既要满足用户的信息需求，又要实现配置效益最大化。显然，信息资源配置效率的评估是一个典型的多指标综合评价问题。而数据包络分析方法恰恰是进行多投入多产出复杂系统有效性评价的工具，它并不关注系统内部的具体运作，而主要考察系统输入输出的效率比，通过比较相对性来对系统的绩效进行评价。运用数据包络分析方法分析信息资源配置效率时，不必考虑信息资源配置的机制和运作过程，也无需考虑不同指标的量纲同一化问题，只需确定输入、输出指标和数据包络分析模型，将结果进行比较。不仅可以区分出有效和无效的对象，还可将无效的对象进行排序，将信息资源配置效率情况清楚地呈现在人们面前。因此，数据包络分析方法和信息资源配置的效率研究具有很强的相容性。

数据包络分析方法体现出深厚的实证研究色彩。为了能客观地评价信息资源配置的效率，首先应从相关部门的统计资料获得官方数据，并对有关数据进行归一化或聚类分析处理，确定用于评价的具体数据。对于信息管理部门，可以运用数据包络分析方法建立合理的评价指标对各地区、各行业信息资源配置的总体效率、技术效率和规模效率进行评价，以了解其配置的具体情况。例如，对于“数字鸿沟”问题，信息管理部门可以针对技术有效而非规模有效的地区，视规模递增或规模递减的具体情况，来增加或减少该地区的投入，从根本上扭转信息资源配置不均的形势。①

④结构化方程建模

结构化方程建模（Structural Equation Modeling，SEM）的数据来自于信息用户，是一个典型的实证研究方法。信息资源配置效率以及相关的影响因素都是抽象的、难以测量的潜在变量，结构化方程建模在研究潜在变量之间的因果关系上具有优势，即利用结构化方程建模的外模型中的可测量变量，从信息用户处搜集数据并进行效度和信度的检验；在信度和效度满足要求的情况下，再通过结构化方程建模的内模型来反映潜在变量的因果关系并寻找关键因子。

① 查先进等．信息资源配置与共享［M］．武汉：武汉大学出版社，2008.

影响信息资源优化配置的因素很多，如组织环境，市场竞争和价格体系，信息技术和资源条件，信息资源本身的效用，社会效率和公平以及信息用户的效用体验能力，消费行为和消费偏好，接受教育程度，职业状况和工资水平等。在研究过程中，首先通过采访系统地掌握影响信息资源配置的因素类型和种类，各种因素在影响角度和程度上存在的差异等。再以信息资源配置效率为因变量，研究这些影响因素与信息资源配置效率之间的因果关系。即在理论和已有文献的基础上，设计概念模型，提出研究假设，设计量表并通过问卷搜集数据，构建结构化方程，寻找影响信息资源配置效率的关键因子。可针对不同地区、不同行业、不同品种类型等分别寻找关键因子，分析比较异同，以便最大限度地激活信息资源，发挥现有存量信息资源的效用以及合理补充和开发增量信息资源。

（4）从狭义信息资源向广义信息资源的转变

伴随着上述三个“转变”，从系统的角度出发，全方位地研究广义的信息资源配置逐渐成为主流。这里所说的广义的信息资源，强调的是信息资源研究的系统观，是指信息活动中的信息、信息生产者、信息技术、信息设备、信息投资等诸多要素的集合。如果仅指信息要素，则称为狭义的信息资源。

由于信息活动中信息要素的核心地位，狭义信息资源一直都是信息资源配置研究的主要对象。充分考察信息要素这一独特经济资源的非物质的信息特征，全方位地对传统的经济资源配置的理论进行修正和调适，长期以来都是信息资源配置研究的核心领域。因此，已有的研究成果主要是围绕狭义信息资源而展开的，例如研究信息资源的共享性、稀缺性、效用体验的多次性、信息资源配置的效率等。尤其是微观信息经济学中的许多研究工作基本上是以揭示狭义信息资源配置机理为主的。例如，考虑到在信息市场上，价格体系给每位信息生产者、资源所有者或消费者带来了关于生产可能性、资源可获得性及所有其他决策者偏好的信息摘要，因此国内外学术界积极投入研究精力，从信息商品的特有属性出发，分析信息商品的成本和价格形成机理，研究信息资源的共享模式和策略，探讨信息市场的结构、功能和运行机制，考察信息市场的资源配置效率。这方面的研究是学术界对信息资源配置研究的主要贡献，已经产出了一大批高质量的研究成果。

相比较而言，狭义的观点忽视了“系统观”，但却突出了信息要素这一信息资源核心的实质。因为信息资源之所以是一种经济资源，主要是因为其中所蕴含的信息内容具有十分重要的经济功能，而信息生产者、信息技术、信息设备、信息投资等信息活动要素只不过是信息这种资源开发利用的支撑条件。没有信息要素的存在，其他信息活动要素都没有存在的意义。

随着信息资源开发利用活动的深入和推广，复杂的系统内部各要素之间的联系日益紧密。尤其是在今天经济全球化、社会信息化和网络化的新信息环境下，没有信息生产者、信息技术、信息设备、信息投资等信息活动要素起支撑作用，信息就难以甚至无法得到合理、有效的开发利用。事实上，信息要素与信息生产者、信息技术、信息设备、信息投资等信息活动要素之间的关系正变得越来越紧密。换而言之，信息资源的经济和社会价值虽然主要体现在信息要素上，但信息要素价值的实现却离不开信息生产者、信息技术等信息活动要素的综合作用。

在上述背景下，以“系统观”为特征的广义的信息资源更多地被提上日程，并置于信息系统当中。在广义的信息资源配置研究中，需要用新的眼光观察问题，例如，如何消除信息系统开发中的重复和浪费，如何减少或消除信息系统垃圾，如何围绕用户的体验完善信息系统，如何对信息系统的可用性进行诊断和分析以便不断提升其可用性。在未来的研究中，应在系统论的指导下，把各信息活动要素按一定的原则加以配置并组成信息系统，信息要素的价值才能真正得到实现，信息资源才能真正有效地支持企业的管理和决策，并真正意义上得到开发和利用。

本章后续四节主要采用偏最小二乘（Partial Least Squares，简称 PLS）结构化方程建模（Structural Equation Modeling，简称 SEM）方法，选取若干有代表性的领域进行概念模型的构建和实证研究。这些概念模型的构建和实证研究主要包括信任对科技论文快速共享意愿的影响（该研究成果发表于 2011 年第 6 期《图书馆论坛》)、移动网络购物采纳的影响因素（该研究成果发表于 2012 年第 2 期《中国信息界》)、网络信息交流方式的转移行为（该研究成果将发表于 2012 年第 2 期《情报理论与实践》)、消费者发表网络评论意愿的影响因素（该研究成果发表于 2012 年第 2 期《图书情报工作》）等。在本章最后一节，主要采取统计分析的方法对不同类型的大众标注系统中标签的频次分布、类型、词性等特征进行统计，以探索大众标注行为和网络环境下数字信息资源的自组织模式（该研究成果发表于 2010 年第 6 期《图书馆论坛》)。通过这些研究，旨在从用户视角深入揭示广义的数字信息资源配置的影响因素和行为模式。

6.2 信任对科技论文快速共享意愿的影响

互联网技术的发展和预印本系统的出现为科技论文快速交流和共享提供了平台。在科技论文快速共享环境下，研究者能够通过预印本系统快速发表自己的成果和见解，保持在行业内及时的信息交流，有效地避免了重复性研究，同时也能作为作者本人“首次发现”的证明。① 基于预印本系统的科技论文快速共享环境使得知识共享不再拘于组织和机构的边界限制，广泛接受首发论文，面向所有用户提供全文在线阅读和下载；同时，其首发论文的版权归作者本人所有，并由本人决定日后是否正式发表。基于预印本系统的快速共享是一种新型的论文发表模式和非正式的学术交流途径，在这种环境下，研究者难免担心自己的成果在正式发表前会因为公开而被其他人加以利用，从而丧失自己的知识优势。因此，信任成为一个重要的问题，凸显出来并逐渐受到信息管理学术界和实践界的关注。本研究基于国内较为权威的预印本系统——“中国科技论文在线”网站（下文简称为“网站”)，利用 PLS 结构化方程建模方法研究快速共享环境下信任等因素对首发论文意愿的影响，寻找关

① 唐华旺. 信息交流方式——电子预印本介绍 [J]. 情报资料工作，2005 (4)：30-33.

键因子并进行针对性的分析，将在一定程度上改善当前不太理想的科技论文快速共享状况，促进中国科技论文在线更好地满足科研人员的信息需求，推动我国科技事业得到健康和可持续发展。

6.2.1　理论背景

面对中国科技论文在线，科研人员可以根据自身所处的科技论文发表或获取环境，选择接受或不接受，其接受意愿和使用行为受到社会等诸多因素的影响。本研究关注信任对科技论文快速共享产生的影响，在研究模型开发中，理性行为理论（Theory of Reasoned Action，TRA）和信任的相关研究为本研究提供了理论背景和支持。

（1）理性行为理论及其发展

Fishbein 和 Ajzen① 在 Fishbein 态度模型和计算方式的基础上提出了 TRA，为解释和预测行为的产生提供了一个通用模型，成为社会心理学研究信念、态度与意愿因果关系链的核心理论。Fishbein 等通过比较众多实际行为的影响变量，发现行为意愿与实际行为之间的相关关系都显著高于其他前因变量，相关系数值保持在 0.72 至 0.96 之间，因此引入行为意愿变量作为态度和实际行为的中介变量。意愿是影响某一行为的激励因素，表明人们在多大程度上愿意付出努力去实施某项行为以及人们计划付出多大努力去实施。作为一般性原则，实施某项行为的意愿越强，行为实现的可能性就越大。通过实证研究，Ajzen②③ 进一步证明了“感知行为控制”对行为和意愿的直接影响关系，进而提出了计划行为理论（Theory of Planned Behavior，TPB）。在 TPB 模型中对行为意愿具有直接决定性影响的 3 个变量及其解释分别是：“态度”指个体对实施某一特定行为的积极或消极的评价；“主观规范”指个体感知他

① Fishbein，M，Ajzen，I. *Belief，attitude，intention and behavior：an introduction to theory and research* [M]. MA：Addison-Wesley Reading，1975：234-243.

② Ajzen，I. *Attitudes，personality，and behavior* [M]. England：Open University Press，1988.

③ Ajzen，I. *The theory of planned behavior* [J]. Organizational Behavior and Human Decision Processes，1991，50（2）：179-211.

人对自己是否应该实施某一特定行为的看法；“感知行为控制”指个人对实施某一行为是否具有所必需的机会或资源的感知，即人们感觉做某一感兴趣的事是容易还是困难的。TRA 及其扩展理论几乎适用于解释任何行为①，因此被广泛应用于预测人类各种行为产生的研究中。因此，本研究以 TRA 及其扩展理论 TPB 为背景，研究科技论文快速共享行为意愿的影响因素。

（2）快速共享环境中的信任

信任是一个宽泛的、具有层次性和多层面性的与环境密切相关的概念，对信任的研究吸引了包括心理学、社会学、经济学等多个学科领域的学者。以 Deutsch 等②③为代表的心理学家认为，信任是个体心理特质的表现，是一种信念、期望或者深深根植于个性之中的情感，他们倾向于将信任解释为一种个体的心理概念。社会学对信任的研究立足于人的社会性，强调信任产生于人与人之间的行为互动以及社会交往对信任的影响，将信任放在具体的社会制度、文化环境等大背景下进行考察，不仅从社会关系维度出发理解信任，研究微观层面的信任关系，而且也研究宏观层面的作为一种社会现象的信任关系（称之为社会信任、系统信任或制度信任）。④经济学的研究从人的“经济理性”出发，认为信任是一种计算性信任，一个人做出信任或不信任的行为是出于其自身利益的理性考虑。⑤

---

① Bock, G. W., Zmud, R. W., Kim, Y.-G., Lee, J.-N. *Behavioral intention formation in knowledge sharing: examining the roles of extrinsic motivators, social-psychological forces, and organizational climate* [J]. MIS Quarterly, 2005, 29 (1): 87-111.

② Deutsch, M. *Trust and suspicion* [J]. Journal of Conflict Resolution, 1958 (2): 265-279.

③ Hosmer, L. T. *Trust: the connection link between organizational theory and philosophical ethics* [J]. Academy of Management Review, 1995, 20 (2): 379-403.

④ 孟魁. 虚拟社区环境下信任机制的研究 [D]. 上海：复旦大学，2005.

⑤ Lewicki, R. J., Bunker, B. B. *Trust in relationships: a model of development and decline*. In: Bunker, B. B., Rubin, J. Z. (Eds.). *Conflict, cooperation and justice* [M]. Jossey-Bass, San Francisco, 1995: 133-173.

McKnight 等①综合上述学科的研究成果，将已有文献中关于信任的定义归为两大类：一是指不同的概念类型（different conceptual types），如态度、信念、行为和倾向等；二是反映不同的指示物（different referents），如信任某物，信任某人等。他们通过进一步提取、合并关键表征词后，得到了能够表达信任特征的四个层面：能力、道德、诚实和预见性。在此基础上，他们按照心理学/经济学、社会学、社会心理学将信任分为：信任倾向、基于制度的信任、信任信念、信任意愿四个层次，并提出了信任的概念模型。Mayer② 等将信任的特征简化为三个层面：能力（ability）、仁慈（benevolence）和正直（integrity）。

结合本研究，作者在中国科技论文在线网站上首发和共享学术成果需要承担知识产权侵犯和丧失知识优势的风险，而作者对网站了解不足更加剧了这种风险感，因此作者首发和共享论文的动机中必然包括对网站的正面期待，这种期待即是一种信任。对科技论文快速共享的信任包括了人际信任和制度信任③，前者是以情感为基础的信任，后者是建构在具有社会影响力的正式组织、机构或社会团体之上，根据客观的规章制度，如专业资格、各种法规等的保证而给予信任。中国科技论文在线是由教育部支持创建的，其宗旨清晰、各种使用条例明确，科研人员相信教育部，因此也相信网站能够帮助他们快速发表论文，这种基于制度的信任通过转移和关联作用成为对网站的信任。④ 此外，建立在情感基础上的人际关系也能产生信任，即共享的参与者相信网站的使用者是仁慈和善意的，绝

① McKnight, D. H., Chervany N. L. *What trust means in e-commerce customer relationships: an interdisciplinary conceptual typology* [J]. International Journal Electronic Commerce, 2002, 6 (2): 35-53.

② Mayer, R. C., Davis, J. H., Schoorman, F. D. *An integration model of organizational trust* [J]. Academy of Management Review, 1995, 20 (3): 709-734.

③ Zucker, Lynne G. *Production of trust: institutional sources of economic structure. Research in Organizational Behavior* [J]. JAI Press, Greenwich, 1986, (6): 53-111.

④ http://som.eldoc.ub.rug.nl/FILES/reports/themeG/2002/02G10/02G10.pdf, 2013-07-31.

不会侵犯知识产权，也不会损害其他相关利益；网站的使用者是正直的，会遵守网站有关下载、应用等一系列规范。正是因为对网站及其使用者的信任才能帮助共享者克服感知到的风险，促使首发与共享科研成果行为意愿的产生。

6.2.2 概念模型与假设

本研究的概念模型见图 6-3。

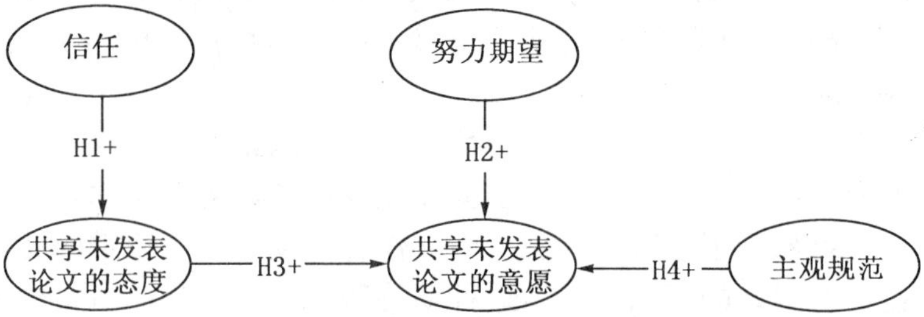

图 6-3 概念模型

根据 TRA 及其扩展理论，信任是一种信心期望，能够对人的行为和态度产生积极的显著影响，因此可以被看作影响态度的前置变量①，如认为个人对社区的信任决定个人与社区其他成员交流的态度。② 除了人与人之间的信任感，社会制度也能萌发信任感。社会学家将信任看作一种社会结构，认为某一具体环境中固有的客观结构将促进信任的形成。③④ 当制度完善、社会环境有序时，人们总体上更倾向于实施信任。制度完善的衡量标准包括制度的规范性

---

① Pavlou, P. A., Gefen, D. *Building effective online marketplaces with institution-based trust* [J]. Information Systems Research, 2004, 15 (1): 37-60.

② Fukuyama F. *Trust: the social virtues and the creation of prosperity* [M]. The Free Press, New York, 1995.

③ Lewis, J. D., Weigert, A. *Trust as a social reality* [J]. Social Forces. 1985, 63 (4): 967-985.

④ Shapiro, S. P. *The social control of impersonal trust* [J]. American Journal of Sociology, 1987 (93): 623-658.

和体制保障，如政府机构及相应制定的政策、规范、规则能够确保制度的完善。① 本研究中，如果中国科技论文在线更多具备了制度的规范性和完备性，则将增强由社会制度带来的信任，并更多地帮助研究人员克服丧失知识的风险感，进而对在网站上首发和共享论文产生积极的态度。由此，我们假设：

H1：信任与共享未发表论文的态度之间具有正向相关关系。

根据 TPB 理论，态度、主观规范和感知行为控制是对行为意愿具有直接决定性影响的 3 个变量。因“感知行为控制”指人们感觉做某一感兴趣的事是容易还是困难的，因此本研究引入努力期望作为其中的一个变量。

结合本研究环境，努力期望是指人们在操作中国科技论文在线过程中感觉到的容易程度②，Thompson 等③认为人们感知的系统使用复杂程度对使用意愿之间存在显著负相关关系。Davis 等④提出的技术接受模型（Technology Acceptance Model，TAM）中也包括了表达人们感知技术复杂程度的变量——感知易用性，他们指出信息技术方便、易用对人们接受该技术的意愿具有积极的显著影响。因此，我们假设：

H2：努力期望与共享未发表的论文的意愿之间具有正向相关关系。

根据 TPB 理论，态度和主观规范是另外两个对行为意愿具有

---

① Li，X.，Hess，T. J.，Valacich，J. S. *Why do we trust new technology? a study of initial trust formation with organizational information systems* [J]. Journal of Strategic Information Systems，2008 (17)：39-71.

② Venkatesh，V.，Morris，M. G.，Davis，G. B.，Davis，F. D. *User acceptance of information technology：toward a unified view* [J]. MIS Quarterly，2003，227 (3)：425-478.

③ Thompson，R. L.，Higgins，C. A.，Howell，J. M. *Personal computing：toward a conceptual model of utilization* [J]. MIS Quarterly，1991，15 (1)：124-143.

④ Davis，F. D. *Perceived usefulness，perceived ease of use，and user acceptance of information technology* [J]. MIS Quarterly，1989，13 (3)：319-339.

直接决定性影响的变量。在本研究环境下，共享未发表论文的态度是指研究者对在中国科技论文在线上共享未发表论文的积极性程度；在中国科技论文在线上共享未发表论文的意愿是指研究者在多大程度上愿意或计划付出努力去首发和共享论文；主观规范是指研究者感知的重要的他人对自己是否应该实施首发论文行为的程度。根据TPB理论，研究者对首发论文的积极性越高就越愿意付出努力去这样做，同时，研究者如果更多地感知到他人对自己在中国科技论文在线上首发论文的压力，则越愿意付出努力去这样做。因此，我们假设：

H3：共享未发表的论文的态度与共享未发表论文的意愿具有正向相关关系。

H4：主观规范与共享未发表论文的意愿具有正向相关关系。

6.2.3 研究方法与数据搜集

我们采用问卷调查法搜集数据，应用PLS结构方程模型验证假设和概念模型。

（1）测量变量设计与测度

研究模型包括5个潜在变量，每个潜在变量都由2—4个测量变量组成，所有的测量变量的设计都来自于已有的文献，以保证测量变量在内容上的有效性。① 结合本研究环境，我们设计出了量表（见附录1）。我们以问卷的方式首先进行了预调查，根据反馈，慎重修改了部分表述并增加了对一些术语的解释，使问卷更容易理解。

（2）数据搜集

我们在问卷星平台上公布了问卷，通过邀请熟人和网民自愿填写的方式搜集数据。我们从中国科技论文在线网站的首发论文栏目中随机挑选了700篇论文，去掉同一作者发表的论文，获得594位作者及其邮箱地址，通过邮件方式邀请他们填写问卷。根据邮箱反馈结果，成功发送邀请邮件586封。整个问卷搜集工作持续了约

---

① Straub，D.，Boudreau，M.C.，Gefen，D. *Validation guidelines for is positivist research* [J]. Communications of AIS，2004（13）：380-427.

12 周的时间，收到有效问卷 326 份，实际有效问卷大于理论需要的有效样本量。被调查对象的基本信息见表 6-1。

表 6-1　　被调查对象基本信息统计

分类		数量（人）	占百分比（%）
性别	男性	176	54.0
	女性	150	46.0
年龄	18～30 岁	246	75.5
	31～40 岁	54	16.6
	41～50 岁	17	5.2
	51～60 岁	7	2.1
	60 岁以上	2	0.6
研究领域	自然科学	146	44.8
	社会科学	135	41.4
	交叉学科	34	10.4
	其他	11	3.4
教育	博士	45	13.8
	硕士	234	71.8
	学士	45	13.8
	其他	2	0.6

问卷中的每个测量变量题项都用 7 点里克特量表进行测度，测量的范围选择是“强烈不同意”（1）到“强烈同意”（7）。

6.2.4　数据分析

我们用 SmartPLS 软件进行数据分析。

（1）测量模型的有效性检验

测量模型的有效性通常表现在内容的有效性、内部一致性和区分性等方面。在内容有效性上，由于所有测量指标均来自已有文献，因此我们认为这些变量和题项是清晰和表意准确的。由于“态度”变量的第二个题项采用了反向编码，在进行反向处理后其载荷量较低，为了保持测量模型的内部一致性，我们删除了这个题项。内部一致性通过由 Smart PLS 计算得到的组合信度（Composite Reliability，*CR*）与 *Cronbach Alpha* 系数来衡量。由表 6-2 可知，变量的 *CR* 值都在 0.9 以上，*Cronbach Alpha* 系数中所有值也都在 0.9 以上。一般认为，*CR* 值与 *Cronbach Alpha* 系数达到 0.7 即表明具有良好的内部一致性。表 6-2 中的 *AVE*（Average Variance Extracted）是抽取的方差的平均值。

表 6-2　　**验证性因子分析**

潜在变量	题项数	*AVE*	*Cronbach Alpha* 系数	*CR*
共享未发表论文的态度（态度）	4	0.838	0.936	0.954
努力期望	4	0.811	0.922	0.945
共享未发表论文的意愿（意愿）	3	0.921	0.957	0.972
主观规范	2	0.955	0.953	0.977
信任	4	0.923	0.972	0.980

表 6-3 是潜在变量间相关系数和 *AVE* 的平方根值。由表 6-3 可知该测量模型具有良好的区分性，判断标准是：每一个潜在变量的 *AVE* 平方根都大于该变量与其他变量之间的相关系数。

表 6-3　　**潜在变量间相关系数与 *AVE* 平方根**

	态度	努力期望	意愿	主观规范	信任
态度	**0.915**				
努力期望	0.528	**0.900**			
意愿	0.783	0.514	**0.960**		
主观规范	0.546	0.404	0.665	**0.977**	
信任	0.728	0.603	0.629	0.444	**0.961**

注：变量相关系数矩阵中对角线上的值是 *AVE* 的平方根。

表 6-4 是载荷和交叉载荷。由表 6-4 可知，每个测量变量与其潜在变量间具有较高的相关系数，而与其他潜在变量间的相关系数值则相对较低，进一步证明该测量模型具有好的内部一致性和区分性。①

表 6-4　　　　　　　　　**载荷和交叉载荷**

	态度	努力期望	意愿	主观规范	信任
态度 1	**0.897**	0.436	0.710	0.477	0.636
态度 3	**0.921**	0.499	0.688	0.491	0.648
态度 4	**0.936**	0.503	0.726	0.495	0.701
态度 5	**0.906**	0.493	0.740	0.534	0.678
努力期望 1	0.461	**0.868**	0.453	0.340	0.520
努力期望 2	0.397	**0.910**	0.423	0.372	0.459
努力期望 3	0.500	**0.905**	0.455	0.351	0.581
努力期望 4	0.530	**0.917**	0.513	0.388	0.598
意愿 1	0.764	0.531	**0.967**	0.667	0.605
意愿 2	0.717	0.476	**0.965**	0.663	0.581
意愿 3	0.772	0.473	**0.947**	0.585	0.625
主观规范 1	0.548	0.401	0.657	**0.978**	0.440
主观规范 2	0.519	0.388	0.643	**0.977**	0.427
信任 1	0.705	0.568	0.608	0.418	**0.960**
信任 2	0.718	0.563	0.609	0.435	**0.969**
信任 3	0.681	0.578	0.581	0.412	**0.964**
信任 4	0.694	0.611	0.620	0.441	**0.951**

① Straub, D., Boudreau, M.-C., Gefen, D. *Validation guidelines for IS positivist research* [J]. Communications of AIS, 2004 (13): 380-427.

(2) 研究模型的结果

研究模型的结果如图 6-4 所示，其显著性检验中的 t 值计算利用的是 bootstrap 重复抽样方法，样本数为 1000。

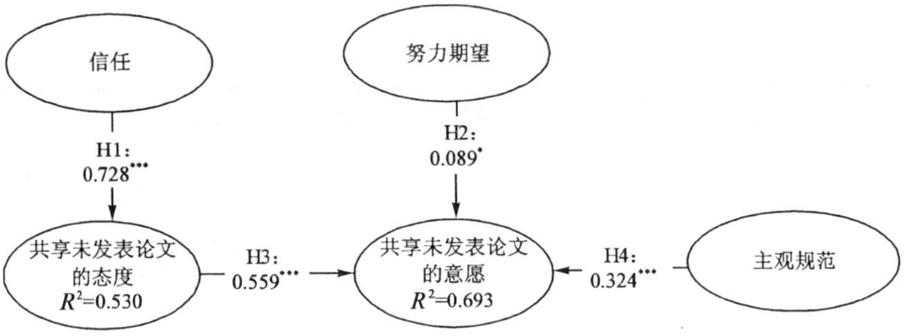

* $p<0.05$，** $p<0.01$，*** $p<0.001$

图 6-4 PLS 运行结果

由图 6-4 可知，态度和意愿的 R^2 分别是 0.530 和 0.693，表现出该模型具有良好的预测效果。此外，研究模型中的所有假设关系都得到了验证，除了努力期望对意愿影响的显著程度较弱外，其他各因果关系的路径系数都显示出强相关性（$p<0.001$）。同时，我们看出，信任到态度的路径系数为 0.728，显示出较强的影响；态度到意愿的路径系数为 0.559，显示出态度是 TPB 模型中对行为意愿具有直接决定性影响的 3 个变量中的关键因子。

6.2.5 分析和讨论

(1) 信任对共享未发表论文意愿的影响

信任是本研究关注的一个潜在变量，从图 6-4 中看出，它对态度产生了重要影响，并进而影响到意愿。为了进一步分析信任在中国科技论文在线首发论文行为意愿中的作用机制，我们展开更多的分析和讨论。

我们先考察信任对意愿的影响，如图 6-5 所示。

从图 6-5 看出，信任对意愿具有显著的影响，其路径系数为

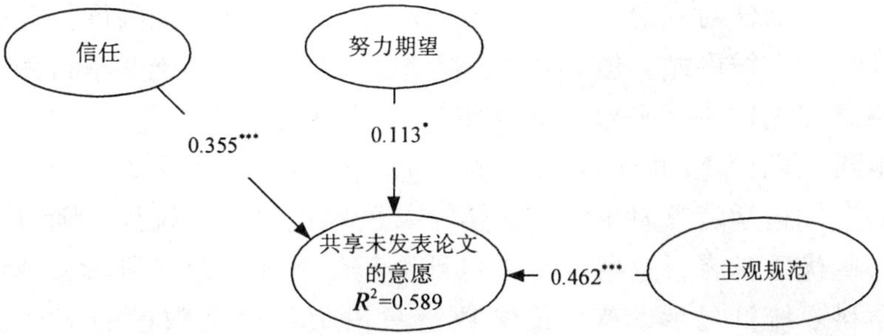

图 6-5　信任对意愿的影响

0. 355。结合图 6-4，因信任对态度，态度对意愿都具有显著影响，因此需要进一步考察态度对信任的调解（mediate）效果，如图 6-6 所示。

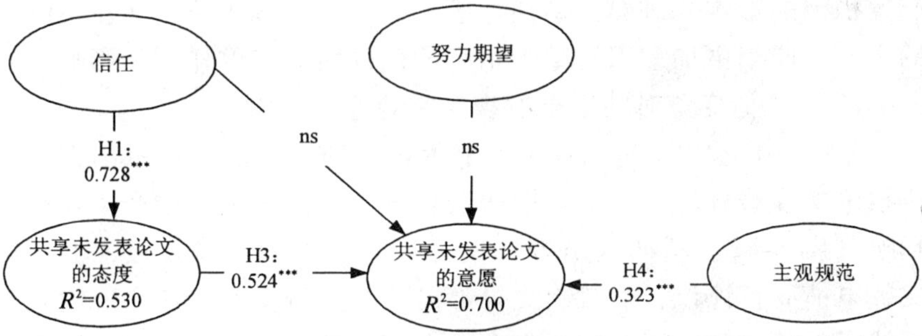

$^{*}p<0.05$，$^{**}p<0.01$，$^{***}p<0.001$，ns：non-significant

图 6-6　态度对信任的调解效果

从图 6-6 看出，当态度引入到模型中时，信任对意愿的影响不再显著，说明信任对意愿的影响被态度完全调解。因此，信任在中国科技论文在线首发论文行为意愿中的作用机制表现为：信任对在中国科技论文在线上共享未发表论文的意愿只存在间接影响作用，是通过影响到态度再进而影响到意愿。即，一方面，虽然信任对意愿不产生直接影响，但通过态度仍然对意愿产生了重要的影响；另一方面，信任对意愿只产生间接影响。某研究者可能高度信任中国科技论文在线网站，但具体到是否愿意付出努力实施共享行为，是否愿意在这样一个平台上共享未发表的论文时还会有更多的考虑。这也与我们调查的实际情况相符。我们在开展问卷调查的同时也对网站上优秀学者首发论文和上传论文的情况进行了统计，随机选取了一些优秀学者，这些学者来自社会科学领域、自然科学领域和交叉学科。统计显示，首发论文数量只占上传论文数量的 10%。在首发论文作者中，绝大部分学者（90%）首发论文的数量少于其上传论文数。在科技论文在线上注册为优秀学者并主动上传自己的学术成果表明这些学者是认可、信任中国科技论文在线这个学术交流平台的，也非常赞成和支持这种科技成果共享形式，但是并没有因为信任这个网站而主动将自己未正式发表的论文拿出来与其他学者分享。这在某种程度上证明了基于制度的信任不能直接促成科研人员共享的意愿，但在较大程度上能够对科研人员首发论文的态度产生积极的影响并进而影响到意愿。因此，中国科技论文在线网站的主办方应当更加意识到基于制度的信任所具有的作用和影响。

（2）其他变量对共享未发表论文意愿的影响

从图 6-6 看出，努力期望对意愿的影响不显著，显示出在中国科技论文在线环境下，努力期望对意愿不产生影响，或产生较小的影响（图 6-4）。科研人员操作网站系统，下载写作模板，上传论文，申请同行评议，下载论文等都需要与系统交互，从命令输入到系统反馈输出的过程给用户带来的方便性感知无疑会影响到用户的使用，进而影响到快速共享行为。但是因为 98% 的被调查者具有本科及以上学历，这种与计算机操作能力有关的因素的影响力就显得有限，这与之前的研究结果具有一致性，如 Thompson 等①指出："如果每个人都具有一定的便利条件，如都有一台个人计算机，那

① Thompson, R. L., Higgins, C. A., Howell, J. M. *Personal computing: toward a conceptual model of utilization* [J]. MIS Quarterly, 1991, 15 (1): 124-143.

他们不会将个人计算机条件视为问题”。

主观规范对在中国科技论文在线上共享的意愿具有显著正向影响。主观规范反映了环境因素的影响，如老师、朋友、校友、同事等的看法，当研究者感觉到有重要的他人建议他首发论文时，他就倾向于这样做。有学者论证了在一般知识管理环境中，主观规范对共享意愿具有的正向显著影响①②，本研究证实了在快速共享环境中知识贡献者的主观规范与其共享意愿之间同样存在显著性影响。因此，中国科技论文在线要借助于教育部的权威性进一步加强宣传力度，特别针对高校、科研院所、研发性高新技术企业的科研人员做好宣传工作，介绍网站的宗旨、政策、作用和社会价值；通过与各科研单位的交流协商，将在网站上发表的论文认可为研究生毕业、职称评定的要求，提高网站在整个社会的知名度和认可度。

本研究讨论了在快速共享环境下，信任特别是基于制度的信任对科研用户共享未发表论文的意愿的影响；发现信任通过态度对意愿产生间接影响。本研究存在的一些不足之处以及可供未来研究借鉴的思路包括：本研究重点讨论了基于机构的信任，未来可以就不同的信任来源因素分别进行研究，结合科技论文的快速共享环境，考察不同信任来源对共享态度和意愿的影响；本研究的调查工作是在中国开展的，受到本国文化传统、教育方式等的环境影响，模型的普适性还需要结合不同国家的实证研究予以检验。

附录：信任对科技论文快速共享意愿的影响问卷

本问卷仅用于学术研究，不会用于任何商业目的。科技期刊长期以来是科技论文发表和共享的最重要途径，但却存在发表时滞、办刊经费、发行量等问题。尤其是在发表时滞方面，过长的时滞造

① Bock, G. W., Kim, Y. *Breaking the myths of rewards: an exploratory study of attitudes about knowledge sharing* [J]. Information Resources Management Journal, 2002, 15 (2): 14-21.

② Kuo, F. Y., Young, M. L. *Predicting knowledge sharing practices though intention: a test of competing models* [J]. Computers in Human Behavior, 2008 (24): 2697-2722.

成科技论文往往在发表前就失效，从而严重阻碍了科技论文的及时传播和有效利用。20 世纪 90 年代后，因特网成为信息资源存储和传输的主要场所，科技论文快速共享实践和研究得到了较大发展。在我国，目前使用较为广泛的科技论文快速共享网站是中国科技论文在线（http：//www. paper. edu. cn/）。中国科技论文在线利用现代信息技术，免去传统的评审、修改、编辑、印刷等程序，给科研人员提供一个方便、快捷的交流平台，提供及时发表成果和新观点的有效渠道，从而使新成果得到及时推广，科研创新思想得到及时交流。中国科技论文在线保护原创作者的知识产权，在该平台上首发的论文可同时向其他专业学术刊物投稿。

感谢您的大力支持！

第一部分　基本情况调查

请您在所选项后打勾

1. 您的性别

□男　　□女

2. 您的年龄

□ 18—30 岁　□ 31—40 岁　□ 41—50 岁　□ 51—60 岁

□ 60 岁以上

3. 您研究领域所属学科

□ 自然科学　□ 社会科学　□交叉科学　□其他

4. 您当前的职位（可多选）

□在读硕士研究生　□在读博士研究生　□初级职称

□中级职称　□副高级职称　□高级职称

5. 您的最高学位/学历

□博士　□硕士　□本科　□其他

6. 到目前为止，您是否了解中国科技论文在线？

□了解，并在该站点首发过论文

□了解，并上传过已发表的论文

□了解，并使用过该站点的学术资源

□听说过类似的网站

□本次调查以前对此不了解

7. 中国科技论文在线上首发论文的新颖性与传统期刊相比，您的看法？

□同传统期刊一样新颖　□比传统期刊新颖

□没有传统期刊新颖　□不清楚

8. 中国科技论文在线上首发论文的原创性与传统期刊相比，您的看法？

□同传统期刊一样　□比传统期刊高

□比传统期刊低　□不清楚

9. 中国科技论文在线上首发论文的实用价值与传统期刊相比，您的看法？

□同传统期刊一样　□超过传统期刊

□不如传统期刊　□不清楚

第二部分　对在中国科技论文在线上首发论文的态度和意愿的调查

请根据您的理解对以下的每个陈述句问题进行判断，并在问题后面的相应数字（1，2，3，4，5，6 或 7）上画圈或者打勾。您的回答应反映您的判断，不存在正确或错误。请不要遗漏任何一个问题，如果您感觉对某个问题难以做出完全准确的判断，请提供尽可能准确的判断。

您对在中国科技论文在线上首发研究论文的态度（1 = 强烈不同意 ~ 7 = 强烈同意）

（1）在中国科技论文在线上首发我的研究论文是有益的。

1　2　3　4　5　6　7

（2）在中国科技论文在线上首发我的研究论文是无益的。

1　2　3　4　5　6　7

（3）在中国科技论文在线上首发我的研究论文是令人愉快的。

1　2　3　4　5　6　7

（4）在中国科技论文在线上首发我的研究论文是有价值的。

1　2　3　4　5　6　7

（5）在中国科技论文在线上首发我的研究论文是明智之举。

1 2 3 4 5 6 7

您对中国科技论文在线的信任程度（1=强烈不同意 ~ 7=强烈同意）

（1）我认为中国科技论文在线是可信的。

1 2 3 4 5 6 7

（2）我认为中国科技论文在线是可靠的。

1 2 3 4 5 6 7

（3）我认为中国科技论文在线是诚实的。

1 2 3 4 5 6 7

（4）我认为中国科技论文在线是值得信赖的。

1 2 3 4 5 6 7

对于可能付出的努力，您的看法是（1=强烈不同意 ~ 7=强烈同意）

（1）在中国科技论文在线上熟练操作，以便首发我的研究论文，我感觉很容易。

1 2 3 4 5 6 7

（2）在中国科技论文在线上完成首发我的研究论文的过程，我感觉很容易。

1 2 3 4 5 6 7

（3）学习如何在中国科技论文在线上首发我的研究论文，对我来说很容易。

1 2 3 4 5 6 7

（4）与中国科技论文在线的交互，对我来说是清晰且易懂的。

1 2 3 4 5 6 7

重要的他人或团体对您的影响（1=强烈不同意 ~ 7=强烈同意）

（1）对我很重要的人认为我应当在中国科技论文在线上首发我的研究论文。

1 2 3 4 5 6 7

（2）对我有影响的人认为我应当在中国科技论文在线上首发我的研究论文。

1 2 3 4 5 6 7

在中国科技论文在线上首发研究论文的意愿（1 = 强烈不同意 ~ 7 = 强烈同意）

（1）我希望在中国科技论文在线上首发我的研究论文。

1　2　3　4　5　6　7

（2）我期盼在中国科技论文在线上首发我的研究论文。

1　2　3　4　5　6　7

（3）我想要在中国科技论文在线上首发我的研究论文。

1　2　3　4　5　6　7

感谢您抽出宝贵时间完成了问卷！

6.3　移动网络购物采纳的影响因素

近年来，随着移动商务产业资源整合的有效推进，在移动运营商与专业电子商务企业协调合作的背景下，使用以智能手机为代表的移动设备进行购物，作为移动商务的典型代表和重要应用逐渐兴起。移动网络购物对于消费者来说意味着自由和价值，将彻底改变消费者的生活结构①，是 PC 互联网购物从有线到无线，从固定地点的商务形式到随时随地的购物的扩展和延伸。调查显示②，2010 年 1 至 4 季度手机购物的交易额环比呈直线上升，全年交易总规模达到 41 亿，2011 年第二季度手机购物市场交易规模达到 16.7 亿。但是，中国电子商务研究中心发布的《2010 年度中国电子商务市场数据监测报告》也指出“手机购物等移动电子商务实物交易额仅占网络购物交易额的 0.5%，尚处于电子商务边缘化的位置”。移动网络购物的发展还处于初期，从手机网民（指过去半年通过手机接入并使用互联网，但不限于仅通过手机接入互联网的网民）的数量来看，手机购物网民仅占手机网民总体的 5.5%，相对于

① 覃正等. 浅谈影响我国移动商务发展的主要因素［J］. 软科学，2003（6）：44-49.

② http：//news. cntv. cn/20110307/107654. shtml，2012-08-05.

3.18 亿手机网民而言手机购物市场潜力巨大。① 目前，国内外的一些学者②③通过实证分析指出主要的移动商务的增值因素，但是很少有研究针对移动网络购物这一移动商务的具体应用形式。移动网络购物将成为未来移动商务最主要的盈利形式，电子商务企业要想在以智能手机为代表的无线设备市场中争得一席之地，就必须设计开发出有效的适用于移动网络购物的商业策略，而建立成功的策略开始于识别驱动移动网络购物的因素。因此识别这些关键性的影响因素，有针对性地制定能够提升顾客满意的商业策略，对移动网络购物的普及具有重要的意义。智能手机是典型的移动终端设备，手机购物是移动网络购物的主要应用，且手机网民是一个具有统计意义的群体，因此本研究基于手机网民的视角，以 TPB 为理论基础建立概念模型，通过问卷调查法和 PLS 结构方程模型进行概念模型的构建和实证研究，确定手机购物的关键影响因素，为企业制定移动网络购物的发展策略提供启示和思路。

6.3.1 理论背景

Ajzen④ 通过实证研究证明了“感知行为控制”对行为和意愿的直接影响关系，在 TRA 的基础上提出了计划行为理论。在计划行为理论模型中对行为意愿具有直接决定性影响的 3 个变量及其解释分别是：“态度”指个体对实施某一特定行为的积极或消极的评价；“主观规范”指个体感知他人对自己是否应该实施某一特定行为的看法；“感知行为控制”指个人对就实施某一行为是否具有所必需的机会或资源的感知，即人们感觉做某一感兴趣的事是容易还

① http：//research. cnnic. cn/img/h000/h11/attach200907161306340. pdf, 2012-08-05.

② Lu, J. , Yu, S. , Liu, C. et al. *Technology acceptance model for wireless Internet* [J]. Internet Research, 2003, 13 (3): 206-222.

③ 周涛，鲁耀斌等. 移动商务网站关键成功因素研究 [J]. 管理评论，2011 (6): 61-67.

④ Ajzen, I. *The theory of planned behavior* [J]. Organizational Behavior and Human Decision Processes. 1991, 50 (2): 179-211.

是困难。Ajzen 等将感知行为控制因素分为内部感知行为控制因素和外部感知行为控制因素，前者是与个人特征有关的信息，包括一个人拥有的有关实施某一具体行为的个人技能、情感和强制力；后者是决定了环境在多大程度上促进或干扰行为的实施。计划行为理论较理性行为理论更具有活力和生命力，它既对一般行为的产生具有普遍的解释力，同时通过适当的加入感知行为控制等表达具体环境的外部变量，使模型适合于解释某一具体行为的产生，如 Ajzen 本人认为感知行为控制与计算机自我效能类似，可以进行调整，进而为信息技术的新应用提供可供参考的理论模型。技术是手机购物的基础，除了技术因素外，手机购物也受到社会和个人因素的影响，在计划行为理论模型中能够体现出这些因素。计划行为理论因此强调了采纳者对技术的态度，通过主观规范变量表达社会影响因素，通过感知行为控制表达采纳者个人特征。近年来一些学者将计划行为理论作为理论基础对手机游戏①、WAP 服务②、移动即时通讯③等移动商务采纳行为的影响因素进行了分析。手机购物离不开网络运营商、终端设备制造商、基础软件提供商以及终端服务提供商等提供的信息技术/信息系统条件，同时使用手机购物的消费者还受到自我心理、社会因素的影响，因此本研究以具有广泛预测能力的 TPB 模型为理论基础，分别从信息技术和社会—心理两个维度分析影响消费者接受手机购物的关键因素。

6.3.2　概念模型与假设

影响消费者选择手机购物的因素可以归纳为两个维度：信息技术维度和社会—心理维度，从这两个维度出发寻找影响因素，提出

---

① Liang, P., Yeh, H. *Situational effects on the usage intention of mobile games* [J]. Designing E-business systems, 2009 (22): 51-59.

② Hung, S. Y., Ku, C. Y., Chang, C. M. *Critical factors of WAP services adoption: an empirical study* [J]. Electronic Commerce Research and Applications, 2003 (2): 42-60.

③ 李蒙翔等. 移动即时通讯服务持续使用意向影响因素研究 [J]. 管理科学, 2010, 23 (5): 72-83.

假设并建立概念模型，如图 6-7 所示。

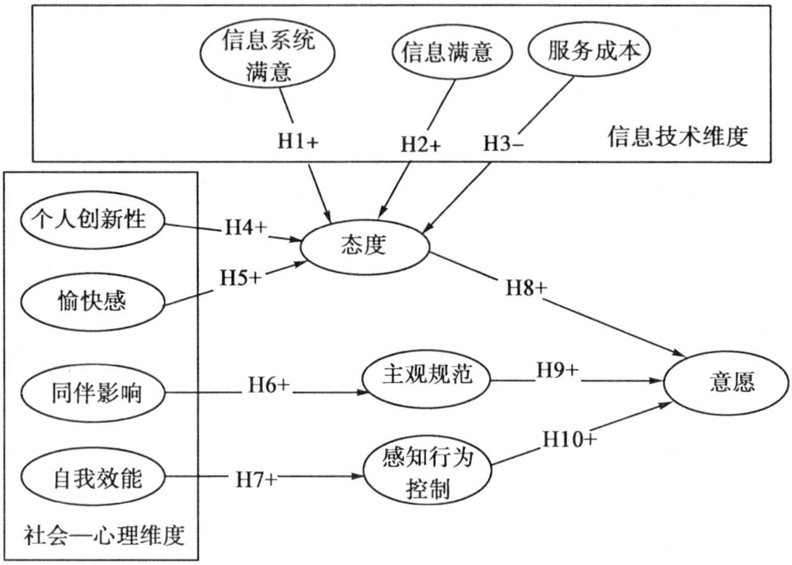

图 6-7　概念模型

（1）信息技术维度

信息技术维度是决定手机终端收到有关购物信息内容的可信性、全面性、准确性、真实性的属性；保证手机交易安全有效的系统和软件属性；确保交易顺利进行的网络运营服务费用。当然信息技术也包括移动网络的连接速度，移动终端屏幕大小、输入操作等的硬件属性，本研究也将这些因素纳入信息技术维度中。

①信息系统满意

信息系统满意反映的是信息系统自身的质量，着重于人与系统交互的产出。在使用手机购物的过程中，信息系统满意是消费者与手机购物网站之间的交互过程中对手机网站服务的体验，包括订单处理，查找信息的效率，搜索导航功能等。在信息系统研究中，基于人机交互（Human-Computer Interaction，简称 HCI）的可用性原则为网站系统的设计提供重要的指导，许多研究者对可用性原则也进行了扩充。Nielsen 提出适合网络环境下网站建设的四个设计原则，包括导航、响应能力、信用和网站内容。① 参考 Nielsen 关于网站构建原则与 Karimi② 等人关于信息系统满意的内容，本研究认为信息系统满意考察的内容主要包括以下几个方面：首先是整个手机购物网站的响应能力，因为它影响着顾客购物行为的整个过程。顾客因自身原因与网站交互陷入困境时，商家的及时响应能显著增强顾客满意感。③ 其次是网站导航，其作用在信息搜寻阶段表现特别明显。不够友好的导航很容易让用户迷失方向，即要么找不到前进的方向，要么难以发现以往搜寻的路径。最后是安全，它包含两层意思：一是该手机购物网站能保证顾客在交易中的个人信息不被非法使用或散播；二是商家能保证顾客在交易中的资金安全。根据普华永道的一项调查，79%的调查对象认为安全是限制在线消费的主要因素。在线交易双方的距离和其他一些因素，使得其购物风险被普遍认为高于传统的店内购物。

②信息满意

高质量的信息长久以来就被认为与系统的使用、用户满意密切相关。Turban 和 Gehrke 认为浏览者对网站提供信息的满意与否直接决定着潜在消费者的去留。④ 信息满意一般通过消费者对网站提供信息的质量评价来衡量，如 Doll 曾提出利用系统提供的信息内容、信息形式和系统输出来评价信息。⑤ 参考 Doll 关于信息的评价

---

① Nielsen, J. *Designing web usability new riders publishing* [M]. Indianapolis IN USA, 2000.

② Karimi, Somers, Gupta. *Impact of environmental uncertainty and task characteristics on user satisfaction with data* [J]. Information Systems Research, 2004, 15 (2): 175-193.

③ Zeithmal, A., Parasuraman, A. *An empirical examination of the service quality-value-loyalty chain in an electronic channel.* Working paper, University of North Carolina, Chapel Hill, NC, 2002.

④ Turban, E., Gehrke, D. *Determinants of e-commerce website* [J]. Human Systems Management, 2000 (19): 111-120.

⑤ Doll, J., Torkzadeh, G. *The measurement of end-user computing satisfaction* [J]. MIS Quarterly, 1988 (12): 259-274.

标准和 Karimi 等人关于信息满意的内容，本研究认为手机购物中的信息满意应该包括对手机购物网站信息内容的满意和对信息形式的满意。信息内容指内容之间的关联性和完整性。消费者最关心时间，其在网络上寻找所需商品信息时，不会关注网页细节而是对网页上信息进行整体“扫描”。① 其追求的是快速而容易地找到所需信息，所以网站上的信息应该具有高度相关性并且尽量简洁。信息形式指信息在网站上呈现的方式。顾客在购买之前的信息搜寻阶段，其搜寻的效果受到问题难度和所耗时间的影响。而信息呈现的方式，也就是信息格式化的问题，又直接影响着搜寻所耗用的时间。

在信息系统领域，许多研究者考察过终端用户计算（End User Computing，简称 EUC）的满意度，也就是计算机软件环境中的用户满意度。信息系统研究者之所以重视用户满意，主要原因在于其已经成为信息系统成功的决定因素。在终端用户使用环境中，用户通过与应用系统的直接交互获取信息，其使用系统的满意与否也因此受到获取信息的质量与交互的满意与否的影响。如果不考虑人为因素，手机购物者的购物体验在很大程度上取决于手机购物网站提供的信息内容和该网站的系统质量，所以信息满意与信息系统满意可以假定为影响手机购物者满意的原因变量。McKinney 等人就明确指出，网络消费者的满意与否及其程度受到信息与信息系统的影响。② 因此我们假设：

H1：信息系统满意对手机购物态度具有正向显著性影响。

H2：信息满意对手机购物态度具有正向显著性影响。

③服务费用

服务成本是指在使用手机购物过程中支付给网络运营商、基础软件提供商等的服务费用。研究认为成本过高是制约用户使用移动

---

① Madu，N.，Madu，A. *Dimensions of E-quality* [J]. International Journal of Quality and Reliability Management，2002（19）：246-258.

② McKinney，V.，Yoon，K.，Zahedi，M. *The measurement of web-customer satisfaction：an expectation and disconfirmation approach* [J]. Information Systems Research，2002（13）：296-315.

商务的重要壁垒①，用户会比较类似的服务花费以及相应的价值，选择具有经济优势的服务形式。一些实证调查也指出，高服务费用会对用户使用移动互联网无线应用协议（Wireless Application Protocol，WAP）的服务态度产生消极影响。②③ 通过手机终端购物需要向网络运营商支付上网流量费用，这是实体店购物或是使用计算机互联网购物不需要支付的费用，潜在手机消费者会衡量这些服务成本费用以及购物体验的效用价值，将成本“作为决策的主要依据④”，手机购物产生的服务成本费用会对消费者选择态度形成阻碍。因此我们假设：

H3：服务成本对手机购物态度具有负向显著性影响。

（2）社会—心理维度

社会—心理维度是促进或阻碍接受手机购物行为的社会环境影响以及影响消费者满意行为的心理情感、个人属性等。

①个人创新性

研究认为个体差异是影响信息系统成功和技术交互的重要因素。⑤ 从手机购物的角度看，消费者个人性格等的差异也对消费者使用手机购物产生积极或消极的影响。个人创新性是个体差异的体现之一，指个体尝试新信息系统的性格倾向。研究证实个体创新性品格与对在线购物的态度密切相关⑥，具有创新意识的人通常是乐

---

① Carlsson，Christer，Hyvonen et al. *Asynchronous adoption patterns of mobile services* [M]. IAMSR/Abo Akademi University and National Consumer Research Centre，2005.

② Schultz，B. *The m-commerce fallacy* [J]. Network World 2001，18 (9)：77-82.

③ Erlandson，C.，Ocklind，P. *WAP—the wireless application protocol* [J]. Ericsson Review. 1998，75 (4)：150-153.

④ Kargin，B.，Basoglu，N. *Factors affecting the adoption of mobile services* [C]. PICMET Proceedings，2007.

⑤ Agarwal，R.，Prasad，J. *Are individual differences germane to the acceptance of new information technologies?* [J]. Decision Sciences，1999，30 (2)：361-391.

⑥ Chen，C.，Czerwinski，M.，Macredie，R. *Individual differences in virtual environments—Introduction and overview* [J]. Journal of the American Society for Information Science，2000，51 (6)：499-507.

于交流的，充满好奇心的，性格外向，勇于冒险和尝试新事物的，会积极搜寻有关新思想的信息①。在手机购物发展的初期，这种品格可能会对消费者的接受态度产生积极影响。因此，我们假设：

H4：个人创新性对手机购物态度具有正向显著性影响。

②愉快感

愉快感指用户在使用信息技术时在多大程度上感觉是有趣的，这种有趣性主要是由信息技术本身体现出来的，而非来自于其他预期绩效收益。研究表明，愉快感能够显著影响用户使用移动终端②，就是用户在选择移动终端的过程中会考虑到其娱乐功能。如调查显示，③ 使用 iphone4 手机的女性比男性多 10%，主要原因是这款手机娱乐性、时尚性突出。手机购物是依托移动终端实现的，因此移动终端以及加载其上的软件系统是否能够给消费者带来愉快感都会成为选择的因素。Kamis④ 等研究指出在线购物的愉快感会影响到消费者满意，进而产生一种内在的动力，会对使用者的态度产生影响。因此我们假设：

H5：愉快感对手机购物态度具有正向显著性影响。

③主观规范与同伴影响

根据 TPB 和 TRA，主观规范对行为意愿具有正向显著影响。Fishbein⑤ 等研究指出主观规范主要涉及的是与个体利益相关的其

---

① Tariq，B. *Exploring factors influencing the adoption of mobile* [J]. Journal of Internet Banking and Commerce，2007，12（3）：32-42.

② Zhu，W.，Fui-Hoon N. *Factors influencing adoption of mobile computing* [C]. Proceedings of the Conference on Issues and Trends of IT Management in Contemporary Organizations（IRMA）. Hershey，PA：Idea Publishing Group，2002.

③ http：//www.enet.com.cn/article/2011/0811/A20110811896746.shtml，2013-07-31.

④ Kamis，A.，Stern，T.，Ladik，M. *A flow-based model of web site intentions when users customize products in business-to-consumer electronic commerce* [J]. Information Systems Frontier，2010，12（2）：157-168.

⑤ Fishbein，M.，Ajzen，I. *Belief，attitude，intention and behavior：an introduction to theory and research* [M]. MA：Addison-Wesley Reading，1975：234-243.

他个人的影响作用，特别是朋友、同事、老师、亲人等，个人影响对主观规范起到决定性作用。目前大部分的手机购物网站都具有社交网的功能，因此登录网站也相当于进入了一个新的社交群体，从而会受到群体成员的影响。此外，手机具有不受时空限制的特点，使用者在购物的同时可以随时随地与同伴交流图片、视频片段、购物信息等，因此同伴的行为将通过主观规范对用户使用手机购物的意愿产生间接的影响。结合手机购物的特点，本研究将同伴影响作为主观规范的一个前置变量，验证该变量对主观规范的影响力和对接受手机购物意愿的间接作用。因此我们假设：

H6：同伴影响对主观规范具有正向显著性影响。

④感知行为控制与自我效能

Bandura① 将感知自我效能定义为"一个人能够成功处理预期事件的认知"，反映了人们对实施某项行为是否有信心等内在动力的支持。自我效能影响到行为的选择，对行为的准备，在实施期间花费的努力以及思考模式和情感反馈，成为预测 TPB 中的感知行为控制变量的重要前置因素，通过感知行为控制对使用者的行为意愿产生影响。结合 TPB，我们假设：

H7：自我效能对感知行为控制具有正向显著性影响。

H8：态度对手机购物意愿具有正向显著性影响。

H9：主观规范对手机购物意愿具有正向显著性影响。

H10：感知行为控制对手机购物意愿具有正向显著性影响。

6.3.3　研究方法与数据搜集

本研究通过实地走访和发放问卷的方法，使用 Smart PLS 2.0 软件处理和分析数据，利用 PLS 建立结构化模型来验证上述概念模型。PLS 是基于因子分析的结构方程建模技术，是近年来广泛使用的多元统计数据分析方法。

---

① Bandura, A. *Self-efficacy mechanism in human agency* [J]. American Psychologist, 1982 (37): 122-147.

（1）变量设计与测度

研究模型包括11个潜在变量，每个潜在变量都由2—4个观测变量组成，所有的观测变量的设计都来自于已有的文献，以保证变量测量内容效度。根据对各变量的操作性定义做了相应改动后形成本研究环境下的量表，变量及题项确定后，我们制作了问卷，然后邀请了10位具有手机购物经验的消费者和5位电信行业的专家对问卷进行了评估，并根据意见反馈，慎重修改了部分表述并增加了对一些术语的解释，使问卷更容易理解。在最终版问卷确定后，我们随机选择了25位没有手机购物经历的手机网民，在随后进行的预调查中没有人反映存在任何问题。问卷中的每个题项都由7点里克特量表组成，答题的范围选择是“强烈不同意”（1）到“强烈同意”（7）。

（2）数据搜集

我们借助问卷星平台公布了问卷，通过网民自愿填写的方式搜集数据。因为本项研究的对象是未使用过手机购物的网民，所以在问卷中设置了甄别页以过滤不符合条件的填写者并充分利用网站提供的筛选功能，提升回收问卷的有效性。问卷搜集工作持续了约10周的时间，收到有效问卷390份，实际有效问卷大于理论需要的有效样本量。

（3）样本特征分析

被调查对象的基本信息见表6-5。由表可知，男女比例分别占53%和47%，男性略多于女性。从年龄分布上看，集中于18～30岁的年轻人，占到全部调查人数的80%。被调查人群平均每月花费在手机上网的费用占当月手机通讯费用的约60%。样本特征与CNNCI发布的手机网民特征相符，男性略多于女性且以青年人群为主，有学历层次较高及消费能力较高的特点。此外，在所有的被调查中有90%的被调查者在近三周内使用手机上过网。在对手机购物的认知方面，有53%的被调查者认为桌面购物比手机购物更为方便。

表6-5　　被调查对象基本信息统计

分类		数量	占百分比（%）
性别	男性	207	53.1
	女性	183	46.9
年龄	18岁以下	3	0.77
	18~24岁	153	39.2
	25~30岁	156	40.0
	31~35岁	54	13.9
	36~40岁	15	3.9
	40岁以上	9	2.3
学历	高中及以下	21	5.4
	大专	72	18.5
	大学本科	261	66.9
	研究生（含硕士和博士）	36	9.2
职业	学生	78	20.0
	教师	36	9.2
	公务员	18	4.6
	企业员工	234	60.0
	自由职业者	21	5.4
	其他	3	0.8
最近3周内使用手机上网的次数	1次以内	42	10.8
	1~5次	108	27.7
	5~10次	66	16.9
	10次以上	174	44.6
月均花费在手机上网的费用	15元及以下	152	39.0
	16~35元	74	19.0
	36~55元	35	9.0
	56~75元	78	20.0
	76~95元	21	5.4
	96元以上	30	7.7

续表

分类		数量	占百分比（%）
月均手机通讯消费	20元及以下	24	6.2
	21～50元	111	28.5
	51～80元	96	24.6
	81～110元	84	21.5
	111元以上	75	19.2
使用手机购物与桌面购物相比	与后者一样方便	33	8.5
	比后者方便	141	36.1
	不如后者方便	207	53.1
	不清楚	9	2.3

6.3.4 数据分析

我们应用 Smart PLS 2.0 软件验证假设和研究模型。

（1）测量模型有效性分析

测量模型的有效性通常表现在内容的有效性、内部一致性和区分性等方面。在内容有效性上，由于所有测量指标均来自已有文献，因此我们认为这些变量和题项是清晰和表意准确的。内部一致性通过 Smart PLS 计算得到的组合信度（Composite Reliability，*CR*）与 *Cronbach Alpha* 系数来衡量。一般来说，*CR* 与 *Cronbach Alpha* 系数达到 0.7 即表明具有良好的内部一致性。表 6-6 是 *AVE*、*Cronbach Alpha* 系数和 *CR*。由表 6-6 可知，所有的 *CR* 和 *Cronbach Alpha* 系数都大于 0.8，同时各变量的 AVE 也达到最低门槛 0.5。

表 6-6 验证性因子分析

变量	题项数	*AVE*	*Cronbach Alpha* 系数	*CR*
态度（ATT）	3	0.903	0.946	0.965
个人创新性（INN）	3	0.767	0.849	0.908

续表

变量	题项数	*AVE*	*Cronbach Alpha* 系数	*CR*
信息满意（INS）	3	0.796	0.873	0.921
意愿（INT）	3	0.925	0.959	0.974
信息系统满意（ISA）	3	0.719	0.806	0.885
感知行为控制（PBC）	2	0.953	0.950	0.976
愉快感（PE）	3	0.900	0.944	0.964
同伴影响（PI）	3	0.886	0.935	0.959
服务成本（SC）	2	0.815	0.779	0.898
自我效能（SE）	3	0.898	0.943	0.964
主观规范（SN）	2	0.946	0.943	0.972

表 6-7 是潜在变量间相关系数和 *AVE* 的平方根值。由表 6-7 可知该测量模型具有良好的区分性，判断标准是：每一个潜在变量的 *AVE* 平方根都大于该变量与其他变量之间的相关系数。

表 6-7　　　　**潜在变量间相关系数与 *AVE* 平方根**

	ATT	INN	INS	INT	ISA	PBC	PE	PI	SC	SE	SN
ATT	**0.950**										
INN	0.668	**0.876**									
INS	0.571	0.433	**0.892**								
INT	0.819	0.562	0.554	**0.962**							
ISA	0.516	0.340	0.756	0.425	**0.848**						
PBC	0.515	0.502	0.501	0.491	0.370	**0.976**					
PE	0.841	0.652	0.579	0.804	0.500	0.510	**0.949**				
PI	0.731	0.578	0.429	0.729	0.374	0.325	0.731	**0.941**			
SC	-0.153	0.029	0.035	-0.149	0.110	-0.114	-0.103	-0.047	**0.903**		
SE	0.542	0.511	0.546	0.516	0.384	0.860	0.538	0.348	-0.07	**0.948**	
SN	0.782	0.546	0.361	0.708	0.368	0.350	0.704	0.880	-0.127	0.320	**0.973**

注：变量相关系数矩阵中对角线上的值是 AVE 平方根

表6-8是载荷和交叉载荷。由表6-8可知，每个测量变量与其潜在变量间具有较高的相关系数，而与其他潜在变量间的相关系数值则相对较低，进一步证明该测量模型具有好的内部一致性和区分性。①

表6-8　**载荷和交叉载荷**

	ATT	INN	INS	INT	ISA	PBC	PE	PI	SC	SE	SN
ATT1	**0.949**	0.632	0.528	0.750	0.494	0.508	0.783	0.686	-0.171	0.549	0.734
ATT2	**0.952**	0.621	0.548	0.788	0.490	0.488	0.816	0.709	-0.148	0.482	0.757
ATT3	**0.950**	0.649	0.550	0.797	0.487	0.473	0.797	0.688	-0.117	0.517	0.737
INN1	0.443	**0.800**	0.353	0.354	0.305	0.465	0.418	0.320	0.091	0.493	0.269
INN2	0.611	**0.906**	0.320	0.556	0.241	0.371	0.592	0.633	-0.008	0.360	0.598
INN3	0.667	**0.918**	0.459	0.536	0.351	0.496	0.666	0.525	0.013	0.506	0.518
INS1	0.561	0.436	**0.884**	0.569	0.725	0.454	0.609	0.523	0.084	0.467	0.419
INS2	0.524	0.413	**0.920**	0.475	0.678	0.466	0.485	0.336	0.024	0.490	0.311
INS3	0.425	0.289	**0.872**	0.421	0.607	0.417	0.437	0.254	-0.031	0.511	0.207
INT1	0.799	0.523	0.556	**0.954**	0.445	0.489	0.780	0.725	-0.149	0.518	0.704
INT2	0.787	0.552	0.500	**0.966**	0.367	0.489	0.764	0.685	-0.158	0.518	0.664
INT3	0.777	0.545	0.542	**0.965**	0.412	0.438	0.776	0.691	-0.121	0.451	0.673
ISA1	0.376	0.176	0.592	0.332	**0.835**	0.221	0.388	0.306	0.167	0.287	0.262
ISA2	0.452	0.261	0.539	0.380	**0.868**	0.284	0.431	0.363	0.054	0.292	0.394
ISA3	0.473	0.404	0.779	0.364	**0.841**	0.417	0.446	0.284	0.072	0.389	0.273
PBC1	0.506	0.477	0.487	0.505	0.363	**0.977**	0.518	0.331	-0.108	0.842	0.366
PBC2	0.499	0.504	0.492	0.452	0.359	**0.975**	0.477	0.303	-0.115	0.836	0.317
PE1	0.784	0.615	0.548	0.739	0.488	0.512	**0.953**	0.687	-0.113	0.561	0.647

① Straub, D., Boudreau, M.-C., Gefen, D. Validation guidelines for IS positivist research[J]. Communications of AIS, 2004(13): 380-427.

续表

	ATT	INN	INS	INT	ISA	PBC	PE	PI	SC	SE	SN
PE2	0.791	0.603	0.514	0.737	0.476	0.440	**0.945**	0.665	-0.082	0.465	0.662
PE3	0.818	0.637	0.586	0.810	0.459	0.498	**0.949**	0.726	-0.099	0.505	0.693
PI1	0.623	0.518	0.336	0.618	0.336	0.248	0.680	**0.929**	0.003	0.261	0.783
PI2	0.739	0.536	0.427	0.755	0.341	0.357	0.712	**0.956**	-0.089	0.384	0.859
PI3	0.696	0.577	0.442	0.679	0.379	0.308	0.671	**0.938**	-0.043	0.333	0.839
SC1	-0.112	0.108	0.042	-0.165	0.183	-0.035	-0.047	-0.049	**0.868**	-0.006	-0.123
SC2	-0.158	-0.032	0.024	-0.114	0.041	-0.152	-0.127	-0.038	**0.936**	-0.110	-0.111
SE1	0.530	0.513	0.500	0.488	0.370	0.808	0.533	0.342	-0.048	**0.955**	0.316
SE2	0.505	0.462	0.498	0.499	0.347	0.808	0.512	0.345	-0.110	**0.946**	0.336
SE3	0.507	0.476	0.553	0.480	0.375	0.827	0.483	0.303	-0.052	**0.942**	0.259
SN1	0.741	0.515	0.366	0.670	0.393	0.360	0.680	0.851	-0.109	0.324	**0.972**
SN2	0.779	0.548	0.335	0.706	0.323	0.322	0.689	0.860	-0.138	0.298	**0.973**

(2)结构模型验证

本研究首先通过 Smart PLS 对模型进行路径参数估计，其显著性检验中的 t 值计算利用的是 bootstrap 重复抽样方法，样本数为 1000。图 6-8 是利用软件估计出的各个路径系数及其显著性结果。由图 6-8 可知态度和意愿的 R^2 分别是 0.756 和 0.691，表现了模型具有良好的预测效果。此外，模型中除了信息满意对态度的影响没有通过假设检验外，其他所有因果关系都得到了验证。为了消除样本特征对本项研究的影响，我们也测量了控制变量(性别、年龄、教育)与模型中意愿之间的路径关系，结果表明调查者的年龄对手机购物的意愿具有显著的正向关系。除此之外，被调查者的性别、教育和手机购物的经历对意愿都不具有显著性影响。图 6-8 中标识出控制变量及具有显著影响的路径关系。

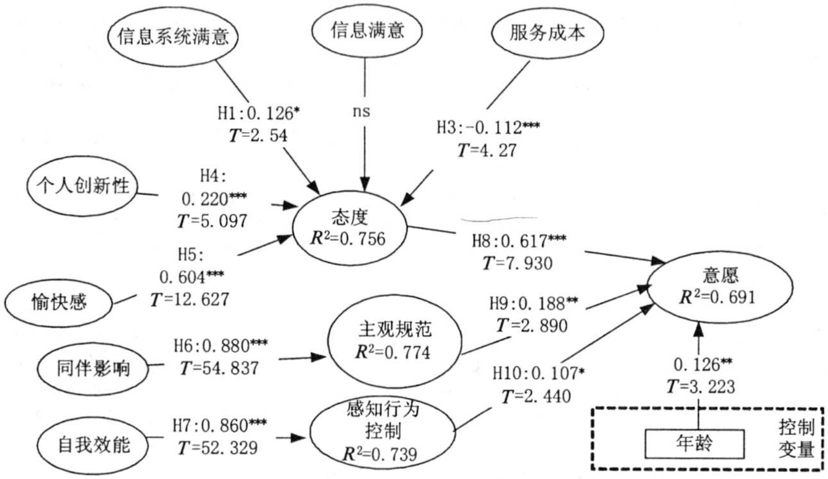

*$p<0.05$；**$p<0.01$；***$p<0.001$；ns：没有显著性影响

图 6-8 PLS 运行结果

6.3.5 分析和讨论

Smart PLS 分析的结果表明，信息系统满意、服务成本、个人创新性、愉快感对消费者使用手机购物的态度具有直接显著性影响，并通过态度影响使用意愿；同伴影响通过主观规范对消费者使用手机购物的意愿产生间接显著影响；自我效能通过感知行为控制对消费者使用手机购物的意愿产生间接显著影响；信息满意对态度的影响不显著。本研究对移动商务中手机购物的应用和发展具有下述理论与实践两方面的启示。

(1)理论意义

在研究所建立的概念模型中，态度和意愿变量均呈现出较高的预测性，因此认为 TPB 适合于分析移动商务中用户接受手机购物的行为。根据 TPB，意愿通过态度、主观规范和感知行为控制三个变量解释，而模型验证的结果(图 6-8)表明，在手机购物中，消费者的态度和意愿比感知行为控制具有更显著的影响。由此可见，在具体应用中，态度、主观规范和感知行为控制对意愿的形成具有不同的解释力。构造同伴影响和自我效能变量对主观规范和感知行为控制的解释力也较高，R^2 分别是 0.774 和 0.739，说明在手机购物中影响消费者主观规范的前置因素主要是同伴影响，对感知行为控制起到主要影响作用的是消费者的自我效能。概念模型中信息满意没有通过假设检验，说明信息满意对人们接受手机购物的影响不明显，这并不能说手机购物网站提供的信息内容不重要，可能的原因包括：其一，手机终端目前仍然存在着屏幕小，分辨率低，输入不便等用户体验的不足之处，这些不足是制约信息内容充分呈现的瓶颈。消费者在面对是否选择手机购物的时候实际上已经具有了接受上述硬件不足的心理准备，所以对信息内容呈现的不足也没有强烈的感觉；其二，在线购物环境下消费者对网站提供的产品信息都要求是全面、清晰、实用的，无论是在电子商务还是移动商务中，不论通过手机终端购物还是计算机网络购物，因此在这里信息满意没有成为突出影响因素。

(2)实践意义

手机购物的基础是技术，核心是商务和应用，电子商务企业需要识别并把握驱动手机购物的技术维度和社会—心理维度，制定出符合市场需要的营销策略。

①充分挖掘社交因素

模型结论表明，同伴影响对主观规范具有显著影响，而主观规范直接决定了使用意愿。同伴影响反映的是个体的社会关系和社会交往关系，因此营销策略中应该强调对消费者朋友、亲戚等的关注，调动消费者的社会关系对消费者行为施加影响。例如，在产品宣传时更多的提及潜在消费者的家人、同事、朋友，宣传该产品是适合与家人一同享有的，而不是通过明星代言的方式。2011 年第二季度的淘宝无线电子商务报告显示①，对典型女性用品类目成交数据的调查显示男性会员在购买金额和购买笔数上都超过了 20%

① http：//www.enet.com.cn/article/2011/0811/A20110811896746.shtml，2013-07-31.

的比例，可以看出手机作为更为实时便捷和个人化的社交沟通工具，可以为用户提供更好的社交性体验。卓越亚马逊推出的“掌上亚马逊”有一个“心愿单”功能，使消费者通过朋友实现购买。这些的成功商业实践提醒企业关注手机购物中独特的社交性因素进而挖掘更多潜在的销售机会。

②开拓创新性业务

模型结论表明，消费者个人创新性品格对使用手机购物的态度具有显著影响，进而影响使用意愿。因此，营销策略同样需要重视潜在消费者的创新需求，策划创新型业务，同时充分结合手机作为移动终端突出的移动性、便捷性、私人化的特点，发挥手机优于计算机终端的更好的上网体验。目前各大电子商务企业积极开发的手机团购业务就是能够体现手机购物终端特点的商业模式，因此备受手机购物者的青睐。此外，各类限时抢购活动也能吸引手机网民参与购买，如规定参与人数越多越便宜并确定最后的期限，需要购买者随时随地关注价格和人数的变化等。总的来说，开发适合手机购物营销中的创新性业务应该注意两点：其一是要突出手机终端的移动性、个性化特征；其二是要锁定服务主体，突出细分市场的个性化需求。

③制定合理的定价策略

模型结论表明，降低手机购物的服务价格会对使用意愿产生积极影响，进而促成使用意愿。手机购物目前还处于发展的初期，用户对移动商务服务提供商制定的 3G 的上网资费有不同的接受程度。如果用户觉得价格大于自己的预期效价，那么用户使用手机购物的可能性就较小，而反之用户使用手机的可能性就会大很多。因此，在充分考虑服务主体的收入状况的基础上，网络运营商、终端设备制造商、基础软件提供商等手机购物价值链上的企业加强合作，制定出用户可以接受的移动商务服务费用，推动手机购物市场的发展和繁荣。

目前在我国，随着以智能手机为代表的典型的移动商务工具逐渐普及，移动网络购物代表着一种全新的电子商务服务模式开始兴起，她有着比基于 PC 的电子商务更大的市场潜力。为此我们探讨影响移动网络购物发展的主要因素，为企业经营决策、市场策划、产品营销提供启示和思路，促进我国移动商务的全面、快速发展。

附录：移动网络购物采纳的影响因素问卷

本问卷仅用于学术研究，不会用于任何商业目的。随着 3G 手机业务的不断推进，通过智能手机或其他移动设备购买商品变得越来越普遍，淘宝网、eBay 等陆续推出了自己的手机购物软件吸引消费者通过手持设备在线购买商品。本调查旨在了解用户接受并使用智能手机进行购物的意愿。

感谢您的大力支持！

第一部分　基本情况调查

1. 您的性别

□男　　□女

2. 您的年龄

□18 岁以下　□18-24 岁　□25-30 岁

□31-35 岁　□36-40 岁　□40 岁以上

3. 您的学历

□高中及以下　□大专　□大学本科

□研究生(含硕士和博士研究生)

4. 您的职业

□学生　□教师　□公务员　□企业员工　□其他

5. 您平均每周使用手机上网的次数?

□3 次以内　□4—9 次　□10—15 次　□15 次以上

6. 您使用手机上网有几年了?

□1 年以下　□1—2 年　□2—3 年　□3—5 年

□5 年及以上

7. 您在最近三个月内使用手机购物的经历?

□1 次以内　□1—2 次　□3—5 次

□6—10 次 □10 次以上

8. 您平均每个月花费在使用手机上网的费用大约为

□15 元及以下 □16—35 元 □36—55 元 □56—75 元

□76—95 元 □96 元以上

9. 您平均每个月用于手机的消费总额大约为

□20 元及以下 □21—50 元 □51—80 元

□81—110 元 □111 元以上

10. 从总体上看，使用手机购物与计算机互联网购物相比，您的看法?

□前者同后者一样 □前者比后者方便

□前者没有后者方便 □不清楚

第二部分 对使用手机购物的意愿的调查

请根据您的理解对以下的每个陈述句问题进行判断，并在问题后面的相应数字(1，2，3，4，5，6 或 7)处进行选择。您的回答应反映您的判断，不存在正确或错误。请不要遗漏任何一个问题，如果您感觉对某个问题难以做出完全准确的判断，请提供尽可能准确的判断。

服务成本(1=强烈不同意 ~ 7=强烈同意)

(1)我认为使用手机购物产生的除购物本身以外的费用(如上网流量费用等)过高。

1 2 3 4 5 6 7

(2)使用手机购物对我来说存在经济障碍(如上网流量费用等)。

1 2 3 4 5 6 7

信息系统满意(1=强烈不同意 ~ 7=强烈同意)

(1)手机购物网站应该能够保护消费者的个人隐私。

1 2 3 4 5 6 7

(2)手机购物网站的在线支付方式应该比较安全。

1 2 3 4 5 6 7

(3)手机购物网站使用界面应该友好且操作简单。

1 2 3 4 5 6 7

信息满意(1=强烈不同意 ~ 7=强烈同意)

(1)手机购物网站提供的信息应该能够满足我的购物需求。

1 2 3 4 5 6 7

(2)手机购物网站提供的信息应该清晰、实用。

1 2 3 4 5 6 7

(3)手机购物网站销售的产品应该与其广告宣传的相一致。

1 2 3 4 5 6 7

创新性(1=强烈不同意 ~ 7=强烈同意)

(1)我一般会对新的想法产生好奇。

1 2 3 4 5 6 7

(2)我属于最先尝试新技术产品的那类人。

1 2 3 4 5 6 7

(3)新技术产品一般都会吸引我。

1 2 3 4 5 6 7

愉快感(1=强烈不同意 ~ 7=强烈同意)

(1)我觉得手机购物是有趣的。

1 2 3 4 5 6 7

(2)我觉得手机购物是令人兴奋的。

1 2 3 4 5 6 7

(3)我觉得手机购物是令人愉快的。

1 2 3 4 5 6 7

同伴影响(1=强烈不同意 ~ 7=强烈同意)

(1)我的朋友/同事推荐我使用手机购物。

1 2 3 4 5 6 7

(2)我认识的人认为使用手机购物是一个好主意。

1 2 3 4 5 6 7

(3)我认识的人对我使用手机购物产生积极的影响。

1 2 3 4 5 6 7

自我效能(1=强烈不同意 ~ 7=强烈同意)

(1)我能够依靠自己顺利地使用手机购物。

1 2 3 4 5 6 7

(2)我能够依靠自己成功地使用手机购物。

1 2 3 4 5 6 7

(3)即使没有人在旁边帮助我，我也能依靠自己使用手机购物。

1 2 3 4 5 6 7

态度(1=强烈不同意 ~ 7=强烈同意)

(1)使用手机购物是个好主意。

1 2 3 4 5 6 7

(2)使用手机购物令人愉快。

1 2 3 4 5 6 7

(3)我喜欢使用手机购物这个主意。

1 2 3 4 5 6 7

主观规范(1=强烈不同意 ~ 7=强烈同意)

(1)对我重要的人(同行或专家)支持我使用手机购物。

1 2 3 4 5 6 7

(2)对我有影响的人希望我使用手机购物。

1 2 3 4 5 6 7

感知行为控制(1=强烈不同意 ~ 7=强烈同意)

(1)我能够很好的使用手机购物。

1 2 3 4 5 6 7

(2)我完全有把握使用手机购物。

1 2 3 4 5 6 7

意愿(1=强烈不同意 ~ 7=强烈同意)

(1)我希望在未来使用手机购物(三个月以内)。

1 2 3 4 5 6 7

(2)我期盼在未来使用手机购物(三个月以内)。

1 2 3 4 5 6 7

(3)我想要在未来使用手机购物(三个月以内)。

1 2 3 4 5 6 7

感谢您抽出宝贵时间完成了问卷！

6.4　网络信息交流方式的转移行为

以互联网技术为代表的信息技术的发展极大地改变了人们获取和交流信息的方式，即时通讯软件(例如 QQ、MSN)和社交网站(例如人人网、开心网)的相继推出为网民提供了更多交流的途径。网民愿意使用哪一种网络交流方式，在很大程度上取决于对这种方式所依托的信息系统的接受和认可。那么对于这些同样具有信息交流功能但又在具体使用上存在差异的信息系统，影响用户选择的关键因素有哪些？目前，国内外学者主要通过 TAM 及其修正模型解释用户对新信息技术/系统的采纳行为，这些研究大多只是孤立地考察用户对某一项新技术/系统的采纳而没有关注到用户在提供相似功能的信息系统之间的使用转移行为。因此，本研究重点考察用户对即时通讯软件和社交网络两类信息交流技术产品的使用转移行为，以自我感知理论(self-perception theory)和价值理论为基础，利用 PLS 结构方程模型方法和问卷调查法研究影响用户采用不同技术产品的关键因素。通过实证研究确定用户选择不同信息技术的关键影响因素，为更好地理解用户使用转移行为以及为研发网络交流系统的企业优化技术产品提供参考和建议。

6.4.1　理论背景

(1)自我感知理论

自我感知理论主要用于解释行为对态度的影响，它认为人们通过自己的行为和行为发生的情境了解自己的态度、情感和其他内心的状态。①②③ 个体对某种行为的态度只有在被明确问及该行为时

① Bem，D. J. *Inducing belief in false confessions*[J]. Journal of Personality and Social Psychology，1966(3)：707-710.

② Bem，D. J. Self-perception theory. In L. Berkowitz (Ed.). *Advances in Experimental Social Psychology*[M]. New York：Academic Press，1972：1-62.

③ Bem，D. J.，McConnell，H. K. *Testing the self-perception explanation of dissonance phenomena*[J]. Journal of Personality and Social Psychology，1970，14(1)：23-31.

才会形成，个体是通过自己的行为形成对该行为的态度认识的。当个体被问及对某种行为的态度时，其会根据自己的行为做出判断，个体是首先通过回忆与特定事物的有关行为，然后根据过去的行为推断出对该事物的态度。例如，被访问者被问及他对使用即时通讯工具的态度时，可能会这样回答："我每天都在使用 QQ，所以我觉得它不错。"这就是说，人们对自己内部状态的了解，也类似于他人了解的途径，都是通过外在行为感知到的。同样，问及其他人对某一用户使用即时通讯的态度时，可能的回答是："我觉得他非常喜欢使用 QQ，因为他每天都在使用。"上述例子说明了，具体的使用行为会形成对使用事物的态度。也就是说，用户对某一交流工具使用的越频繁，其对这种工具的评价越高。在信息系统研究领域中广泛存在一种误解，认为态度决定行为，自我感知理论的提出为行为产生提供了另一种可能性的解释。在研究信息用户对信息系统态度形成过程中，Melone 证实个体的行为对态度的形成也具有推动力，态度和行为是相互作用、相互影响的。①

(2)价值理论

价值理论是人类关于客观世界中各种事物对人的生存与发展的意义(即价值)的认识。价值理论是经济学的基石，为交换理论、效用理论、劳动力价值论等的提出奠定了基础。此外，由于任何社会事物的运动与变化都是以一定的利益追求或价值追求为基本驱动力的，因此价值理论也植根于心理学、社会心理学、消费者行为学等学科领域中，成为具有普遍解释力的重要理论。在对消费者行为的研究中，Parry 把消费者行为理解为是消费者个人价值实现的过程②，消费者个人价值的实现是依赖于产品的价值属性，也就是产品可以实现的价值。类似于消费者的购买行为，互联网用户选择信息交流工具的过程可以被视为其个人价值的实现过程，用户选择哪

① Melone, N. P. *A theoretical assessment of the user-satisfaction construct in information systems research*[J]. Management Science, 1990, 36(1): 76-91.

② Parry, M. E. *Strategic marketing management: a means-end approach*[M]. New York: McGraw-Hill, 2002.

一种工具同样会重点考虑到工具自身的价值，即这种工具能够在多大程度上促进沟通和交流。因此，交流工具自身的价值是互联网用户选择的重要评价标准。

以价值属性为标准，价值可以分为外在感知价值和内在固有价值两类。一种普遍的观点认为，感知价值是指消费者根据感知的收益和成本而对一种产品的效用进行的综合评估。① 在消费者行为理论中，感知价值是指消费者根据感知的收益和成本而对一种产品的效用进行的综合评估。网络环境下，用户选择使用即时聊天软件或社交网络时会对该工具的价值和使用花费的成本(如时间成本、执行成本)进行衡量，如用户感觉使用 QQ 能够表达更快捷、更方便且花费更少的时间、精力时，他就会选择 QQ 而不是用人人网。因此，用户会通过比较一切相关的收益与成本来估计所选目标的价值，而且用户对不同产品的选择也是基于对所选目标价值的整体评估。对于同样具有交流功能的信息产品来说，用户使用转移行为都发生在体验之后，通过分别比较两种产品的成本付出与收益取得做出对两种产品的取舍选择。

6.4.2　概念模型与假设

根据上述理论，个体的行为取决于对采取行动后感知的成本付出与收益取得之间的权衡。因此研究的用户使用转移行为包括两个方面的价值评估过程：一是使用这一产品时感知成本付出与感知收益的判断；二是在使用产品的基础上，对两种产品的感知价值的比较。

根据 TAM 中，感知有用性变量和感知易用性变量共同决定用户采纳某种新信息系统/技术的行为，其中感知易用性对感知有用性具有正向显著影响。在接触到不同的信息交流工具时，用户首先比较不同产品之间的感知价值，对两种产品的感知有用性和感知易用性分别进行比较和判断。感知有用性差异是指，用户在使用即时

---

① Zeithaml, V. A. *Consumer perceptions of price, quality and value: a means-end model and synthesis of evidence*[J]. Journal of Marketing, 1988, 52(3).

通讯软件和社交网络之后，感觉到后者比前者更能够提升其信息交流的效果。感知易用性差异是指，用户在使用即时通讯软件和社交网络之后，感觉后者比前者更方便、更快捷、更易于操作。用户在使用即时通讯的基础上，产生对其有用性与易用性的评估，在接触到社交网络时，会将这一评估与对社交网络的评估进行比较，显然上述差异越大，用户越倾向于后者，其行为发生转移的可能性越大。由此，我们提出假设：

H1：感知有用性差异对使用社交网络具有正向显著性影响。

H2：感知易用性差异对使用社交网络具有正向显著性影响。

H3：感知易用性差异对感知有用性差异具有正向显著性影响。

根据自我感知理论，用户在使用系统的过程中会形成对系统的评价。当被要求对系统进行评价时，用户就会借助以往的使用经验给出对系统的评价。在自愿使用的情况下，用户使用系统的频率越高就表明用户越倾向于使用该系统，对该系统的评价就越高。如 Kim 和 Malhotra 证实了在个人门户网站中，使用经验对感知有用性和感知易用性具有正向显著性影响。① 研究表明，用户使用的时间越长，频率越高，其对门户网站的有用性与易用性感知越高。Peijian Song 等人研究了用户在两种不可替代的技术之间进行选择的影响因素，证明了过去的使用行为对感知易用性与感知有用性具有正向显著性影响。② 用户在不同的信息交流方式之间的选择标准建立在对不同系统的价值比较基础上。根据自我感知理论，使用行为越频繁，用户对系统评价越高。显然，在用户对可供选择的系统的感知易用性与感知有用性评估不变的情况下，用户使用系统频率越高，其对已使用的系统评价越高，两者之间的比较差异也越大。因此我们假设：

---

① Kim, S. S., Malhotra, N. K. *A longitudinal model of continued IS use: an integrative view of four mechanisms underlying post-adoption phenomena* [J]. Management Science, 2005, 51(5): 741-755.

② Song, P. Zhang, C., Chen, W. Huang, L. *Understanding usage-transfer behavior between nonsubstitutable technologies: evidence from instant messenger and portal* [J]. IEEE Transactions on Engineering Management, 2009, 56(3): 412-424.

H4：使用即时通讯对感知有用性差异具有正向直接作用。

H5：使用即时通讯对感知易用性差异具有正向直接作用。

相似性是指不同系统之间感知联系的强度。① 即时通讯与社交网络作为互联网时代的信息交流工具，在很多方面具有天然的联系。从所提供的服务内容来看，它们都是为了让用户与他人保持联系。从形式上来看，无论是以软件为载体的即时通讯还是以 WEB 服务为载体的社交网络，它们的操作都建立在超链接的基础上。互联网环境下的超链接操作方式能增加系统之间的感知联系。② 如果用户感知到即时通讯与社交网络之间具有高强度的联系，则用户感知到两者在功能作用和使用操作上的差异也越小。因此我们假设：

H6：即时通讯与社交网络之间相似度越高，使用即时通讯对感知有用性差异的影响越弱；反之亦然。

H7：即时通讯与社交网络之间相似度越高，使用即时通讯对感知易用性差异的影响越弱；反之亦然。

图 6-9 所示的是概念模型与基本假设。

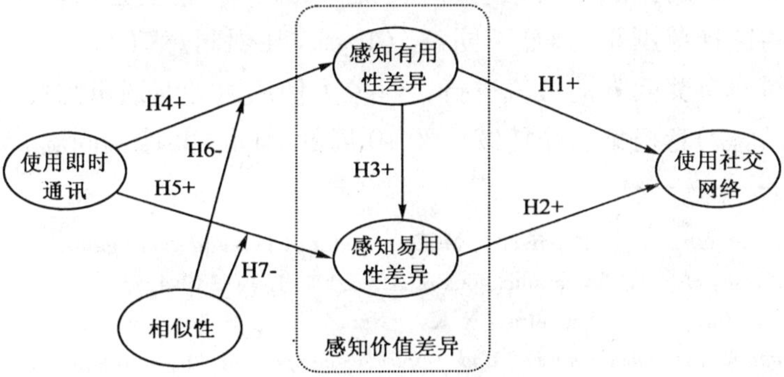

图 6-9　概念模型

① Stewart, K. J. *How the hypertext links influence consumer perceptions to build and degrade trust online*[J]. Journal of Management Information Systems, 2006, 23(1): 183-210.

② Stewart, K. J. *Trust transfer on the world wide web*[J]. Organization Science, 2003, 14(1): 5-17.

6.4.3 研究方法与数据搜集

我们采用问卷调查法搜集数据，利用偏最小二乘法建立结构化模型来验证上述概念模型。

本研究中假设模型共有5个变量，其中包括信息交流行为转移中的两个使用行为变量：使用即时通讯(Usage A)与使用社交网络(Usage B)，以及影响行为转移的两个价值属性比较变量：感知有用性差异(PUD)与感知易用性差异(PED)。另外是影响价值属性比较变量的一个调节变量：相似性(FIT)。

每个潜在变量都由2—4个观测变量组成，其中所有的观测变量的设计都来自于已有的文献，以保证变量测量内容效度。① 根据对各变量的操作性定义做了相应改动后形成本研究环境下的量表，其中使用行为变量“使用即时通讯”和“使用社交网络”改编自Kim②；两个价值属性比较变量“感知易用性差异”和“感知有用性差异”量表参考了Davis③的文献；调节变量“相似性”改编自Steward④⑤的文献。问卷中的每个题项都由7点里克特量表组成，答题的选择范围是“强烈不同意”(1)到“强烈同意”(7)。数据搜集采用网络有奖问卷的方式进行，对象为使用过即时通讯与社交网络的网民。问卷搜集工作持续了约10周的时间，共搜集问卷253份，

---

① Straub, D., Boudreau, M. C., Gefen, D. *Validation guidelines for IS positivist research*[J]. Communications of AIS. 2004(13): 380-427.

② Kim, S. S., Malhotra, N. K., Narasimhan, S. *Two competing perspectives on automatic use: A theoretical and empirical comparison*[J]. Information Systems Research, 2005, 16(4): 418-432.

③ Davis, F. D. *Perceived usefulness, perceived ease of use, and user acceptance of information technology*[J]. MIS Quarterly, 1989, 13(3): 318-339.

④ Stewart, K. J. *Trust transfer on the world wide web*[J]. Organization Science, 2003, 14(1): 5-17.

⑤ Stewart, K. J. *How the hypertext links influence consumer perceptions to build and degrade trust online*[J]. Journal of Management Information Systems, 2006, 23(1): 183-210.

删除填写时间小于 30 秒和大于 10 分钟的样本，最终收到有效问卷 203 份。

6.4.4 数据分析

(1)测量模型有效性分析

测量模型的有效性通常表现在内容的有效性、内部一致性和区分性等方面。在内容有效性上，由于所有测量指标均来自已有文献，因此我们认为这些变量和题项是清晰和表意准确的。内部一致性通过 Smart PLS 计算得到的组合信度(Composite Reliability，简称 *CR*)与 *Cronbach Alpha* 系数来衡量。由表 6-9 可知，*CR* 值与 *Cronbach Alpha* 系数都在 0.7 以上。一般来说，*CR* 值与 *Cronbach Alpha* 系数达到 0.7 即表明具有良好的内部一致性。同时，从表 6-9 可知，每个测量变量与其潜在变量间具有较高的相关系数，载荷值都在 0.7 以上，这进一步说明测量模型具有良好的内部一致性。

表 6-9 变量、量表指标及 ***Loading***、***CR*** 与 ***Cronbach Alpha*** 值

变量及测量指标		*Loading*	*CR*	*Cronbach Alpha* 系数
相似性(FIT)			0.93	0.79
	FIT1 即时通讯与社交网络在内容上具有一定的相似性。	0.89		
	FIT2 即时通讯与社交网络在形式上具有一定的相似性。	0.87		
	FIT3 我认为使用即时通讯的经验对我使用社交网络有帮助。	0.86		
	FIT4 总体来说，即时通讯与社交网络具有很大的相似。	0.91		

续表

变量及测量指标		Loading	CR	Cronbach Alpha 系数
感知易用性差异(EUD)			0.94	0.84
	EUD1 相比于即时通讯来说，学会如何使用社交网络要更容易一些。	0.91		
	EUD2 相比于即时通讯来说 使用社交网络能更容易得到我想要的信息。	0.87		
	EUD3 相比于即时通讯来说，我能更容易地学会如何熟练使用社交网络来与他人交流。	0.93		
	EUD4 我感觉社交网络要比即时通讯更容易使用。	0.93		
感知有用性差异(PUD)			0.96	0.86
	PUD1 相比于即时通讯来说，使用社交网络能让我更方便与他人交流。	0.94		
	PUD2 相比于即时通讯来说，使用社交网络使我和他人的联系更加简单。	0.94		
	PUD3 相比于即时通讯来说，使用社交网络能提高我与他人交流的效率。	0.94		
	PUD4 总体来说，社交网络比即时通讯更有用一些。	0.91		
使用即时通讯(Usage A)			0.98	0.91
	Usage A1 平均来说，在过去的一个月里，你使用过多少次即时通讯?	0.98		
	Usage A2 平均来说，在过去的一个月里，你使用即时通讯的时长是?	0.97		
使用社交网络(Usage B)			0.98	0.87
	Usage B1 平均来说，在过去的一个月里，你使用过多少次社交网络?	0.98		
	Usage B2 平均来说，在过去的一个月里，你使用社交网络的时长是?	0.97		

表6-10是潜在变量间相关系数和 *AVE* 的平方根值。由表3可知该测量模型具有良好的区分性，判断标准是：每一个潜在变量的AVE平方根都大于该变量与其他变量之间的相关系数。

表6-10　**潜在变量间相关系数与 *AVE* 平方根**

	相似性	感知易用性差异	感知有用性差异	使用即时通讯	使用社交网络
相似性	**0.88**				
感知易用性差异	0.60	**0.89**			
感知有用性差异	0.51	0.80	**0.90**		
使用即时通讯	0.07	-0.11	-0.01	**0.89**	
使用社交网络	0.33	0.25	0.06	0.44	**0.92**

注：变量相关系数矩阵中对角线上的值是AVE的平方根。

(2)模型验证

本研究采用结构方程模型软件Smart PLS 2.0检验假设模型中对变量间因果关系的假设。首先通过Smart PLS 2.0对模型进行路径参数估计，其显著性检验中的 t 值计算利用的是bootstrap重复抽样方法，样本数为1000。经过验证后的模型如图6-10所示。由图6-10可知，所有因果关系假设都通过检验，其中相似性的调节作用也得到统计支持。

6.4.5　分析和讨论

从模型验证的结果可以看出，用户以往的使用经验对信息交流方式转移中的感知有用性差异和感知易用性差异都具有显著性影响，进而显著影响到用户使用社交网络的行为，也就是同类信息技术产品之间的价值属性差异会对用户的选择产生关键影响。此外，研究发现两种信息交流方式的相似性对以往使用经验和系统间的价值属性差异关系具有调节作用，如果用户感知到两种交流方式之间具有极大的相似性，则用户以往的使用经验对两项交流技术产品间

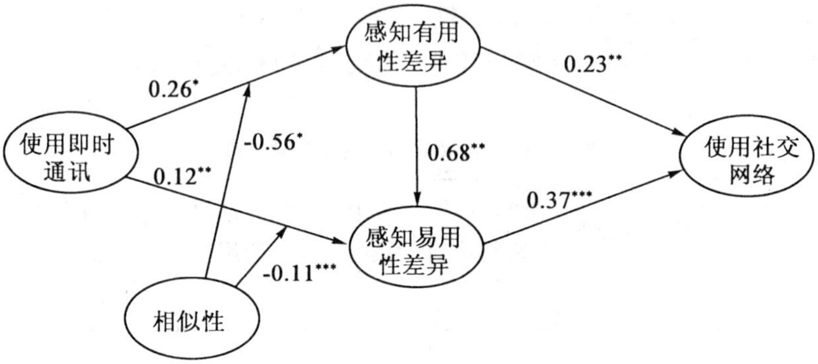

* $p<0.05$；** $p<0.01$；*** $p<0.001$

图 6-10　PLS 运行结果

的价值属性差异的影响会减弱。

(1)理论意义

在 TAM 的基础上从比较感知价值差异出发，通过问卷调查验证了在信息交流行为转移过程中的各种影响因素。TAM 对信息技术/系统接受行为具有较强的解释力，但其研究范围局限于研究在一定的组织环境下对某一特定的技术或系统的接受行为，当在面临多种选择情况下，使用 TAM 对接受行为的解释具有一定的局限性。在互联网环境中，存在多种信息交流方式供用户自由选择，使得单纯使用 TAM 研究用户行为具有极大局限性。假设模型正是尝试弥补这一不足，在感知有用性与感知易用性的基础上，针对用户面临多项选择的环境，从价值比较出发提出感知易用性差异和感知有用性差异，通过实证研究验证这两个潜在变量在信息技术/系统使用转移中具有关键影响作用。建立在 TAM 基础上的感知易用性差异和感知有用性差异变量既包含技术/系统接受行为中的主要影响因素，又能合理解释行为转移的动因，对人们选择交流技术产品的行为具有较强的解释力。

此外，另一个理论意义是再次验证了相似性在用户使用转移中的影响作用。许多关于行为转移的研究都验证了相似性或与相似性类似的关系在行为转移过程中的作用，如对网页中超链接关联性作用的研究①和对门户网站与即时通讯软件之间具有的实体性(entitativity)联系的研究等。② 但本研究的模型考察的是具有可替代性产品之间的相似性在用户选择行为中的影响作用，模型验证得出的结论也与先前的研究具有不同之处。以往关于实体性联系的研究主要强调由同一主体提供的技术具有相对较高的实体性，它在行为转移过程的作用要比相似性强，主要受到群体内相似性与同质性等因素的影响。但是即时通讯与社交网络这两种信息交流方式虽然有类似之处，它们在本质上还是存在很大的区别：即时通讯的基本功能仍然仅限于提供聊天交友，但是社交网络突出将人的社会性融入信息交流中，强调人际联系与社会关系。即时通讯的核心优势是实现实时交流，在这一方面，社交网络无论在功能上还是在快捷上都比不上即时通讯。因此，在研究用户选择不同的交流技术产品中，使用相似性变量更具有合理性。

(2)实践意义

从实践的角度看，用户信息交流方式的转移受到可供选择产品的感知易用性差异与感知有用性差异影响。企业在推出一种信息交流的新产品时，应充分考虑市场上现存信息交流应用的可用性与易用性。在此基础上拉开与现存信息交流技术产品在可用性与易用性上的差异，促使用户使用行为发生转移而选择该产品。对于已经占领市场的信息交流技术产品，缩小与新出现的产品之间在易用性与可用性之间的差异则是保持用户数量的关键因素。因此，企业应该时时密切关注市场动向，不断推出新功能和新应用，减小用户对具有类似功能的产品的感知差异。此外，企业在推出一项新的信息交

---

① Stewart, K. J. *How the hypertext links influence consumer perceptions to build and degrade trust online*[J]. Journal of Management Information Systems, 2006, 23(1): 183-210.

② Song, P., Zhang, C., Chen, W., Huang, L. *Understanding usage-transfer behavior between nonsubstitutable technologies: evidence from instant messenger and portal*[J]. IEEE Transactions on Engineering Management, 2009, 56(3): 412-424.

流技术产品时，还应注意到相似性的影响。用户在接触一项新的信息交流产品时，会考虑到目前正在使用的产品，进而有意识的对两种产品的价值进行比较，包括有用性和易用性。不管用户使用以往技术产品的时间的长短如何，产品之间的相似性越高，用户感知到的易用性差异与有用性差异就越小，则越不利于用户选择使用新的产品。因此，尽量推出具有差异性和新型性能的产品是企业在同类市场上占据优势的利器，这同样适用于互联网经济环境下的市场竞争。

附录：网络信息交流方式的转移行为问卷

本问卷仅用于学术研究，不会用于任何商业目的。随着互联网应用的发展，以 FaceBook 为代表的社交网络正促使用户信息交流方式发生着巨大的变化。互联网用户中使用即时通讯的用户继续保持稳定的增长，社交网络的用户正迎头赶上。本研究旨在厘清从互联网中以 QQ 等应用软件为代表的即时通讯交流方式到以 FaceBook 为代表的社交网络交流方式的变化过程，以及社交网络出现后其对互联网信息交流方式的影响。

感谢您的大力支持!

第一部分　基本情况调查

1. 您的性别

□男　□女

2. 您的年龄段

□15 岁以下　□15—20　□21—25　□26—30

□31—40　□41—50　□51—60　□60 以上

3. 您正在攻读或已获得的最高学位

□小学以下　□初中　□高中　□中专　□大专

□大学本科　□硕士研究生　□博士研究生　□博士以上

4. 您使用手机的时间

□1 年以下　□1—2 年　□2—3 年　□3—5 年

□5 年及以上

5. 您使用互联网的时间

□1年以下 □1—2年 □2—3年 □3—5年

□5年及以上

6. 您使用过得信息交流方式

□即时通讯(例如QQ、MSN等)

□社交网络(例如：校内网、开心网、FaceBook等)

第二部分 信息交流方式变化的调查

请根据您的理解对以下的每个陈述句问题进行判断，并在问题后面的相应数字(1，2，3，4，5，6或7)处进行选择。您的回答应反映您的判断，不存在正确或错误。请不要遗漏任何一个问题，如果您感觉对某个问题难以做出完全准确的判断，请提供尽可能准确的判断。

在下面的问题中，即时通讯包括但不限于QQ、MSN等聊天软件，社交网络包括但不限于人人网、开心网、QQ校友、FaceBook等网站。

有用性差异(1=强烈不同意 ~ 7=强烈同意)

提示—有用性包括但不限于：能找到多年的老朋友，能与朋友实时交流，能方便快捷的交换各种信息：文字、图片)

(1)相比于即时通讯来说，使用社交网络能让我更方便与他人交流。

1 2 3 4 5 6 7

(2)相比于即时通讯来说，使用社交网络使我和他人的信息交流更加简单。

1 2 3 4 5 6 7

(3)相比于即时通讯来说，使用社交网络能提高我与他人交流的效率。

1 2 3 4 5 6 7

(4)总体来说，社交网络比即时通讯更有用一些。

易用性差异(1=强烈不同意 ~ 7=强烈同意)

(1)相比于即时通讯来说，学会如何使用社交网络要更容易一些。

1 2 3 4 5 6 7

(2)相比于即时通讯来说 使用社交网络能更容易得到我想要的

信息。

1 2 3 4 5 6 7

(3)相比于即时通讯来说，我能更容易地学会如何熟练使用社交网络来与他人交流。

1 2 3 4 5 6 7

(4)社交网络要比即时通讯更容易使用。

1 2 3 4 5 6 7

相似性(1=强烈不同意 ~ 7=强烈同意)

(1)即时通讯与社交网络在内容上具有一定的相似性(例如，即时通讯与社交网络两种交流方式所提供的服务，两种信息交流方式的功能、作用等等)。

1 2 3 4 5 6 7

(2)即时通讯与社交网络在形式上具有一定的相似性(例如，即时通讯与社交网络的操作方式、产品界面等等)。

1 2 3 4 5 6 7

(3)我认为使用即时通讯的经验对我使用社交网络有帮助。

1 2 3 4 5 6 7

(4)总体来说，即时通讯与社交网络具有很大的相似性。

1 2 3 4 5 6 7

使用频率

(1)平均来说，在过去的一个月里，你使用过多少次即时通讯？

□没有使用过 □一月一次 □一月几次 □一星期一次 □一星期几次

□几乎是每天一次 □一天多次

(2)平均来说，在过去的一个月里，你使用过多少次社交网络？

□没有使用过 □一月一次 □一月几次 □一星期一次 □一星期几次

□几乎是每天一次 □一天多次

感谢您抽出宝贵时间完成了问卷！

6.5 消费者发表网络评论意愿的影响因素

近年来，伴随互联网技术的发展，移动技术和互联网技术的不断融合为人们随时随地开展在线商务活动提供了巨大的便利。据中国互联网络信息中心的报告显示①，截至2009年6月，我国移动互联网用户规模达到1.55亿，并在整体上呈现出稳定增长的趋势。在线评论是基于互联网传播信息的一种共享模式，指购物网民发表有关购物体验的正面或负面的信息，借助网络效应让各种人群和机构看到，为其他消费者选择产品提供参考，也成为企业改进产品，提高服务质量的重要信息来源。根据中国互联网络信息中心发布的报告②，大部分用户搜索到目标商品后，除了关注商品本身属性外，还会浏览用户评论等商品相关信息，但是购物网民中只有29.5%的人购物后有分享购物信息的行为。由此可见，对大量潜在网络购物者来说与购物经验有关的评论信息是稀缺的。受到新技术以及评论需求的驱动，2010年7月，著名团购网站大众点评网推出了“Yelp + Foursquare”的新型模式，开设了“签到(check-in)”专栏，智能手机用户通过简单的操作将所在商铺的位置，感知产品或服务质量等信息通知给好友，同时大众点评网也将接收到的评论信息展示在网站上，为广大网友提供消费参考。网站联合商家为参与点评签到的消费者提供积分和购物优惠，也包括给予社区地位、头衔，增加社区人气等内在激励。对消费者来说，在消费的第一时间就能对商家的产品或服务进行打分和评论，免去了事后回忆、记录的过程，这种评论更具信服力和实效性。同时，借助于手机的多媒体功能，使评论的数据粒度更为细化，实现了评论的全面性、详细性和实时性，从而为其他在线消费者提供更有质量的参考信息。可

① http://news.xinhuanet.com/internet/2009-10/28/content_12345745.htm，2013-07-31.

② http://www.showdoc.cn/view/viewdetail.php?docid = 17421，2013-07-31.

以说通过签到发表评论体现出移动互联网技术具有的显著特点，包括移动性、便捷性、与位置相关性、私人化等，这是计算机网络技术无法比拟的。本研究正是在这一新技术背景下，影响消费者使用签到进行评论的驱动因素。需要说明的是，在本研究中，作为研究对象的“评论”均产生于消费者签到的过程中，不同于通过计算机终端进行的评论。本研究通过向用户发放问卷搜集数据，借助 PLS 结构方程建模方法从社会—心理和移动互联网技术角度研究对网络消费者发表评论的影响，为增强消费者评论的意愿，完善电子商务网站运行的内在信用机制，促进电子商务市场良性、健康发展提供建议。

6.5.1 理论背景

在移动互联网技术环境下，消费者使用手机发表在线评论信息的动因受到社会—心理影响和技术影响。对社会—心理影响的分析广泛建立于社会交换理论之上，包括消费者行为的外在动机、内在动机和成本因素。对技术影响的分析建立在 TAM 理论基础上，通过变量感知有用性（perceived usefulness）和感知易用性（perceived ease of use）来衡量消费者评论的影响因素。

（1）社会交换理论

社会交换理论是广泛用于理解资源交换过程中的个人行为①，是从社会—心理视角出发理解人类互利互惠行为的主要理论。这一理论认为个人和他人交换和共享知识是希望能从这一交换过程中获得回报，并试图用最小的成本换取最大的收益。② 研究表明在互联网上传播评论可以被视为是社会交换行为③，消费者通过提供他们

---

① Cook，K.，Whitmeyer，J. *Two approaches to social structure：exchange theory and network analysis*[J]. Annual Review of Sociology，1992(18)：109-127.

② Kankanhalli，A.，Tan，B.，Wei，K. *Contributing knowledge to electronic knowledge repositories：an empirical investigation*？[J]. MIS Quarterly，2005(29)：113-143.

③ Frenzen，J.，Nakamoto，K. *Structure，cooperation and the flow of market information*[J]. Journal of Consumer Research，1993(20)：360-375.

的消费经历以换取有价值的回报，这种回报可能是再次购物的优惠券或是在虚拟社区中地位的提升。根据社会交换理论，当消费者所获得的回报高于其成本付出时，消费者就会被激励进行评论。① 社会交换理论中将成本界定为由交换行为产生的消极结果，由此会减少行为发生的频率。② 消费者进行评论付出的成本主要是执行成本，包括耗费的时间、手机上网费等，其中时间是消费者实现效用最大化的重要约束。为了提供详细的评论信息，用户需要花费时间编辑评语，再上传到网上。此外，评论行为也需要支付一定的手机上网费用，以获得移动服务商提供的服务支持。结合动机理论更有助于对消费者的评论行为进行分析。Deci③ 等指出人们某项行为的动机包括内在的和外在的。外在动机指向的行为是对一种与自身无关的回应，包括经济回报、形象、互利互惠等因素，内在动机指的是受自身驱动去实施某项行为，这一行为本身是有趣的或在某方面确实值得去做。消费者评论的动机同样具有外在动机和内在动机。消费者能够通过评论获取由商家提供的优惠券和折扣，这是促使行为发生的外在动机；而评论能够为他人提供消费参考，通过信息的传递和共享为其他网络购物者提供有价值的、合理的建议，这是激发行为发生的内在动机。现有的研究成果也都证实了驱动消费者发表评论的主要内在动机是助人为乐④，主要外在动机是寻求经济回报。⑤ 评论意愿的社会—心理影响因素模型见图6-11。

---

① Sohn, D. *Interactive media and social exchange of market information* [D]. Texas: University of Texas, 2005.

② Molm, L. *Coercive power in social exchange* [M]. New York, Cambridge university press, 1997.

③ Deci, E., Ryan, R. *The empirical exploration of intrinsic motivational processes?* [J]. Advances in Experimental Social Psychology, 1980: 39-80.

④ Matthew Lee, Christy Cheung, Kai Lim et al. *Understanding customer knowledge sharing in web-based discussion boards* [J]. Internet Research, 2006, 16 (3): 289-303.

⑤ 张晓燕．大学生在线产品评价参与意向影响因素的实证研究[D]．重庆：重庆大学，2008.

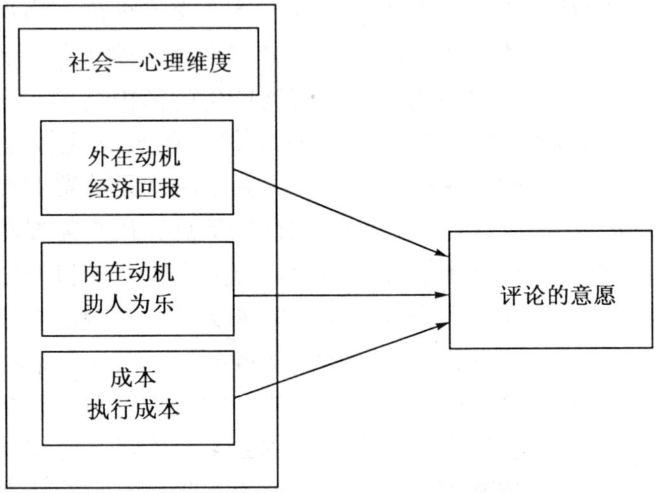

图 6-11 社会—心理影响模型

(2)技术可接受模型

Davis① 从 TRA 的基本假设出发，吸收了期望理论模型、自我效能理论等相关理论中的合理内核，提出了技术可接受模型，用于分析影响用户接受新的信息系统意愿的关键因素。TAM 包括两个核心变量：感知易用性和感知有用性，前者是指“使用者认为使用这项技术的容易程度”，后者是指“使用者认为使用这项技术能够提高其工作绩效的程度”，这两个因素共同影响了用户“对技术的意愿”，其中感知有用性对感知易用性具有正向显著影响。近年来，TAM 广泛应用于移动商务的研究中②③，不仅用于测量技术的工具性功能，也用于衡量用户使用技术过程中的娱乐价值感

① Davis, F. *Perceived usefulness, perceived ease of use, and user acceptance of information technology*[J]. MIS Quarterly, 1989, 13(3): 318-339.

② Pin Luarn, Hsin-Hui Lin. *Toward an understanding of the behavioral intention to use mobile banking*[J]. Computers in Human Behavior, 2005, 21(6): 873-891.

③ Dan, L, Jing, Z. *TAM-based study on factors influencing the adoption of mobile payment*[J]. China Communications, 2011, 8(3): 198-204.

(hedonic value)和沉浸感(immersive value)。① 本研究中，消费者应用签到进行评论的行为受到移动互联网技术条件的影响，技术条件是否具备对消费者的意愿具有积极或消极的作用。本研究选取感知易用性和感知有用性两个变量来解释技术条件。评论意愿的技术影响因素模型见图 6-12。

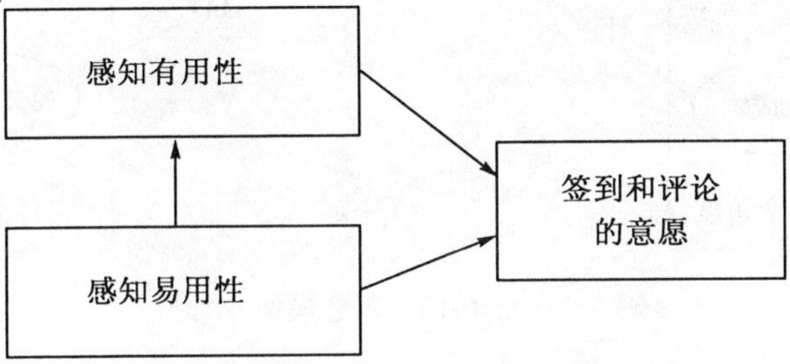

图 6-12　技术影响模型

6.5.2　概念模型与假设

本研究在社会交换理论和 TAM 理论基础上提出了移动互联网环境下消费者评论意愿影响的概念模型(图 6-13)。

下面对模型和假设构建做具体说明。

(1)经济回报

根据社会交换理论，经济回报是增加人们参与和实施某项行为的外在动力②，大众点评网为消费者参与签到评论信息共享提供优惠券和折扣等回报，带给参与者实在的经济回报。因此可以认为网站给消费者提供的经济回报越大，消费者参与评论的动力越大，经济回报与消费者评论的意愿之间存在正向相关的关系。因此，我们假设：

① Childers T. L. , Carr C. L. , et al. *Hedonic and utilitarian motivations for online retail shopping behavior*[J]. Journal of Retailing, 2001, 77(4): 511-535.

② Vallerand, R. *Toward a hierarchical model of intrinsic and extrinsic motivation*[J]. Advances in Experimental Social Psychology, 1997(29): 271-360.

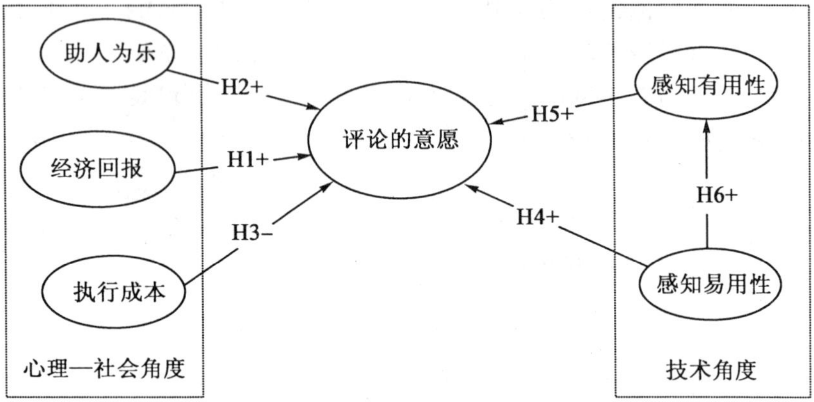

图 6-13 概念模型

H1：经济回报对评论的意愿具有正向显著性影响。

(2)助人为乐

助人为乐是我国文化的传统和社会道德准则，承袭到互联网虚拟环境中指网民不计回报的通过各种途径帮助其他在线者，在实现他人效用最大化的同时也因自身价值得到了体现而获得满足感①，特别是在人们感觉到自身行为能对他人产生帮助时这种满足感更为强烈。② 评论能够帮助其他消费者形成有关产品和服务的全面认识，而这种认知是通过广告等其他途径无法获得的③。因此，消费者可能会选择与在线的其他网民共享有关产品或服务的正面或负面

---

① Smith, D. *Altruism, volunteers and volunteerism* [J]. Journal of Voluntary Action Research, 1981(10): 21-36.

② Engel, J. Blackwell, R., Miniard, P.. Consumer behavior [M]. Dryden Press, 1994.

③ Wang, X., Teo, H., Wei, K. *Promoting consumption information contribution to online feedback systems: an analysis from the cognition enhancement perspective* [C]. Proceedings of the Eleventh Americas Conference on Information Systems, 2005: 1-10.

的消费经历，以此帮助其他消费者了解该商家的情况①，在帮助他人成功购物的同时获得内心的快乐。② 因此，我们假设：

H2：助人为乐对评论的意愿具有正向显著性影响。

(3)执行成本

消费者发表在线评论需要将他们的购物体验、对购物的隐性态度转化为显性的明确表达，这一过程需要耗费时间成本，而且评论得越详细所需要的时间越长。此外，评论功能的实现需要手机用户支付上网费用才能使用，这就会产生成本；而用户如果将上述时间用于其他事情上也许能够获得更显著的回报和收益，这就产生了机会成本。③ 已有文献也表明时间耗费是阻碍知识共享的重要因素。④ 本研究将这一系列成本概括为执行成本，消费者耗费的执行成本越高，评论的意愿越小，因此假设：

H3：执行成本对评论的意愿具有负向显著性影响。

(4)感知有用性和感知易用性

根据TAM，人们在自愿接受的情况下对新技术的感知有用性和感知易用性共同决定了采纳该项新技术的意愿，其中感知易用性对感知有用性具有正向相关的影响。对使用手机进行评论的技术的感知有用性是指手机用户感觉通过手机操作是否能够准确、有效地表达评论以帮助其他在线消费者优化购买决策。使用手机进行评论的技术的感知易用性是指手机用户感觉与手机界面的交互实现评论是否简单方便。消费者感知有用性和感知易用性越强烈，评论的意愿越强。由此，我们提出假设：

---

① Hennig Thurau, Gwinner K., Walsh, G. et al. *Electronic word-of mouth via consumer-opinion platforms: what motivates consumers to articulate themselves on the internet?* [J]. Journal of Interactive Marketing, 2004, 18(1): 38-52.

② Sundaram, D., Mitra, K., Webster, C. *Word-of-mouth communications: a motivational analysis*[J]. Advances in Consumer Research, 1998(25): 527-531.

③ Ba, S., Pavlou, P. *Evidence of the effect of trust building technology in electronic markets: price premiums and buyer behavior*[J]. MIS Quarterly, 2002, 26(3): 243-268.

④ Orlikowski, W. *Learning from notes: organizational issues in groupware implementation*[J]. Information Society, 1993, 9(3): 237-251.

H4：感知易用性对评论的意愿具有正向相关的显著影响
H5：感知有用性对评论的意愿具有正向相关的显著影响
H6：感知易用性对感知有用性具有正向相关的显著影响

6.5.3 研究方法与数据搜集

本研究通过实地走访和发放问卷的方法，使用 Smart PLS 2.0 软件处理和分析数据，利用偏最小二乘法建立结构化模型来验证上述概念模型。PLS 是基于因子分析的结构方程建模技术，是近年来广泛使用的多元统计数据分析方法。

(1)变量设计与测度

研究模型包括 5 个潜在变量，每个潜在变量都由 2—4 个观测变量组成，所有的观测变量的设计都来自于已有的文献，以保证变量测量内容效度。① 根据对各变量的操作性定义做了相应改动后形成本研究环境下的量表，其中与社会—心理影响有关的三个变量"助人为乐"和"经济回报"、"执行成本"分别改编自 Bock② 和 You Tong③；与技术影响有关的两个变量"感知易用性"和"感知有用性"量表参考了 Davis④ 的文献；独立变量"评论的意愿"改编自 Klopping⑤ 的文献。变量及题项确定后，我们制作了问卷首先进行

---

① Straub, D., Boudreau, M., Gefen, D. *Validation guidelines for IS positivist research*[J]. Communications of AIS, 2004(13): 380-427.

② Bock, G. W., Zmud, R. W., Kim, Y.-G., Lee, J.-N. *Behavioral intention formation in knowledge sharing: examining the roles of extrinsic motivators, social-psychological forces, and organizational climate*[J]. MIS Quarterly, 2005, 29(1): 87-111.

③ Yu, T., Wang, X. W., Teo, H. H. *Understanding the Intention of information contribution to online feedback systems from social exchange and motivation crowding perspectives*[C]. Proceedings of the 40th Hawaii International Conference on System Sciences, 2007: 1-10.

④ Davis, F. *Perceived usefulness, perceived ease of use, and user acceptance of information technology*[J]. MIS Quarterly, 1989, 13(3): 318-339.

⑤ Klopping, I., McKinney, E. *Extending the technology acceptance model and the task-technology fit model to consumer E-commerce*[J]. Information Technology, Learning, and Performance Journal, 2004, 22(1): 35-48.

了预调查，根据反馈，慎重修改了部分表述并增加了对一些术语的解释，使问卷更容易理解。问卷中的每个题项都由 7 点里克特量表组成，答题的范围选择是“强烈不同意”(1)到“强烈同意”(7)。

(2)数据搜集

我们在问卷星平台上公布了问卷，通过网民自愿填写的方式搜集数据。在线调查网站提供自动筛选功能，能够提高问卷的回复率和有效性。问卷搜集工作持续了约 10 周的时间，收到有效问卷 387 份，实际有效问卷大于理论需要的有效样本量。

(3)样本特征分析

被调查对象的基本信息见表 6-11。由表可知，男女比例分别占 41% 和 59%，女性略多于男性。从年龄分布上看，集中于 18 ~ 30 岁的年轻人，占到全部调查人数的 72%。此外，超过 90% 的被调查者使用手机上网，62% 的被调查者具有 2 年以上的网络购物经历。有 29% 的被调查者了解大众点评网并体验过其签到评论服务，54% 的被调查者了解或听说过大众点评网的签到评论服务。在发表评论的便捷性方面，74% 的被调查者认为手机优于计算机。在发表评论的安全性方面，47% 的被调查者认为使用手机比计算机更安全。在效果实现方面，50% 的被调查者认为手机优于计算机。

表 6-11　　**被调查对象基本信息统计**

分类		数量	占百分比(%)
性别	男性	159	41. 1
	女性	228	58. 9
年龄	18 ~ 30	279	72. 1
	31 ~ 40	99	25. 6
	41 ~ 50	9	2. 3
	50 岁以上	0	0

续表

分类		数量	占百分比(%)
网络购物经历	1 年以下	36	9.3
	1 ~2 年	99	25.6
	2 ~3 年	102	26.4
	3 年以上	150	38.8
使用手机上网经历	1 年以下	33	8.5
	1 ~2 年	114	29.5
	2 ~3 年	111	28.7
	3 年以上	129	33.3
对大众点评网签到评论的认识	进行过签到和评论	114	29.5
	了解，看过签到栏目上的评论信息	210	54.3
	听说过	3	0.8
	不了解	60	15.5
使用手机评论的便捷性认识	与使用计算机途径一样	45	11.6
	优于计算机途径	288	74.4
	不如计算机途径	36	9.3
	不清楚	18	4.7
使用手机评论的安全性认识	与使用计算机途径一样	117	30.2
	优于计算机途径	180	46.5
	不如计算机途径	66	17.1
	不清楚	24	6.2
使用手机评论的效果认识	与使用计算机途径一样	120	31.0
	优于计算机途径	195	50.4
	不如计算机途径	45	11.6
	不清楚	27	7.0

6.5.4　数据分析

(1)测量模型有效性分析

测量模型的有效性通常表现在内容的有效性，内部一致性和区分性等方面。在内容有效性上，由于所有测量指标均来自已有文献，因此我们认为这些变量和题项是清晰和表意准确的。内部一致性通过 Smart PLS 计算得到的组合信度(Composite Reliability，*CR*)与 *Cronbach Alpha* 系数来衡量。一般来说，*CR* 值与 *Cronbach Alpha* 系数达到 0.7 即表明具有良好的内部一致性。表 6-12 是 *AVE*、*Cronbach Alpha* 系数和 *CR* 值。由表 6-12 可知，所有的 *CR* 值和 *Cronbach Alpha* 系数都大于 0.8，同时各变量的 *AVE* 值也达到最低门槛 0.5。

表 6-12　　**验证性因子分析**

变量	题项数	*AVE*	*Cronbach Alpha* 系数	*CR*
经济回报	2	0.840	0.811	0.913
执行成本	3	0.844	0.908	0.942
助人为乐	4	0.773	0.902	0.931
意愿	3	0.843	0.907	0.941
感知易用性	4	0.778	0.905	0.933
感知有用性	5	0.694	0.889	0.919

表 6-13 是潜在变量间相关系数和 *AVE* 的平方根值。由表 6-13 可知该测量模型具有良好的区分性，判断标准是：每一个潜在变量的 *AVE* 平方根都大于该变量与其他变量之间的相关系数。

表 6-13　　**潜在变量间相关系数与 *AVE* 平方根**

	经济回报	执行成本	乐于助人	意愿	感知易用性	感知有用性
经济回报	**0.917**					
执行成本	-0.121	**0.919**				

续表

	经济回报	执行成本	乐于助人	意愿	感知易用性	感知有用性
乐于助人	0.442	−0.308	**0.879**			
意愿	0.439	−0.361	0.605	**0.918**		
感知易用性	0.488	−0.234	0.647	0.598	**0.882**	
感知有用性	0.478	−0.289	0.689	0.700	0.767	**0.833**

备注：变量相关系数矩阵中对角线上的值是 *AVE* 平方根

表6-14是载荷和交叉载荷。由表6-14可知，每个测量变量与其潜在变量间具有较高的相关系数，而与其他潜在变量间的相关系数值则相对较低，进一步证明该测量模型具有好的内部一致性和区分性。①

表6-14　**载荷和交叉载荷**

	经济回报	执行成本	乐于助人	意愿	感知易用性	感知有用性
经济回报1	**0.929**	−0.136	0.413	0.429	0.461	0.403
经济回报2	**0.904**	−0.082	0.398	0.372	0.432	0.478
执行成本1	−0.076	**0.914**	−0.289	−0.369	−0.260	−0.254
执行成本2	−0.146	**0.935**	−0.305	−0.322	−0.193	−0.253
执行成本3	−0.117	**0.908**	−0.250	−0.297	−0.182	−0.294
乐于助人1	0.434	−0.262	**0.897**	0.556	0.589	0.608
乐于助人2	0.336	−0.275	**0.891**	0.538	0.533	0.605
乐于助人3	0.436	−0.279	**0.884**	0.546	0.591	0.623
乐于助人4	0.344	−0.265	**0.843**	0.484	0.562	0.588
意愿1	0.385	−0.355	0.542	**0.910**	0.587	0.712

① Straub, D., Boudreau, M.-C., Gefen, D. *Validation guidelines for is positivist research*[J]. Communications of AIS, 2004(13): 380-427.

续表

	经济回报	执行成本	乐于助人	意愿	感知易用性	感知有用性
意愿2	0.420	-0.298	0.598	**0.907**	0.507	0.579
意愿3	0.405	-0.338	0.529	**0.937**	0.546	0.628
感知易用性1	0.469	-0.203	0.580	0.542	**0.923**	0.712
感知易用性2	0.477	-0.161	0.584	0.545	**0.880**	0.705
感知易用性3	0.367	-0.222	0.607	0.536	**0.891**	0.665
感知易用性4	0.405	-0.246	0.508	0.483	**0.832**	0.619
感知有用性1	0.497	-0.151	0.610	0.567	0.679	**0.836**
感知有用性2	0.389	-0.215	0.487	0.561	0.606	**0.842**
感知有用性3	0.334	-0.208	0.586	0.600	0.630	**0.875**
感知有用性4	0.391	-0.335	0.585	0.517	0.623	**0.766**
感知有用性5	0.378	-0.299	0.598	0.661	0.652	**0.842**

(2)PLS结构模型结果

研究模型的结果如图6-14所示，其显著性检验中的t值计算利用的是bootstrap重复抽样方法，样本数为1000。由图6-14可知，除了感知易用性与评论的意愿之间的假设关系没有通过显著性检验以外，其他变量之间的路径关系都具有显著性。为了消除样本特征对本项研究的影响，我们也测量了控制变量(年龄、在大众点评网签到评论的经历，网络购物的经历，手机上网的经历)与模型中意愿之间的路径关系，结果表明调查者的年龄对评论意愿具有显著的正向关系。除此之外，调查者在大众点评网上签到评论的经历，网络购物的经历，手机上网的经历对意愿都不具有显著性影响。图6-14中标识出控制变量及具有显著影响的路径关系。

6.5.5 分析和讨论

Smart PLS分析的结果表明，乐于助人、经济回报、感知有用性对评论意愿具有正向显著影响，执行成本对评论意愿具有负向显

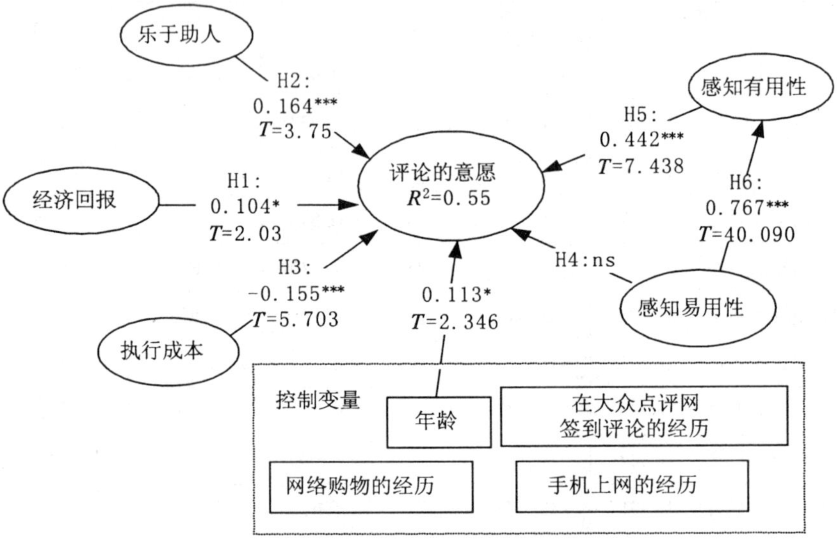

*$p<0.05$；**$p<0.01$；***$p<0.001$；ns：没有影响

图6-14　PLS运行结果

著影响，感知易用性对评论意愿影响不显著。

从社会—心理角度分析，希望帮助他人是评论意愿最重要的影响因素，因此购物网站评论栏目的设计应该更能够反映消费者这种助人为乐的心理要求。如可以在签到栏目内设一个子专栏，允许人们自由发布关于某一产品的评论需求，这样有购买此产品经验的消费者就容易感知自己发表评论的价值，在回答问题时就更容易产生帮助他人的愉悦感，也就更愿意发表有关产品的评论。网站可以将提出评论需求最多的产品在专栏中凸显出来或提到网站首页，以激发消费者帮助他人的内在满足感。其次，研究表明评论带来的经济回报在一定程度上会对行为意愿产生影响。因此，网站应充分发挥网络效应和签到产生的消费者与商家的"黏度"效果，联合商家对积极参与评论的消费者提供优惠券或打折卡等活动，既增加了消费者评论的意愿，也增强了顾客忠诚度，为商家发展了客户资源。此外，网站还可以定期邀请网民评选出优质评论并展示在网站的显著位置以鼓励评论者，也可以组织专门的评论奖励活动，一方面可以扩大网站的知名度和影响力，也将有效的促进评论者评论的意愿。再次，研究发现执行成本越高，消费者签到和发表评论的意愿越小，消费者会因为花费的时间成本、精力耗费过高而不愿参与评论。网站可以设计一个简单的模板，包括消费环境、服务态度、价格、产品质量感知等项，评论者只需要操作手机按键从下拉列表中选择该系统默认模板，选择要评论的产品并依次填写相应特征就可以完成评论。这样结构化评论不仅提高了评论的有效性和质量，也便于日后进行文本提取、数据分析、产品评级等，并大大减少了消费者因为构思表述而耗费的时间和精力，增加他们评论的意愿。

从技术角度分析，感知有用性对评论的意愿具有积极的显著性影响，就是消费者感觉移动互联网技术能够更好地实现优化他人购买决策，就会增加评论的意愿。实际上信息技术与信息内容是一个统一体，对移动互联网技术的有用性感知也包括了通过使用移动互联网技术对评论行为产生的效果的感知这一层面，但人们利用移动互联网技术能够实现既定评论效果，即带来了更多经济或物质上的回报或体验到更多由帮助他人带来的愉快感时，人们就会增加使用这种技术进行评论的意愿。根据样本特征中对认知度的调查显示，大多数人认为与计算机相比，使用手机评论更便捷、更有效、更安全。这表明大部分人对将移动互联网技术应用于商品评论及其体现出的价值是认可的。由此可见，在用户评论方面，移动互联网技术具有良好的用户信任基础和广阔的应用前景。研究表明，感知易用性对评论意愿的正向影响没有通过假设检验，这与之前一些实证的研究结论不一致。本研究认为这一结果可能受到实际使用大众点评网评论功能的用户数量影响，样本显示，真正使用过这些功能的被调查者仅占 29.5%，可能因此会对感知易用性与意愿之间的关系产生一定的影响。此外，也有研究表明感知易用性在系统使用的不同阶段对意愿呈现出不同程度的显著性影响。① 但是结合本研究对

① Adams, D., Nelson, R., Todd, P. *Perceived usefulness, ease of use, and usage of information technology: a replication*[J]. MIS Quarterly, 1992(6): 227-247.

被调查对象的认知度调查可以看出，手机技术“方便性”的重要性还是受到广泛认可的。此外，研究也证明了感知易用性对感知有用性具有积极的显著影响，表明移动互联网技术在评论的使用中越方便，人们就会觉得它越有用。

将互联网技术和移动技术应用于电子商务领域，为移动消费者提供基于地理位置的服务在中国才刚刚起步，团购网站应用基于Foursquare的签到技术还处于尝试阶段，这种应用发展还不成熟，也尚未形成具有本土化的商业模式。本研究旨在讨论在这种移动互联网环境下影响消费者评论意愿的关键因素，并结合这一环境提出增强移动用户评论意愿的对策。作为一项实证研究，本研究存在一些不足之处，这些不足之处也为将来的研究提供了方向：

(1)由于篇幅所限，本研究没有研究信任因素对消费者评论的影响，而信任在移动互联网环境中也具有重要的影响作用。

(2)本研究没有细化移动互联网技术在易用性方面对消费者评论的影响，包括其具有的移动性、兼容性(compatibility)、可获得性、便利性等，未来可以进一步比较其与计算机互联网技术的不同来研究移动互联网技术中的哪些特征对意愿的影响最为关键，以及利用计算机终端与移动终端发表评论的关联性。

(3)本研究没有考虑关于评论的文本挖掘和质量控制问题，这一点可以在未来研究中进一步深化。

附录：消费者发表网络评论意愿的影响因素问卷

本问卷仅用于学术研究，不会用于任何商业目的。在线评论是指购物网民发表有关购物体验的正面或负面的信息，为其他消费者选择产品提供参考。大众点评网是专门汇集网民评论信息的第三方点评网站，2010 年 7 月推出签到栏目(http：//q. dianping. com/)，通过在iphone等智能手机上安装客户端软件就可以使用手机随时随地的对所在商家及其产品或服务提供评论。本调查旨在了解用户使用手机发表评论的意愿。

感谢您的大力支持！

第一部分　基本情况调查

1. 您的性别

□男　□女

2. 您的年龄

□18—30岁　□31—40岁　□41—50岁　□51—60岁

□60岁以上

3. 您在网络上购物有几年了？

□1年　□2年　□3年　□4年　□5年及以上

4. 您使用手机上网有几年了？

□1年以下　□1—2年　□2—3年　□3—5年

□5年及以上

5. 您在网购之前是否会查看有关该产品或服务评论的信息？

□总是　□经常　□很少　□从不

6. 您在网购之后是否会发表有关该产品或服务的评论？

□总是　□经常　□很少　□从不

7. 您了解大众点评网的签到栏目吗？

□了解，并进行过签到评论的操作

□了解，看过签到栏目上的评论信息

□听说过类似的网站　□本次调查以前对此不了解

8. 使用移动设备发表评论与传统在线评论方式的便利性相比，您的看法？

□同传统方式一样　□比传统方式方便

□没有传统方式方便　□不清楚

9. 使用移动设备发表评论与传统在线评论方式的安全性相比，您的看法？

□同传统方式一样　□比传统方式安全

□没有传统方式安全　□不清楚

10. 使用移动设备发表评论与传统在线评论方式的效果相比，您的看法？

□同传统方式一样　□比传统方式好

□没有传统方式好　□不清楚

第二部分 对在线评论信息共享意愿的调查

请根据您的理解对以下的每个陈述句问题进行判断，并在问题后面的相应数字(1，2，3，4，5，6 或 7)处进行选择。您的回答应反映您的判断，不存在正确或错误。请不要遗漏任何一个问题，如果您感觉对某个问题难以做出完全准确的判断，请提供尽可能准确的判断。

经济回报(1＝强烈不同意 ～ 7＝强烈同意)

(1)我将获得积分以回报我在大众点评网上签到和发表评论信息。

1 2 3 4 5 6 7

(2)我将享受消费上的优惠以回报我在大众点评网上签到和发表评论信息。

1 2 3 4 5 6 7

助人为乐(1＝强烈不同意 ～ 7＝强烈同意)

(1)通过大众点评网签到和发表评论信息帮助其他消费者使我感觉很好。

1 2 3 4 5 6 7

(2)通过大众点评网签到和发表评论信息来帮助其他消费者使我很愉快。

1 2 3 4 5 6 7

(3)通过大众点评网签到和发表评论信息为其他消费者购买到正确产品提供更多机会使我感觉很好。

1 2 3 4 5 6 7

(4)通过大众点评网签到和发表评论信息帮助其他消费者做出正确的购买决策使我很快乐。

1 2 3 4 5 6 7

执行成本(1＝强烈不同意 ～ 7＝强烈同意)

(1)我几乎没时间在大众点评网签到和发表评论信息。

1 2 3 4 5 6 7

(2)在大众点评网签到和评论对我来说是耗费精力的。

1 2 3 4 5 6 7

(3)在大众点评网签到和评论对我来说需要花费很多努力。

1　2　3　4　5　6　7

感知易用性(1=强烈不同意 ～ 7=强烈同意)

(1)学习在大众点评网签到和发表评论的操作对我来说是容易的。

1　2　3　4　5　6　7

(2)熟练地在大众点评网签到和发表评论的操作对我来说是容易的。

1　2　3　4　5　6　7

(3)我感觉在大众点评网签到和发表评论是清晰且易懂的。

1　2　3　4　5　6　7

(4)我感觉在大众点评网签到和发表评论的操作是轻松的。

1　2　3　4　5　6　7

感知有用性(1=强烈不同意 ～ 7=强烈同意)

(1)在大众点评网签到和评论能够更好地与其他在线者共享评论信息。

1　2　3　4　5　6　7

(2)在大众点评网签到和评论能够使我更快地与其他在线者共享评论信息。

1　2　3　4　5　6　7

(3)在大众点评网签到和评论能够增加其他消费者选择正确商家的机会。

1　2　3　4　5　6　7

(4)在大众点评网签到和评论能够更好地帮助在线者优化购买决策。

1　2　3　4　5　6　7

(5)我感觉在大众点评网签到和评论对我很有帮助。

1　2　3　4　5　6　7

意愿(1=强烈不同意 ～ 7=强烈同意)

(1)我愿意在大众点评网上签到和分享我的评论信息。

1　2　3　4　5　6　7

(2)我想要在大众点评网上签到和分享我的评论信息。

1　2　3　4　5　6　7

(3)我希望在大众点评网上签到和分享我的评论信息。

1 2 3 4 5 6 7

感谢您抽出宝贵时间完成了问卷!

6.6 知识共享视角下的大众标注行为

Web 2.0 应用如大众标注、博客、wiki、即时通信、e-mail 等已对人类社会产生了广泛的影响。Web 2.0 鼓励用户参与,用户能够在参与中贡献或分享知识,因此被认为是有效的知识管理工具。① "知识是存储在个人头脑中的信息,它是与事实、过程、概念、解释、想法、观察和判断相关联的个性化或主观的信息"。② 存储在个人头脑中的知识不能通过单纯的复制而发生转移,因而使知识共享表现出特有的规律和行为模式。据估计,全球"财富 500 强"企业每年由于知识共享的失败而至少损失 315 亿美元。③

大众标注是 Web 2.0 下的一个重要应用,为知识共享提供了一个良好的平台。一方面,知识是有环境的,在对信息进行标注时,信息的内容提供了环境,在与这种环境交互的过程中,个人头脑中的知识会被唤醒,并通过标注而得以表达。另一方面,标注是个人头脑中的知识与外界信息的相互碰撞,在这个碰撞过程中,一部分隐性知识会得到显化,或者一部分隐性知识通过标注被其他人共享,并通过他人而显化。

从信息组织层面看,大众标注体现出一种信息资源组织方式。

---

① Yu, T. K., Lu, L. C., Liu, T. F. *Exploring factors that influence knowledge sharing behavior via weblogs*[J]. Computers in Human Behavior, 2010, 26(1): 32-41.

② Alavi, M. Leidner, D. E. *Knowledge management and knowledge management systems: conceptual foundations and research issues*[J]. MIS Quarterly, 2001, 25(1): 107-136.

③ Wang, S. Noe, R. A. *Knowledge sharing: A review and directions for future research*[J]. Human Resource Management Review, 2010, 20: 115-131.

大众标注下所形成的标注结果会对被标注对象即信息资源的检索、开发利用、配置、效用体验等产生一定的影响。从知识共享层面看，大众标注体现了主观知识与客观信息的交互和碰撞并间接反映了来自用户头脑中的知识。用户的标注行为受到各自头脑中主观知识的影响，不同的用户拥有不同的知识背景，他们在对同一信息进行标注时，通过信息与知识的碰撞，会自然而然地表达出各自的知识(包括隐性知识)，并因拥有不同的知识而产生不同的标注结果。因此，大众标注与用户头脑中的知识直接相关，标注结果是用户在知识表达和共享行为之后留下的痕迹，并能够通过积累而创造价值。在本研究中，我们选取三个大众标注系统，针对大众标注下所形成的标注结果本身，即知识共享行为之后留下的痕迹——标签(tag)，分别从标签频次分布、标签类型、标签特征等方面进行分析，寻找统计学意义上的规律，以反映用户的标注行为，促进高效的知识共享实践。

6.6.1　大众标注和标签

在 Web2.0 环境下，人们已经可以根据自己的认知与理解使用“标签”对感兴趣的网络信息资源进行“自下而上”的无拘束标注，进而实现对于各类信息资源的众人共同索引与组织，这种信息资源组织机制被称为大众标注。① 允许用户对于网络信息资源进行公开标注并相互共享的大众标注行为开始于本世纪初。书籍共享网站 Del. icio. us 于 2002 年上线，为了实现书签的网络化管理，该网站引入了“社会书签(social bookmaking)”。社会书签的出现可被认为是大众标注的雏形。随着大众标注系统的迅速发展，大众标注的对象突破了“书签”的范畴，延伸到各类网络信息资源，包括图片、音频、视频、博客、URL 等。此外，“以人为本”的特点使得大众标注系统重视用户行为，并提供组建同好群落，建立网络社区与构建关系网络等服务，显示出大众标注的社会性。与大众标注行为和

① Golder, S. A., Huberman, B. A. *Usage patterns of collaborative tagging systems*[J]. Journal of Information Science, 2006, 32(2): 198-208.

大众标注系统的出现相比，大众标注概念的形成却相对较晚，并且至今存在争议。大众标注的概念最早是由美国学者 Thomas Vander Wal 于 2004 年底提出，认为大众标注是“用户在共享与公开的社会环境下，对于个人检索的信息与目标进行自由标注的产物”，是“自下而上的分类法”，并使用了“folksonomy”这一新名词。① 多数学者认为该词是由“folk+taxonomy”合成而来，folksonomy 的概念一经出现，就受到了国内外学者的广泛关注。但是，由于大众标注的理念尚处于发展时期，国内外学者对于大众标注概念的理解至今仍不尽相同，例如：国外学者曾将大众标注称之为 social tagging、collaborative tagging、free tagging 等，而国内学者在研究论文中则使用过分众分类法、自由标注、社会标注、社会化标注等概念称谓。② 从研究趋势来看，folksonomy 一词由于较好地概括了大众标注的特征，正逐渐为多数学者所接受。

国外学者认为，标签是一种以自然语言形式出现的关键词元数据。Noruzi A 认为概念、类别、分面与实体都可以成为构成标签的要素。③ 由于标签面向用户公开，使用自然语言使得用户间的资源挖掘与发现不存在任何沟通障碍，所以用户可以通过标签找出与自己同好、拥有相似资源的其他用户，从而组成同好群落，形成社会网络，从而实现大众标注的社区聚合功能。④

6.6.2 相关研究综述

大众标注因其社会功能而被认为是一种社会系统，大众标注理论研究、大众标注系统研究、大众标注行为研究以及大众标注机制研究等课题逐渐成为学界的研究热点。同时，在一个完整的大众标注系统中，标签是连接信息资源、信息创建者和用户，形成关系网

---

① http：//www. vanderwal. net/essays/051130/folksonomy. pdf.

② 程慧荣，黄国彬，孙坦．国外基于大众标注系统的标签研究[J]．图书情报工作，2009，53(2)：121-133.

③ 黄国彬．大众标注研究进展[J]．图书情报工作，2008，52(1)：13-55.

④ http：//www. danah. org/papers/Hypertext2006. pdf，2010-03-10.

络的关键节点。用户通过标签对自创或他人创建的信息资源进行标注、分类与索引，通过使用标签去揭示与挖掘内容。由于标签是有效实现大众标注系统功能的核心要素与手段，因此标签研究始终是大众标注研究的重点。

自大众标注概念于 2004 年底提出以来，虽然相关的理念与应用尚处于发展阶段，但是学界围绕大众标注的研究已经取得了阶段性的成果。通过查阅 SSCI 收录的 18 种图书馆学、情报学领域的主要期刊自 2004 年以来的所有载文信息，以及将 folksonomy、social tagging、collaborative tagging、free tagging 等分别作为检索词输入 google scholar 数据库、yahoo 搜索引擎来检索网络文献资源，获取了国外与大众标注相关的研究成果。通过人工去重，初步统计出国外基于大众标注的研究论文已不下 100 篇。在中国知网(CNKI)、万方数据库、维普数据库中，以大众标注、自由标注、社会标注以及社会化标注等为查询词进行检索，通过去重与剔除非相关文献共获得研究文献 23 篇。

总的来看，国外学者对于大众标注的研究主要集中在以下几个方面：第一，大众标注的理论研究。Thomas Vander Wal 围绕大众标注的概念、类型与机制所做的一系列研究，提出了“广义大众标注”与“狭义大众标注”两种大众标注的类型。① 第二，大众标注系统研究。此类研究主要围绕大众标注系统的结构、功能以及营运模式，如 Scott A. Golder 与 Bernardo A. Huberman 通过对 Del. icio. us 用户行为与标签的定量分析，对大众标注系统的工作原理进行了探讨。② 第三，大众标注的用户行为研究。主要从标注动机、用户认知以及社会认同三个角度加以研究。例如 Philip J. Binkowski 通过网络调研对 139 名在校大学的标注行为进行了分析，研究了社会认同原则在标注策略与用户满意度两个方面对于用户行为的影响。③ 第四，大众标注的标签研究。包括对标签的理论研究、标签可视化研

① http：//www. vanderwal. net/essays/051130/folksonomy. pdf，2010-03-10.

② http：//arxiv. org/abs/cs. DL/0508082，2010-03-10.

③ http：//etd. ils. unc. edu：　8080/dspace/bitstream/1901/358/1/philipbinkowski. pdf，2010-03-10.

究以及标签推荐机制研究等。例如 Andreas Hotho 在 PageRank 算法的基础上，提出标签排序算法的概念，用于改进大众标注系统的标签推荐机制。①

在国内研究方面，由于大众标注理念引入我国的时间不长，对于大众标注的相关研究成果仍显薄弱。从研究文献上来看，国内学者对于大众标注的研究以规范性研究为主，实证研究成果还相对较少，对于大众标注研究的深度与广度尚有很大的拓展空间。

6.6.3 研究方法与数据搜集

本研究拟对不同类型的大众标注系统中标签的频次分布、类型、词性等特征进行统计，结合知识共享和学界对于大众标注的相关理论与概念，对用户的标注行为进行实证化与定量化研究。

在数据搜集方面，由于标签数据的规模与分布易受到大众标注系统规模、类型以及标注推荐机制等因素的影响，只选取某一类型的大众标注系统的标签数据可能缺乏统计上的显著性和一般性。②同时考虑到数据获取条件的限制，在本研究中，我们选取了来自 librarything、stuffopolis 以及 unalog 三个大众标注网站的标签数据作为研究对象，其基本概况与标注机制见表 6-15。

表 6-15　网站基本概况与标注机制

比较项目	librarything	stuffopolis	unalog
网站类型	个人图书馆	物品推荐与共享	网页
创建时间	2005 年 8 月	2004 年 9 月	2003 年 11 月
标注对象	图书、作者、评论	图书、音频、视频	网页

① http://www.kde.cs.unikassel.de/stumme /papers/2006 /hotho2006 folkrank.pdf，2010-03-10.

② 查先进，杨凤．基于对比分析法的专利情报分析实证研究[J]．图书馆论坛，2008，28(6)：193-197.

续表

比较项目	librarything	stuffopolis	unalog
标签呈现方式	标签云、标签频次排序表、高频标签推荐、标签分类表、时序排序表	标签云、标签频次排序表、高频标签推荐	标签云、标签频次排序表
多个标签	允许，不限	允许，至多3个	不允许
多字标签	允许	允许	允许
社会网络功能	注册用户、相关标签、同好小组、网络社区	注册用户、相关标签、相邻用户推荐	网络社区

由于librarything、stuffopolis与unalog网站以标签频次排序表的形式推荐标签，因此可以直接获取完备的标签历史统计数据。考虑到数据分析的易处理性，本研究在剔除使用频次少于10次的标签后，作为数据样本，librarything网站获取了2067个标签，stuffopolis网站获取了166个标签，unalog网站获取了936个标签，数据搜集时间为2010年7月26日13时25分至16时17分。

6.6.4　数据分析

(1)标签频次分布

将采集自librarything、stuffopolis与unalog的标签数据分别输入Excel后，得出三个网站的标签频次-等级排序图，见图6-15。

从表6-15中可以看出，这三个大众标注系统分别属于个人图书馆、物品推荐与共享、网页。这三个系统网站标注的对象不一样，它们的用户群体不一样。在标注时，用户会根据自己所拥有的知识来理解被标注的对象，并根据自己的主观意愿进行标注。大众标注系统提供了一个自由标注的环境，用户可以自由地选择标签进行标注，并在标注中不自觉地展现和共享自己的知识。在本研究中，我们不关注个别用户喜欢用什么词标注什么内容，而试图对大

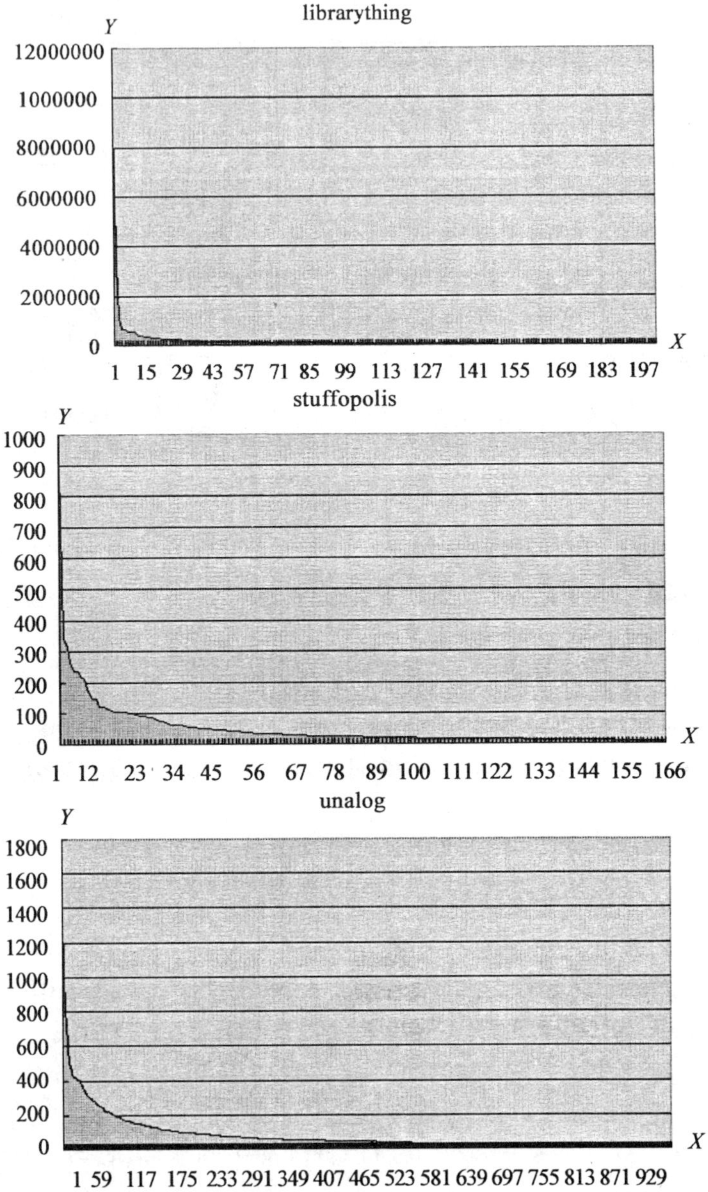

图 6-15　标签频次—等级排序图

注:X 轴:标签序次,Y 轴:标签频次。由于 librarything 样本高序次标签频次远高于低序次标签,在图中无法显示数据起伏,此处仅选取序次排位前 200 位的标签数据。

量用户标注行为后留下的标签进行统计分析。根据图 6-15，可以初步判断来自三个大众标注系统的标签频次分布基本类似，即尽管三个大众标注系统的用户会用到不同的高频次或低频次标签，但在标签频次等级排序上却表现出同样的规律。

大众标注中，用户对于标签的选择还会受到从众心理、其他用户标注行为与社会共识的影响，往往使用“热度”最高的词去标注目标，也就是俗语中的“人云亦云”。因此常用且传播功能强的大众化词语始终比冷僻词与专业术语更容易被用户选择用以标注并推荐给其他用户，逐渐形成标签的离散分布：高频词标签在大众标注系统中的流行度越来越高并成为核心标签；低频词标签由于连接的资源与用户日渐稀少而被边缘化。在一定程度上，标签的频次—等级排序也是“马太效应”的体现。

对于标签的分布研究，日本学者 Fukami 等人对日本大众标注网站 Buzzurl 的用户标注行为和高频标签分布进行了实证研究，①发现频率最高的 1.1% 的标签占了所有标签总频次的 50%。本研究根据 Fukami 等人的研究结论，对获取自 librarything 的标签样本选取了 23 个最高频次标签，分别为（括号内显示频次）：fiction（3307154）、fantasy（1101197）、history（946137）、non-fiction（676769）、mystery（639418）、science fiction（576608）、read（547907）、nonfiction（515343）、biography（424240）、poetry（406194）、novel（363537）、reference（340696）、romance（329671）、unread（329389）、literature（302152）、philosophy（294339）、art（279718）、religion（267841）、science（258329）、humor（254764）、short stories（251665）、own（250601）、historical fiction（241861）；stuffopolis 样本中选取 2 个最高频次标签，为：all（1071）与 color（909）；unalog 样本中选取 10 个最高频次标签，为：ww2（1544）、wwii（1238）、blog（1156）、import（1013）、web（821）、python（815）、software（726）、internet（672）、music（666）、search（564）。对最高频次标签样本数据进行统计计算得出以下结果，见表 6-16。

① http://www-kasm.nii.ac.jp/papers/takeda/07/fukami07sid.pdf，2010-03-10.

表 6-16　　　　最高频次标签统计分析表

比较项目 / 网站	标签样本总数	最高频次标签样本数	标签样本总频次(t)	选取样本总频次(n)	百分比(n/t)
librarything	2067	23	30546937	21589676	70.7%
stuffopolis	166	2	8352	1980	23.7%
unalog	936	10	74642	9215	12.3%

虽然表 6-16 与 Fukami 等有关标签分布比率的研究结论不相吻合，但从统计数据上可以发现，占样本总数仅 1.1% 的最高频次标签的使用频次均超过了样本总频次的 10%，尤其是 librarything 的最高频次标签使用频次占到样本总频次的 70.7%，说明最高频次标签较之低频次标签对于大众标注的标签使用总频次的贡献为大，因此大众标注中标签频次分布规律遵循经济学原理中的“二八定律”。

(2)标签类型分析

由于大众标注系统的用户使用自然语言对各类信息资源进行标引与分类，因此对于标签的研究可以依据自然语言的构词规则对标签进行分类统计。基于上述认识，按复合词标签(如：architectureispolitics)、多字标签(又称长标签，如：international relation)、缩略语标签(如：IT 表示信息技术)，以及符号标签(如：$ 表示美元、:)表示笑脸)这四种标签类型对获取的标签样本进行统计分类，可得出表 6-17。

表 6-17　　　　标签类型统计表

比较项目 / 网站	标签样本总数	标签类型			
		复合词标签	多字标签	缩略语标签	符号标签
librarything	2067	17	479	69	37
stuffopolis	166	8	12	21	7
unalog	936	44	11	84	9

依据表6-17，librarything、stuffopolis 和 unalog 用户使用复合词标签与多字标签合计占到标签样本总数的23.9%、12%、5.9%，说明由于绝大多数用户不是信息组织和检索专家，没有接受过人工语言或"机读语言"的培训，所以在使用自然语言对信息资源进行标注时，倾向于使用对于目标资源阐释功能更强的复合词标签和多字标签。复合词标签和多字标签的较多使用也显示出大众标注系统的用户友好性，大众标注系统为用户自由地表达和共享与自己的解释、想法、观察和判断等相关联的知识提供了一个良好的平台。

同时，Thomas Vander Wal 曾指出，多字标签的实质是将存在明显语义界限的两个单元词合二为一而构成一个新的"标签集(tag set)"，而新的标签集即多字标签往往与它的构成词在语义上大相径庭，从而形成"概念障碍(conceptual barrier)"，不利于潜在标签使用者理解。长期以来大众标注系统的用户习惯于使用单一术语(individual term)标签来检索与组织信息，并通过单一术语标签来搜寻相邻用户以组成同好群落。从某种程度上来说，大众标注系统内的关系网络聚类功能是通过使用单一术语标签来实现。① 因此 Thomas Vander Wal 认为采用多字标签标注技术会增加大众标注系统的复杂性，会模糊同好兴趣群组的个性化区分，他指出大众标准系统要谨慎考虑多字标签标引技术的引入。但从表6-17来看，librarything、stuffopolis 与 unalog 均引入了多字标签标引技术，这与 Thomas Vander Wal 的观点相左；而根据复合词标签与多字标签在标签样本总数中所占比率来看，三个大众标注的用户更倾向使用单一术语进行标注。因此表6-17部分验证了 Thomas Vander Wal 的观点。

缩略语是为方便使用，由较长词语省略缩写而来的词语。而符号是指来源于传授双方约定俗成，具有某种代表意义的标识，符号形式简单但显示意义丰富。根据表6-17，librarything、stuffopolis 和 unalog 用户使用缩略语标签与符号标签分别占到标签样本总数的

① http://www.vanderwal.net/random/entrysel.php? blog = 1985，2010-03-10.

5.1%、16.8%、9%，可以得出除 librarything 外，stuffopolis 与 unalog 的用户使用缩略语标签与符号标签的概率要大于使用复合词标签与多字标签的概率。马费成认为用户在组织、获取和利用信息时，总是遵循“最小努力原则”，在争取成本最小化的同时，努力实现组织、获取和利用信息的效益最大化。① 大众标注用户使用缩略语标签与符号标签本身，反映出“最小努力原则”的情报学基本理论在大众标注行为中的体现，表明用户愿意用最小的努力来表达自己的知识。

通过对 librarything 用户使用复合词标签、多字标签、缩略语标签以及符号标签情况的比较分析，本研究发现由于 librarything 的类型是个人图书馆管理网站，网上个性化联机编目是该网站的主要功能之一。librarything 的用户通过使用标签对书籍、著者、角色以及书评进行标注时，其标注行为会受到与书籍编目相关的社会共识的影响，比如对《The Da Vinci Code》(《达芬奇密码》)一书进行标注时，绝大多数标注者都认同使用 20th century literature(20 世纪当代文学)这一多字标签。加之书籍编目必然涉及如 children's literature (儿童文学)、short story collection(短文集)以及 science Fiction(科幻小说)等诸多专业术语，这些术语难以通过使用缩略语标签与符号标签来阐释与替代，因此造成 librarything 用户较多使用复合词标签与多字标签。

(3)标签特征分析

加拿大学者 Margaret E. I. Kipp 认为大众标注系统中用户使用的标签主要分为两类，一类是情感性标签；一类是与时间和任务相关的标签。② 其中情感性标签在词性上一般为形容词，而与时间和任务相关的标签应选择名词或名词短语作为关键词。而 Noruiz A 认

① 马费成. 论情报学的基本原理及理论体系构建[J]. 情报学报，2007，26(1)：3-13.

② http：//eprints. rclis. org/archive/00010445/01/mkipp-iasummit2007. pdf，2010-03-10.

为①：大众标注中的标签存在歧义词多(如 resign 与 resignation)、同义词多(如 lift 与 elevator)以及单复数混用(video 与 videos)的现象。根据上述理论，依据标签特征对从 librarything、stuffopolis 与 unalog 获取的标签样本进行统计，得出表 6-18。

表 6-18　　　　**标签样本的特征分析**

特征 / 网站	标签区分				
	情感性标签	时间相关标签	歧义词	同义词	单复数混用
librarything	25	45	8	239	166
stuffopolis	5	4	6	7	10
unalog	18	26	12	82	112

注：由于无法判断用户特定的标注行为，因此与任务相关标签在此不作统计。

根据表 6-18，librarything、stuffopolis 及 unalog 用户情感性标签仅占标签样本总数的 1.2%、3% 与 1.9%，验证了 Kipp 认为情感性标签并不适合作为搜索词用于检索，而只是表达用户对于所标注信息的情感反应。但通过进一步分析后发现，所搜集的情感性标签样本中，一些标签在词性上显示为形容词，被用户活用为名词并作为与任务相关标签用于标注。例如在 librarything 标签样本中，用户 wirkman 将“classic”作为名词标注现代经济学著作，而大多数用户将“classic”作为情感性标签用于标注古典文学作品。因此，Kipp 对于大众标注的标签划分在界限上并不清晰。在时间相关标签方面，从 librarything 获取的 45 个与时间相关标签中有 32 个标签直接使用数词如“911”来表示时间概念，stuffopolis 样本中有 2 个标签为数词，unalog 样本中有 17 个标签为数词，因此在标注实践中，用户更倾向于使用数词而非名词或名词短语来表示时间概念，这充分体

① Noruiz, A. *Folksonomies: (Un) controlled vocabulary?* [J] Knowledge Organization, 2007, 4(2): 199-203.

现了大众标注的自然语言特征。因此，从统计结果上来看，Kipp对于标签特征研究的相关观点没有得到验证。

在标签样本中歧义词、同义词以及单复数混用词统计方面，这三种类型标签数目合计占到样本总数的 19.8%、13.8% 和 22%。Riina Vuorikari 认为歧义词、同义词以及单复数混用词在大众标注中的大量出现的原因在于大众标注系统缺乏让用户理解标签之间存在层次关系的参考机制，使得没有信息管理与分类知识的用户随意使用无标准、非受控词汇进行自然语言标注。歧义词、同义词以及单复数混用词标签的使用，加之用户恶意的“异质标注”行为产生的“元噪音”会削弱标签对信息资源的指向作用，导致标签标注质量的下降。歧义词、同义词以及单复数混用词标签是影响大众标注在信息组织中查全率与查准率的重要因素。① 因此通过表 6-18 的统计，可以佐证 Guy M.、Sarah Hayman 以及 Lothian 等认为标注自由度过高是造成大众标注系统在信息组织与检索功能不足主要原因的判断。② 同时，大众标注体现了主观知识与客观信息的交互并反映了来自用户头脑中的知识，非受控词汇下的自然语言标注促进了知识得以自由地表达。问题在于如何在自由和受控之间寻找一个均衡点，从而不仅推动被标注的信息得到有效的组织，更重要的是，推动知识得到有效的共享。

6.6.5 分析和讨论

大众标注为知识共享提供了一个良好的平台。在本研究中，我们尝试从知识共享的视角，通过对大众标注的标签频次分布、标签类型、标签特征等方面的统计分析，揭示大众标注用户的标注行为规律，为知识共享实践提供一定的参考。

标注行为与用户头脑中的知识直接相关，与知识表达和共享相互映射，是一个非常复杂的过程。知识标注被认为是大众标注的扩

---

① http://insight.eun.org，2010-03-10.

② 程慧荣，黄国彬，孙坦．国外基于大众标注系统的标签研究[J]．图书情报工作，2009，53(2)：121-133.

展，除了对信息进行关键词分类外，还增加了对信息进行描述、注释、添加元数据，用户自定义标注字段等功能，充分体现了标注过程中客观信息与主观知识的交互和碰撞，使得标注内容有效地反映来自用户头脑中的环境、判断、情感等知识。知识共享受到知识共享意愿的影响，但更多情况下，即便是具有知识共享意愿，也不知如何实施有效的知识尤其是隐性知识共享行为。我们相信，大众标注和知识标注将在理论和实践上得到更多更好的发展，有力地促进知识尤其是隐性知识如经验、技能、洞察力等在不知不觉中得以共享，在知识管理和知识共享战略中担当重要角色。

第 7 章

数字信息资源配置与开发利用策略

7.1 网络信息资源配置

网络信息资源是数字信息资源的子集，是数字信息资源中借助“计算机网络”存取的那部分能够满足人们信息需求的有价值的信息总和，范围不仅包括了互联网上的信息资源，也包括各种局域网和广域网上的信息资源。随着互联网的迅猛发展，网络成为数字信息资源存储、传输和被开发利用的主要环境，网站和网页是网络信息资源的主要表现形式。据国际电信联盟在网上公布的最新统计数据，截至 2010 年 12 月全球互联网用户总数已经达到 20.8 亿①，在互联网上发布、查询和存储利用的各类信息资源也呈几何级数增长。如何在现有的技术条件下，实现网络信息资源利用的帕累托最优，从而最大限度地满足社会需求是网络信息资源配置所要解决的基本问题。

① http：//www.199it.com/archives/201101277090.html，2011-12-15.

7.1.1　影响网络信息资源配置的因素

影响网络信息资源有效配置的因素有很多，主要包括用户需求因素、经济因素、管理制度因素和信息技术因素。

(1)用户需求因素

网络信息资源是应社会需求产生的，其配置是否有效也是以社会需求的满足程度为首要衡量标准的。网络环境下，信息资源的存储是海量的，只有那些能够满足社会需求的有价值和有用的信息才能称为是信息资源。从另一方面说，也正是受到社会需求因素的驱动，网络信息资源主要汇聚在社会高需求区域，与此相对的是对网络信息资源的需求量较小的区域。社会对网络信息资源需求的主体是网络用户，他们是网络信息资源效用的最直接的体验者。网络用户对信息资源的认知程度、个人偏好等因素都影响到对网络信息资源的需求。一般来讲，网络用户受教育程度越高，对网络信息内容的理解、消化、选择、接受及利用的能力也就越强，越能在已有信息资源的基础上，创造更大的价值；反之，网络用户受教育程度较低，越难发挥网络信息的全部甚至是大部分效用。同时，在既定的技术和资源条件下，信息资源配置是否达到最优，与信息用户的偏好倾向密切相关，如网络用户偏好于与其职业相关的对口信息资源，对这部分信息资源有需求渴望并有实现其效用的能力，因此实现效用的可能性也越大。此外，信息用户总是偏好于最易获得、最想获得的信息资源。为了提高信息资源配置效率，使信息资源更好地满足信息用户需求，就必须了解信息用户的偏好倾向，使信息用户真正实现"各取所需"。

(2)经济因素

经济因素主要是指通过市场竞争、价格、风险机制的充分运作有效地调节网络信息资源在生产、传输、分配和共享过程中的经济利益和经济关系，以市场构建网络信息资源配置效率的大厦，将市场视为推动网络信息资源有效配置的基本动力。西方经济学称市场手段是调节一切市场的十分有用的复杂精巧的联络系统，信息市场诞生以来的实践也充分证明，市场手段在解决信息资源配置方面确实起到了重要的作用。网络信息资源配置把市场竞争放在第一位，国家在原则上不限制网络信息资源的生产，市场准入问题由市场自己解决。这样可以促进优胜劣汰，合理有效地配置资源，使生产要素实现最佳组合。国家开发网络信息资源项目可通过招投标的方式，将项目委托给信息企业完成，打破垄断性的、单一的模式，以防因垄断性的行为模式而带来网络信息资源的低效率配置。引入市场竞争机制和价格体系，能最大限度地激活网络信息资源生产者的潜力，促进网络信息资源的优化配置。① 当然，也要看到市场机制在网络信息资源配置中的失灵现象，通过建立、健全网络信息资源价格体系可以最大限度地避免市场失灵现象。

(3)管理制度因素

管理制度就是某个社会组织为了有效地实现其特定的管理目标和任务，依据一定的规范或标准建立起来的一整套制度。网络信息资源配置可以分为政府行为、组织行为和个人行为三个方面，其中，政府层面的网络信息资源配置属于宏观配置，组织和个人层面属于微观配置。② 这里讨论的管理体制影响因素主要是政府运用现代化管理方法研究网络信息资源在经济活动中被利用的规律，对网络信息资源配置过程中的种种矛盾进行统筹规划和组织协调，以达到经济效益最大化。政府在网络信息资源配置中的作用突出表现为以下两个方面③：其一，充分发挥市场机制及其调节功能，包括综合运用政策、税收、法律等手段营造一个健康、有序的市场环境和公正的社会环境，以保护各经济主体的合法权益，营造出良好的信息配置的外部环境，防止发生侵害行为；其二，在网络信道建设、网络信息生产、通用标识资源管理和网络信息服务领域，代表国家履行出资人职责，起到倡导和引领作用，充分发挥和调动各方力量

---

① 吴勇．网络信息资源配置体系探析[J]．厦门理工学院学报，2008(2)：74-77.

② 霍国庆．我国信息资源配置的模式分析(一)[J]．图书情报工作，2000(5)：32-37.

③ 段宇锋，刘伟．网络信息资源配置主体刍议[J]．图书情报知识，2007(6)：35-39.

参与网络信息资源的生产、传输、分配、共享环节中，在保证国有企业成为重要的市场参与者的同时，让企业自主经营，与其他性质的市场参与者公平竞争，最大限度发挥网络信息资源生产者的潜力。因此，概括地说，政府在网络信息配置中的作用主要是统筹规划、组织协调，确保配置活动有序展开。网络信息资源尽管是面向全球的，但不论是生产、传输还是分配、共享，都离不开政府的宏观管理和积极引导。因此，一国政府在网络信息资源配置中采用的管理方式和制度将对信息资源的配置效率起到重要的影响。如美国政府最早发起"信息高速公路(National Information Infrastructure, NII)"计划，是构建国家信息基础设施建设的最积极倡导者，这一作用和影响使美国信息资源的组织管理水平居于世界领先地位，其网络信息资源配置水平亦堪称各国楷模。

(4)信息技术因素

网络系统技术支撑着网络信息资源的配置。网络系统技术具有强大的功能，可以同时调动数百万台计算机完成某一个计算任务，能够汇集数千科学家共同完成一项科学实验，还可以让分布于世界各地的人们在虚拟环境中实现即时通讯。网络系统技术包括网络结点技术、宽带网络系统、资源管理和任务调度技术、应用层可视化技术、网络信息存取和组织技术、防火墙技术、密钥技术、病毒清除技术等等。网络系统技术越先进，信息资源集成的效率越高，促使分布在世界各地的应用程序和信息资源通过网络系统平台、信息交换构架以及中间件进行无缝融合和连接，有利于打破时间、空间以及其他一切信息传输的物理障碍，进而起到优化网络信息资源配置的作用。信息技术可以增强网络信息资源配置的自主权，在一定程度上保障国家在信息资源配置过程中的信息安全，另一方面可以加大国家对信息资源的占有范围及信息辐射的空间范围。① 显然，信息技术特别是网络系统技术的飞速发展和合理利用必然促进网络信息资源向更合理的方向配置，将不断提高网络信息资源的利用

① 周丽霞．网络信息资源配置的技术影响研究[J]．图书馆学研究，2006(11)：44-46.

效率。

7.1.2 网络信息资源配置的基本原则

网络信息资源有效配置是一项复杂的系统工程，涉及许多相互联系、相互影响且不断变化的因素。因此有必要在配置前确定基本指导原则，以促进网络信息资源配置实践的有效开展。

(1)社会经济福利最大化原则

资源有效配置强调的是整个社会经济福利最大化，以“帕累托最优(Pareto optimum)”为评价标准：如果既定的资源配置状态的任意改变使得社会中至少有一个人的状态变好，同时又没有其他人的状态变坏，则认为这种资源配置状态的变化是“好”的；否则就是“坏”的。用福利经济学的观点来解释，“帕累托最优”实际上就是指社会福利达到最大。① 在网络环境下，信息资源从生产、存储、交换、分配直至共享的全过程是一个十分复杂的系统工程，其中牵涉到在众多经济利益主体之间以及网络系统和系统环境之间的经济利益分配关系。我们对网络信息资源进行配置时，不能仅从某一方面或某一个体入手，而必须从全局出发，综合考虑网络系统中各经济主体间相互独立而又相互联系的复杂关系，以社会经济福利最大化为原则，将信息资源的生产、传输、消费等过程有效结合，实现“最优生产，最优消费”。②

(2)需求导向原则

网络信息资源配置的最终目的就是最大限度地满足网络用户的信息需求，只有用户的需求得到尽可能的满足，才能达到社会福利最大化。用户对网络信息资源的需求是信息资源配置开展的前提，没有网络信息资源需求，信息资源有效配置就失去了存在的基础。在网络环境下，用户数量庞大，由于个体的差异，如接受教育的程度、知识涵养、信息意识、创新思想、信息吸收能力、职业状况等

---

① 查先进等．信息资源配置与共享[M]．武汉：武汉大学出版社，2008.

② 孙建军，戴咏梅．高速信息网络的信息资源配置[J]．情报杂志，2000(5)：40-43.

的影响，用户的需求多种多样。用户需求的每一变化都会影响到各种资源配置的效率。在网络环境下，对信息资源可以采用集成配置的方式，即按照分布式原则实行逻辑上集中，物理上分散和网络上集约的一种调配方式，在各要素之间形成强大的协同作用，最大限度地满足用户的信息需求。①

(3)公平原则

公平是衡量社会效益的一个最重要的尺度，它意味着经济福利在地区、组织、部门、个人之间达到均衡分配的状态。网络信息资源在时间、空间、数量矢量上具有差异性，正是由于这种差异性的存在，在配置信息资源时就需要考虑到社会福利均衡的问题。网络信息资源配置的“公平”表明，既要满足各利益主体公平利用网络信息资源的机会和平等发展的机会，也意味着网络资源在分配上要实现公平，没有分配上的公平就不能实现机会均等。这里所说的均衡分配不能等同于平均分配的含义，均衡分配是要客观、公正地对待每一个利益主体和网络用户，合理配置资源，以社会福利最大化和需求导向为原则，真正满足每一位信息用户的需求，实现社会经济福利最大化。

(4)市场手段和政府手段互补原则

市场经济强调以市场作为资源配置最主要的手段，通过市场配置资源，在价格的自发调节下，企业追求利润的最大化，信息生产要素在不同产业之间以及产业内部不同生产者之间进行配置；消费者追求效用最大化，信息商品资源在全社会进行配置。信息市场发展的实践也证明了市场手段能够通过供求、价格、竞争机制的运作来自发调节信息资源的优化配置。从网络信息资源配置的特性来说，它完全不同于传统物质、能源资源配置，更强调竞争性合作，把市场竞争放在首位。但必须看到，市场的调节作用不是万能的，在实际的经济活动中，市场机制常常无法有效地自动配置资源，从而使得放任的自由市场均衡偏离帕累托最优，也就是出现“市场失

① 程娟. 以用户信息需求为导向的网络信息资源配置研究[J]. 图书馆工作与研究，2008(5)：29-32.

灵”。当市场配置失灵时，需要政府发挥宏观调控的作用。政府配置手段是指政府利用政策、法律、税收工具，或通过直接投资和财政补贴来调整信息产出。政府手段是有效配置信息资源的另一种很重要的手段。政府部门需要代表国家履行经济管理的职责，建立沟通与磋商机制，协调解决网络信息资源建设过程中的种种问题，利用经济和政策杠杆，并通过制定完善的信息法规和信息政策保证网络信息资源有效配置的外部环境，从整体上促进国家信息产业的快速发展，从而创造出更大的经济和社会效益。① 因此，在网络信息资源配置中，以市场配置为主，政府干预为辅，市场与政府手段互补。

7.1.3　网络信息资源配置的内容

在网络环境下，信息分布具有时间、空间和数量特性，同时，就信息自身而言还具有类型特征。因此，网络信息资源有效配置的内容包括时间矢量、空间矢量、品种类型和数量矢量的配置。

(1)网络信息资源的时间矢量配置

时间作为事物运动、变化的持续性的表现，是由过去、现在和将来构成的连绵不断的系统。网络信息资源在时间矢量上的配置是指信息资源在时间坐标轴上的配置，其合理程度主要由被配置的信息的时效性所决定。在网络环境下，信息的更新加速，新的信息不断产生，取代旧的信息，整个网络信息资源持续增长。通过研究网络信息主要表现形式的网站网页，表明 97% 的网站 6 个月内会发生变化，观察时间为 1 年，比例上升为 99%；有 98.3% 的网页 6 个月内会发生变化，观察时间为 1 年，比例上升为 99.1%；68% 的网页 1 年内将从网上移除；12.2% 的网站和 20.5% 的网页 6 个月后不能再被访问到，1 年后分别上升到 17.7% 和 31.8%。② 正是网络

---

① 梁平，陈红勤．网络信息资源配置的意义与原则[J]．现代情报，2008(10)：70-72.

② 马费成，夏永红．网络信息的生命周期实证研究[J]．情报理论与实践，2009(6)：1-7.

信息资源具有的老化现象和实效性决定了其在时间矢量上配置的经济意义。但也需要看到，不同的网络信息，其时效性大小和变化情况是不一样的，存在着极大差别，信息过时表现出波动性和无规律性。如网上新闻、团购信息等，几乎是每日更新，特别是“秒杀”类购物信息，其实效性以及能够产生的效用价值只表现在某个时间点上；而一些政府网站发布的管理规定、方针政策等时效性较弱。对于老化速度快，过时规律明显的网络信息而言，我们可以根据经验对这些信息进行大致的分类，实现其在时间矢量上有效配置的目标；而对于过时规律不显著或者无过时规律的信息，以其时效性为依据进行配置就较难实施，这需要我们具备更高的配置理论和实际配置的经验。

(2)网络信息资源的空间矢量配置

网络信息资源的空间矢量配置主要是指在不同的国家、不同地区以及不同的行业部门间分配域名地址等互联网支撑性基础资源。在网络环境下，信息资源存储在若干个独立且分散的网络中。以因特网为例，在全球大约连接了 35000 个网络①，路由信息非常庞大，而路由器处理的路由信息量是有限的，路由器选址时不得不忽略一些地址空间较小的路由信息以防止出现内存溢出、崩溃等现象。这就使网络无法到达那些被放弃的地址空间，再加上全球因特网用户持续、快速增长，使得域名地址资源就显得相对稀缺。据全球互联网基础设施提供商威瑞信发布的报告显示，截至 2009 年底，所有全球顶级域名的注册总数超过 1.92 亿，较 2008 年底提高近 1500 万；2009 年第四季度，由威瑞信处理的域名系统查询量为每天 520 亿次，且最高峰达到每天 610 亿次。② 网络上的域名地址映射到物理现实中就对应着不同的国家、地区以及行业部门的计算机或计算机组。以我国为例，互联网域名主要分布在北京、广东、江浙等经济发达省份，而青海、宁夏、西藏等省区占有量则相对较

---

① http：//www1.cnnic.cn/resource/daily/199710/2.shtml，2011-09-04.

② http：//www.chinanews.com/it/it-itxw/news/2010/03- 03/2149275.shtml，2010-07-31.

少；工、商、金融等企业拥有域名量是政府组织的26倍，是教育机构域名拥有量的300倍。① 网络域名地址是按照层次进行分配的，其中涉及层层隶属的互联网服务提供商(ISP)；IP地址由ISP负责分配或从上一级IP获取地址，而ISP作为会员单位隶属于更高层次的互联网络单位。从全球范围看，美国对IP地址分配占有绝对控制权，而非洲等经济欠发达国家在网络域名分配中处于劣势，这也是造成网络信息资源分配不均的根源。网络世界中的空间概念不同于我们通常所说的“距离”，在网络上衡量距离的尺度是路由器、网关、网桥的数量，而不是以“千米”为单位。互联网上的各个域名按照其目的性、专业特点、用户特征可以划分成多种类型，如政府域名、教育机构域名等，相应不同类型的网络空间提供的信息也各不相同。网络资源内容本身的非同质性以及所属网络空间经济活动水平的差异性是网络信息资源的空间矢量配置存在的前提，它们与数量庞大并且需求千差万别的网络用户的需求共同作用引发对网络信息资源的动态配置。研究互联网上信息在空间上的分布，实质上就是按照不同类型信息用户的分布特征，规划网络系统，合理分配网络域名，追求最大化的社会福利。

(3)网络信息资源的品种类型配置

网络信息资源在时间和空间矢量上的配置必然涉及其品种类型。对网络用户信息需求的满足程度的判断也应当综合考虑信息资源品种类型。网络信息不仅数量庞大，而且种类繁多，按照信息资源传播的范围可大致分为光盘局域网信息、传统的联机网络信息和因特网信息资源；按照信息加工层次可分为网络指南搜索引擎、联机馆藏目录、网络数据库、电子期刊、电子图书、电子报纸、参考工具书和其他动态信息；按照提供信息的机构可将信息资源分为图书馆提供的信息资源，专业信息服务机构提供的资源，企业公司团体甚至个人提供的信息资源；按照信息内容的表现形式和用途可分为全文数据、事实型数据、数值型数据、文献书目信息、实时交互

① http://www.cnnic.cn/research/zx/qwfb/, 2013-07-31.

活动型信息以及图像音乐;① 按照信息的保密程度可以分为公开信息、限制性访问信息和不可访问信息；按照信息的用途可以分为公共信息、商业信息和学术信息；根据信息的组织方法可以分为文本信息、超文本信息和数据库信息等。② 正因为网络具有开放性、可自由存取的特征，网络用户的数量及其提供的各种类型的资源随时间不断增多。但是，从另一方面来说，迅速膨胀的信息冗余又在网上形成了新的、巨大的信息干扰，造成信息重复配置或同类信息过于分散，使用户检索信息时困难重重，浪费人力、物力和财力。由此可见，网络信息资源品种类型的配置也是需要考虑的重要问题，尽管其品种类型空前丰富，但实现有效配置任务依然艰巨。

7.1.4　网络信息资源有效配置策略

网络信息资源的配置状况必须符合网络化发展趋势，代表人类社会网络文明前进的方向。但是网络信息资源本身所具有的非物质性、动态变化性使有效配置变得更为困难。网络信息资源配置中存在的问题包括：

(1)地区间信息资源配置的差异会引起资源在时间配置、数量配置方面的较大差异，长期的分配不合理将会导致信息资源向某一局部区域过度富集，产生“信息富裕”和“信息贫穷”两极分化的现象。

(2)网络信息资源配置的主要手段是依赖于市场机制，在实际的经济活动中，市场机制常常无法有效地自动配置资源，从而使得放任的自由市场偏离帕累托最优，导致“信息市场失灵”。由于存在外部性、非竞争性和垄断以及信息的不完备性和公共物品属性，网络信息市场在运行过程中经常出现失灵的现象。③

(3)网络信息资源有效配置的管理体制尚未建立，在配置过程

① http：//yh. ntu. edu. cn/chapter04/material/netinfo. htm，2013-07-31.

② 邱均平，段宇锋等. 网络信息资源的经济管理研究(Ⅱ)——论我国互联网信息的有效配置[J]. 情报学报，2001(4)：386-394.

③ 杨凤，查先进. 网络信息资源配置现状及问题研究[J]. 图书情报知识，2009(增刊)：65-67.

中多主体之间各自为政，缺乏合作与协调，使得网络信息资源的配置缺乏统一的规划，网络数据库建设分散无序、数据交流困难并且数据库主题重叠等都严重影响了网络信息资源配置的效率。

(4)网络用户的信息需求具有动态变化的特点，随着主客观条件和网络环境的变化而不断变化，在配置网络信息资源过程中难以及时、准确把握用户的信息需求特点及其动向将会无法实现对资源的有效配置。

针对当前网络信息资源配置中存在的问题，可以通过加强国家宏观政策管理，确立市场驱动机制，提高信息技术水平和促进网络信息资源共享来实现对网络信息资源的有效配置。

(1)转变思想观念，树立信息资源共享观念

信息资源不同于物质、能源资源，不会因为使用而被磨损、减少，反而在不断的使用过程中不断增加人们对信息资源效用的体验，从而实现更大的价值。互联网络的兴起和发展为信息资源共享提供了前所未有的机遇，海量的信息在网络的泛在环境中得到传播和反复利用，以信息基础设施为载体实现了信息资源的价值增值。作为理性经济人，个人在增加自身福利的过程中是推崇信息资源共享的，但仍然受到各种狭隘资源共享观的限制。如机构对自建知识库及各类数据库资源的限制访问，还有一些以盈利为目的的全文数据库供应商对文献资源的获取和使用收取高额费用等行为都阻碍了网络信息资源共享的实现。政府和社会各界、团体组织都应该积极宣传信息资源共享理念，大力支持开放存取等公共获取不断深化发展，营造一个全社会信息共建共享的氛围，推动网络环境下信息资源的公共获取和增值利用。

(2)加强国家宏观政策管理

国家的宏观管理，即在国家或政府的宏观调控和规划下，通过信息市场政策和法规的规范，运用市场经济的供求机制、价格机制、竞争机制、风险机制促进网络信息资源市场的健康发展。国家宏观政策管理的主要作用突出表现为①：第一，需要国家或政府综

① 陈春燕. 我国网络信息资源配置的现状分析及其有效配置[J]. 现代情报，2009，29(1)：64-67.

合运用政策、税收、法律等手段营造一个健康、有序的市场环境和公正的社会环境，通过宏观调控，保护各经济主体的合法权益，防止发生侵害行为；第二，履行出资人职责，无论在网络信道建设、网络信息生产，还是通用标识资源管理和网络信息服务领域，国有企业都是重要的市场参与者。

国家的宏观管理要突出注意以下四个方面：在认识方面，网络信息资源是一种重要的经济资源，网络信息资源管理是一项复杂的社会系统工程，规模巨大，结构复杂，必须实行分级分类管理；在信息技术应用方面，大力推广使用现代信息技术，以提高网络信息资源开发水平和利用效果①；在网络安全方面，确定网络信息资源管理的保密和保存制度，解决网络信息安全、网络知识产权等问题；在处理与其他国家关系方面，从宏观上把握好国际间的资源共享及越境数据流的费用问题，协调好国际间信息资源交流关系。②

具体地说，国家对网络信息资源配置进行宏观调控的内容包括：

①直接进行行政干预，通过行政手段强制规范经济活动主体的行为。政府利用政策、法律、财政、税收等工具，通过政策引导和财政补贴调整网络信息资源的产出水平和配置结构；实行信息网络市场准入制度对从事网络信息经营的主体资格进行严格审查，防止不具资质能力的企业进入信息网络市场，以确保信息网络市场的健康发展。③

②制定和实施针对网络经济和信息市场的反垄断法律法规。根据数字信息产业发展的特点，修改和完善有关法律规定，对信息产业内部的垄断行为进行有效的规制，防止信息产业中垄断的形成。

③进一步完善知识产权保护法。随着互联网的快速扩张及发展，涉及知识产权侵犯和数字信息资源保护的案件纠纷日益增多，

① 胡昌平，杨曼．论网络信息资源的组织与配置[J]．情报方法，2003(3)：54.

② 罗曼．网络环境中的信息资源配置与共享问题[J]．图书馆，1997(3)：16.

③ 韩耀，张春法．网络经济下信息资源配置研究[J]．情报杂志，2004(10)：9.

给立法和司法工作带来了严峻的挑战，如网络数字化作品的知识产权保护，网站域名权与商标权冲突，不正当竞争窃取商业秘密，专利侵权，等等。国家应在现有《著作权法》、《专利法》、《商标法》等法律保护基础上进一步完善对数字信息资源保护的规定，补充对相关条例的司法解释，使产权人在面临知识产权不当侵害时能够得到依法保护，推动信息科技产业的发展。

(3)确立市场驱动机制

市场经济环境下，市场在资源配置中起主导作用，它能促进优胜劣汰，合理有效地配置资源，使生产要素实现最佳组合。对于网络信息资源的配置，同样也要遵循这条经济学原则。不论谁开发的网络信息产品都“必须根据市场需求和投入产出确定开发内容和形式，在市场竞争中寻求发展，增强生存能力”①，树立“市场驱动是网络信息资源配置的力量”这样一种观点。实践证明，市场是促使网络信息资源合理配置的基本动力，市场机制驱动的网络信息资源配置可能极大地提高数据库生产商和联机服务商的经营管理水平和竞争力，也可以形成一些大型信息企业集团，这对于优化网络信息资源配置有着重要作用。② 网络信息市场具有辐射面广、用户多、交易直接的特点，信息的不对称和需求的个性化特征，使得信息网络市场表现为典型的非对称性市场。供求双方虽然处于同一网络环境的交换过程，却常常出现供需脱节、信息商品的内容和质量存在较大差异的现象。只有根据需求保持网络信息供给的规模性、层次性和多样性，增加商户双方信息的透明度，保证信息产品的数量和质量，才能不断消除信息不对称性造成的影响。③

(4)提升信息技术创新力

在网络信息资源配置的过程中，技术创新始终是其得以存在和

---

① 霍国庆. 我国信息资源配置的模式分析(二)[J]. 图书情报工作，2000(6).

② 周毅. 试析网络环境下信息资源配置的特点与基本策略[J]. 图书情报工作，2003(3).

③ 黎春兰，邓仲华. 网络信息资源配置现状及问题研究[J]. 图书情报知识，2009(增刊)：82-86.

不断向前发展的推动力。互联网技术创新不仅在本质上包含着浓厚的信息资源共享思想，而且对互联网信息资源共享的效率产生了广泛而深远的影响。此外，网络技术创新为网络信息资源配置提供了强有力的技术支持，充分利用最新的信息技术将提高网络信息资源配置的效率，增强国家在网络信息资源配置中的主动权。拥有先进的信息技术，一方面可以保证信息资源配置过程中的信息安全；另一方面，可以加大国家对信息资源的占有范围及信息辐射空间范围。提高信息技术水平，促进网络信息资源优化配置，可以从下述几方面入手：加大基金、人力等的投入力度，进行技术研发和提高管理效率的研究；以政府立项、企业需求、学校等科研机构推进为基本模式，社会资本广泛参与投资；拓宽投资、融资渠道；由国家积极引导企业，合理吸收社会闲散资金参与网络信息资源配置重点项目建设；加强合作开发，集体合作，促进技术的推广应用，提高管理效率。推进手机上网，特备是针对农村上网设备匮乏的地区和用户，手机上网成为他们上网设备的有益补充。网络信息管理技术是智力密集型产品，其研发费用较高，但生产成本低，其效率的体现是长期的，加快对网络信息管理技术的研发，能够促进网络信息资源向更合理的方向配置，更加能提高网络信息资源的共享效率。

(5)促进网络信息资源共享

网络信息资源配置效率的重要表现就是实现共享，促进共享是可能实现资源面前人人平等的条件，但由于缺乏相应的管理体制，宏观协调控制能力不强，许多网络信息资源建设都是各自为政。又因为缺乏分工合作，网络信息资源大量重复建设，造成人力、物力、财力的巨大浪费。此外，各种资源分散，不能集中力量进行重点建设，致使网络信息资源建设质量水平不高，产业化程度低下。① 在网络信息资源共享制度建设方面，美国联邦政府作出了表率。联邦政府对本国信息资源共享做了总体规划与政策指导，加强对信息资源共享项目开发的引导、推动和初期投资，设置了专门的信息资源管理机构——管理和预算局(OMB)，来协调、审批各联

① 孙瑞英．信息资源配置质量研究[D]．吉林大学，2007.

邦政府机构提出的各种项目。① 我国政府也可以借鉴美国的经验，进一步规划信息资源的重点、范围、类型、时间和数量分布，避免信息资源的重复上网，促进资源共享，保证网络信息资源的全面性和及时性，为用户提供更便利的信息服务。组织专门的网络信息资源共建共享管理机构，制定网络信息资源建设的总体规划，倡导合作观念和共享观念，充分发挥网络无限延伸、无限扩展的潜力，利用网络能够跨越时空的优势，把力量真正集中到增加网络的有效资源，全面规划、合理配置，形成一个有机体，克服重复建设、资源浪费的现象，实现网络信息资源的最优化建设和资源的充分配置。②

网络信息资源共享要克服空间分配不均和地域分配不平衡的缺点，加快经济建设水平，缩小区域差异。在信息资源空间、地域分配不平衡方面，我国存在的问题较为突出。加快经济建设的步伐，尤其加快我国中西部地区的经济建设和信息基础设施建设，将会有力地促进网络信息资源共享，使更多经济落后地区享受到丰富的信息资源，也弥合因为信息鸿沟和数字鸿沟带来的物质上贫富差异。我国中西部信息资源少的地区要积极借鉴东部沿海地区的成功经验，加快本地区信息资源的开发和利用，同时克服东部沿海地区信息资源行业分布不均衡的缺点，全面协调发展。

7.2 企业信息资源配置

在数字信息资源体系中，企业信息资源占据着较大的比例。企业信息资源的优化配置是企业信息化建设的核心，是打造现代企业的根本途径。企业整合和配置信息资源的能力决定企业是否具有核

① Ward, M. A., Mitchell, S. *A comparison of the strategic priorities of public and private sector information resource management executives* [J]. Government Information Quarterly, 2004(21).

② 黄郴. 网络信息资源的无限共享模式[J]. 理论与探索, 2001, 24(2): 84-114.

心竞争力。企业信息资源具有相对稀缺性、有用性和使用上的可选择性等经济特性，这是企业配置数字信息资源的前提和基础。本章中信息资源主要是狭义层次的概念，或称为核心信息资源，不包括设备、技术、人员等支撑性资源。为了方便说明，后文中的企业信息资源都是指狭义层面的企业信息资源。

7.2.1　企业信息资源及其配置

在数字信息资源体系中，企业信息资源以数字形式存储、传输、流通、共享。企业信息资源内容庞大，按照存在形式可分为记录型、智力型、零次型；按照信息来源可分为企业内部信息和企业外部信息，前者主要是产生于企业内部，存在于企业内部并主要在企业系统内部循环流动的信息；后者主要是存在于企业外部社会环境中的公共信息或者与其他企业共享利用的信息，如合同信息、交易信息、政策法规信息、市场趋势信息、竞争对手信息等；按载体可分为网络型、光介质型、磁介质型等。①

企业信息资源配置属于数字信息资源微观层面的配置，是由企业作为经济实体负责实施，其主要任务是认清企业等基层经济实体中各级各类人员对数字信息资源的真正需求，合理组织、协调数字信息资源的开发利用活动；是从企业整体和全局最大效益出发，通过统一规划，在各子公司、各部门中分工协调的配置，包括生产信息、营销信息、管理信息、开发信息、财务信息、供应信息、人事信息等信息资源内容。从而实现本企业信息资源结构优化，进而达到整体功能最佳，即系统效益最佳。通过企业信息资源配置可实现企业内部信息资源数量、质量和效益的最优配置，形成企业信息优势。② 企业信息资源配置对企业生存和发展起到至关重要的作用，体现在：

---

① 赵筱媛．企业信息资源配置理论方法与战略规划研究[D]．长春：吉林大学，2005.

② 朱备战，寿文霞．企业信息资源微观优化配置模式的设计及特点功能[J]．情报杂志，2000(7)：3-6.

(1)有效地处理大量的数据和信息资源

对企业信息资源进行优化配置能够帮助企业有效处理大量的数据和信息资源。在信息化过程中，不可能只建立一个单一的系统满足所有层面、职能和人员的信息需求，因此企业中往往运行着各种名目繁多的系统，而这些系统每天都在产生大量的数据和信息资源。这些数据和信息资源可能来自于企业的各个部门，也可能来自于企业外部，而且格式多样，结构各异，更新频率也不同。此外，由于各种应用系统经常需要用到其他应用系统中的信息，因此很多信息内容经常被多次复制，更加剧了信息的增长速度及冗余程度。为了确保有组织、有质量的管理这些海量的异构数据，企业必须制定合理的战略计划，实施有效的信息资源配置。

(2)有效地管理海量的、非结构化的信息内容

对企业信息资源进行优化配置能够帮助企业有效地管理海量的、非结构化的信息内容。企业中的信息按照其结构划分为结构化的数据和非结构化的内容。结构化数据指的是存在于企业各个应用系统数据库中的信息；而非结构化的内容是指企业中不存储在结构化数据库中的其他信息，如备忘录、报告、信件、白皮书、市场档案、调研报告、办公文档、演示文稿、多媒体文件或对象等。对于结构化数据，很多企业已将其作为公司的重要资产加以管理，关系型数据库及数据仓库的不断发展完善使企业搜集、组织、查询和管理结构化信息的能力空前强大。随着企业规模增大，企业中的非结构化内容越来越多，想要查找有用的文档或信息会越来越困难。这一状况导致大量时间被浪费，严重降低了工作效率。面对非结构化内容的数量和类型的爆炸性增长，企业迫切需要将这些非结构化信息资源加以合理规划管理。如果听任各式各样的信息散布在企业各处而不加以管理，其作用根本不能充分发挥，甚至会带来很大的浪费。

(3)有效解决由于内容来源不同、格式不同形成的信息孤岛问题

对企业信息资源进行优化配置能够帮助企业有效地解决信息孤岛问题。在企业信息化的不断推进过程中，大量信息资源呈现在信

息处理、交互和传播的过程中，但是它们之间往往并不会相互传递和利用，而是形成一个个信息孤岛，致使有关顾客和供应商的数据和企业内部的有关数据大量冗余、不一致且不能共享，导致有用信息的利用效率下降。信息孤岛还进一步加剧了企业内各业务单元之间的隔阂，导致管理和协调工作难度增加，难以做到各业务单元之间的步调一致与协调发展，给企业价值的实现带来了严重的障碍。这些组织上和技术上分离的系统和结构限制着甚至控制着企业的运作和顾客服务水平的提高。因此，企业迫切需要采取措施解决信息孤岛问题。

(4)有效地解决企业信息资源浪费的问题

对企业信息资源进行优化配置能够帮助企业有效地解决信息资源浪费的问题。很多企业认为只要花费巨资购入先进的计算机、高性能的服务器、路由器、交换机等信息设备，就实现了企业的信息化。这种错误的观念导致了企业盲目求新、求全，信息技术装备能力大量闲置，信息资源产生巨大浪费，甚至泛滥。有些企业(特别是大型集团企业)投以巨资建立起通信—计算机网络、各种生产自动化控制系统和经营管理信息系统，由于缺乏高层的统筹规划和统一的信息标准，致使设计、生产和经营管理信息不能快捷流通，信息不能共享，远没有发挥信息化投资的效益。过分地追求硬件的先进性和性能的优越性是否有必要，的确值得我们思考。面对这些问题，一个重要的解决办法就是研究信息资源优化配置，特别是研究企业信息化建设中的信息资源对物质资源的影响、指导和驾驭作用；提炼出企业信息资源的优化配置的模式及效率的评价理论与方法；在此基础上建立起适合企业自身特点的信息资源配置战略和规划。这不仅具有现实的经济意义，而且将对我国现代企业的建设和打造国际化企业，提高其核心竞争力，积极稳步地推进企业信息化建设具有深远影响。

7.2.2　企业信息资源配置的一般原则

数字信息资源合理化配置的实现是一个极为复杂的过程，而且它牵涉到众多的相关因素，可以说，它是信息资源管理中的一项庞大系统工程。它既要保证用户满意性信息需求的实现，又要追求配置效益最大化的目标，为此就必须在配置策略制定、实现机制选择和配置过程具体组织中遵循一系列基本原则。①

(1)企业需求导向性原则

企业对数字信息资源的配置，根本上要基于企业中各个信息用户或各个信息用户群体(部门)的信息需求，包括需求量及需求特点，才能有目的、有计划地向他们提供可以最大程度满足信息需求的信息内容。这种信息需求来自于企业的生产、经营的活动过程，一方面包括企业外部的信息需求，如供应商供货信息、分销商销售需求信息、竞争对手的信息、市场环境的变化、宏观经济政策变动等；另一方面需要掌握企业内部的信息，如生产信息、营销信息、财务信息、供应信息、库存信息、人事信息等。以需求为导向进行数字信息资源的优化配置要求首先必须通过对企业已掌握的信息进行整理、加工、分析获取上述所需要的信息，其次以企业内外部信息需求的变化，对这些信息做出选择、判断和处理，找出最佳的匹配方式，才能够实现对企业内外部信息资源的最优化配置，保证企业的信息优势，使企业在市场竞争中立于不败之地。在信息化建设的初期，一些企业投以巨资建立起通信—计算机网络、各种管理信息系统，但这些新技术和系统在使用中不能满足企业特定的信息需求，造成了信息技术设备能力的闲置，浪费了大量的资金，远没有发挥信息化投资的效益，给企业带来了巨额损失。因此，可以看出，企业对信息资源的需求性是企业进行信息资源配置中的首要原则，不论企业采取何种具体的配置模式都应该依据于自身的需求性，而偏离这一原则将可能会给企业造成经济上的损失。

(2)社会福利最大化原则

企业作为市场经济的主体，是以盈利为目的，集合各种生产要素来从事生产经营活动，向社会提供产品和服务，因此企业的各项活动都是以实现福利最大化为导向，包括对数字信息资源的配置活

---

① 周毅. 论信息资源配置的理想状态及其控制[J]. 图书情报工作，2003(11)：36-41.

动。但是，企业的信息资源从生产、传输、分配的全过程是一个十分复杂的系统工程，其中涉及许多重要的经济利益主体，包括与企业生产、经营活动相关联的上下游供销商，也包括对公众、社会环境产生的影响等。在企业信息资源配置活动中，企业既是相对独立的个体，单独开展生产经营活动，同时也作为整个社会和市场经济的重要一员与其他经济行为者密切相连。配置数字信息资源势必涉及经济利益相关者之间以及信息系统和系统外部环境之间的经济利益分配关系。企业对数字信息资源的配置不能以是否给本企业带来最大化的经济效益为唯一标准，还需要本着共赢的理念，为具有合作竞争关系的外部企业争取最大的利益。同时，企业还应该承担应有的社会责任，考虑到对社会福利的影响，在获取经济利益的同时为社会福利的增长贡献力量，这也必将给企业注入持续的发展生机和动力。因此，企业在进行数字信息资源配置中应以社会福利最大化为准则。

(3)系统完备原则

虽然企业信息资源配置属于微观层次的信息资源配置，但它也是一个多维的、多因素的动态复杂系统。① 企业配置数字信息资源过程中要以整体性、层次性和安全性为准则。配置的整体性原则要求企业要考虑到经营管理工作的方方面面，考虑到供应链的上下游企业、公众利益等。在提高企业经济福利，全面提升竞争力的宗旨下，通过对企业信息资源的配置，逐步形成一个互利共赢的信息资源结构体系，充分利用整体优势，以尽可能小的投入，最大限度地发挥企业的信息资源的配置效益。因此，企业信息资源配置强调的是全部信息资源集成一体、统一配置和系统管理，以追求资源配置的全局最优，而不是个别资源构成要素的局部最优。整体性原则的另一层含义是企业信息资源配置应当关注对数字信息资源的综合性管理，而非单纯的技术性管理。

配置的层次性原则是指企业中信息用户具有层次性，不同层次

① 周毅．论信息资源配置的理想状态及其控制[J]．图书情报工作，2003(11)：36-41.

用户对数字信息资源的需求各有不同，这种信息需求的层次性决定了在信息资源配置中应遵循分层配置的原则。企业信息资源配置应以关注组织中不同层次、不同职能管理人员的信息需求，针对这些具有差异性的需求分配资源。例如，企业决策层较多关注的是有关企业宏观层面的信息，如国家政策导向、市场信息、竞争对手信息等；企业管理层关注更多的是与企业日常管理相关的人事变动信息、项目进展信息、财务信息、采购信息等；企业执行层主要需要的是企业内部信息，如生产流程信息、计划任务信息、培训和业务技巧等常规性、结构化的信息。

配置的安全性原则是指在信息资源配置中，特别是在网络信息资源的配置中要考虑到信息存储与传输过程中的各种不安全隐患，重点关注计算机操作系统的安全性，硬件平台的安全性，数据库的安全性等，防止因电脑故障、系统病毒感染、黑客侵入、泄密、篡改、删除等信息资源载体和工具安全性漏洞给企业造成损失。

(4)市场配置为主原则

企业是市场竞争的主体，市场的供求机制、价格机制、竞争机制、风险机制等的充分运作可以自发地调节信息资源在企业生产、传输、分配和共享过程中的经济利益和经济关系，引导着资源在企业之间、企业内各部门的流动。市场中商品供求关系的变化给企业提供了重要的商品生产信息，企业的信息主管部门通过搜集、整理这一类市场信息，分析其中隐含的关于消费者需求的变化，并把分析结论汇报给企业管理层为企业未来的生产、经营提供决策依据。例如，在产品本身及其生产条件不改变的情况下，若企业发现某一产品供不应求，则可以适当地把资源投向该产品的生产和研发；而当某一产品供过于求，则可以考虑缩减或退出该种产品的生产，从而使部分资源从中流出。因此，在企业信息资源配置中，应以市场配置为主要原则，企业根据市场价格、供求关系的变化信息决定资源流向，借助市场配置手段调节企业的生产经营活动，实现企业经济福利的最大化。

(5)与企业战略目标一致性原则

企业战略规划是能够为企业赢得核心竞争优势的手段，是将组织的主要目标、政策和行为整合为一个具有内在有机联系的整体模式或规划。企业信息资源优化配置的能力就是企业的核心竞争力，即企业对所拥有的资源在多大程度上实现了整合和利用决定了企业是否具有核心竞争力。因此可以看出，企业信息资源优化配置与企业战略目标具有高度一致性，企业信息资源优化配置是企业战略规划的重要组成部分，其实质是一种助推型战略。① 进一步地说，企业信息资源配置战略是以系统科学和管理科学的基本原理为基础制定的信息资源规划和模式，是依靠企业自身所制定的相关条令、规章制度推行的企业发展子战略。企业信息资源配置战略强调从战略规划和决策的层次上确立信息资源配置的权力结构，强调面向企业机构，追求在整个企业组织中全面发挥信息资源的整体作用，为企业组织的整体战略目标服务。通过分析和满足企业内部信息用户的信息需求来促进企业的整体发展；通过提高信息资源的效用，降低信息资源成本来提高企业对其他资源的利用水平和效率。② 企业信息资源配置战略的制定一方面受到了企业总体经济目标的指导和其他战略的约束，另一方面又逐渐成为了企业其他战略，包括财务战略、研发战略、人力资源战略、营销战略等的基础。数字信息资源配置战略的合理与否，实施效果好坏决定着信息资源能否被激发和升华出最大的效用，影响着企业的快速反应能力、应对危机能力、部门之间协调运作的效率，进而关系到企业核心竞争优势的构筑和企业整体发展战略的实现。因此，企业在进行数字信息资源配置的过程中，需要考虑与企业业务战略的匹配问题，遵循企业战略的整体目标，以与企业战略相一致为基本配置原则。

7.2.3　企业信息资源配置的基本模式

企业信息资源配置主要包括三种模式：分散配置模式、联合配

---

① 马费成．信息资源开发与管理[M]．北京：电子工业出版社，2004：356.

② 沈波．企业信息资源配置与企业绩效——基于协同与战略的研究视角[J]．情报理论与实践，2008(4)：535-538.

置模式和集中协调配置模式。

（1）分散配置模式

分散配置模式是指企业根据自身的信息需求及社会环境、竞争格局的变化进行信息资源配置。企业中各个信息职能部门，如档案室、图书馆、资料室、市场部门等根据企业生产、经营的实际情况搜集、整理、编纂并提供一定数量的可供本企业利用的信息资源。这种模式出现在企业发展初期，规模还较小时，作为一种初级的企业信息资源配置模式。在这种配置模式中，企业缺乏正规的信息资源配置规划完全出于自发的解决自身的信息需求，不能形成一定规模的企业信息资源配置体系。

（2）联合配置模式

联合配置模式指企业之间、企业与专业信息机构之间、企业与科研院所或大专院校之间自由联合，分工协作地开发、配置企业所需的信息资源。这种配置模式不强调各组织之间的固定联系，可通过协商确定各企业、各信息机构获取信息的重点以及信息资源共享的程度与方式；也能够根据需要不断扩大联合配置的范围，具有较强的灵活性。但是，由于实行信息资源联合配置的企业之间、企业与信息机构之间没有共同的经济利益关系，信息资源联合配置与共享的基础不牢，动力不足，一般只能靠行政手段来组织和实施企业信息资源配置与共享，难以保证企业信息资源宏观结构的科学性，也不便于企业信息资源配置的调控。①

（3）集中协调配置模式

集中协调配置模式是指企业集团内部，通过统一规划、全面部署，设立强有力的信息资源管理部门，从企业全局出发，行使企业信息资源分配和管理的职责，负责在企业各个部门或分公司之间协调地配置信息、信息人才和信息技术设备，形成一个集中协调的企业信息资源配置结构体系。集中协调配置模式以“首席信息经理（Chief Information Officer，CIO）”体制为典型代表。首席信息经理

---

① 娄策群，桂学文．现代企业信息资源优化配置［J］．情报探索，1998（3）：29-31.

相当于企业的副总经理，其主要职能是全面负责所属企业信息资源的统一配置、开发和利用，包括负责开发企业的信息技术，健全企业的信息系统，管理信息人员，实现企业内部的信息资源共享，沟通最高决策者与信息部门之间的联系，协调和组织企业内外的信息交流关系等。首席信息官的出现，使信息资源配置工作者的行政地位提高到最高决策层次，标志着微观层次信息资源配置工作的地位与作用正日趋重要。①

在进行信息资源配置工作中，企业可以根据自身的规模和特点选择适合本企业的信息资源配置模式，当然也可以将上述三种模式结合使用以最大限度地满足企业的信息需求。

7.2.4　企业信息资源配置的效率评价

企业信息资源作为一种经济资源，具有效用上的有用性和需求上的稀缺性。企业信息资源配置是以企业为主体在信息管理活动中对企业自己所有的信息资源配置情况进行评估。只有对信息资源进行合理、有效的配置，才能满足企业的信息需求，实现企业的市场竞争力。企业如何整合、组织并运用好企业内的有限资源，使之发挥出最大作用，从而避免限制和浪费现象，也就是寻求如何安排好信息资源的投入产出比，用一定量的生产要素生产出最大价值的产品。效率分析是衡量信息资源配置的重要方面。分析比较企业信息资源配置效率时，一个基本的标准就是“帕累托最优”，但“帕累托最优”的适用前提是所配置的资源必须是实物形态的资源，且它们只能“替代”而不能同时空“共享”。但企业信息资源的可共享性使其不具备物质资源那样的时空唯一性特点，信息产品被消费后并不会消失或改变内容，用帕累托最优理论分析信息资源配置效率具有先天缺陷，“一种商品具有不独占性意味着它的生产将永远不会达

---

① 耿爱静，耿爱丽．企业信息资源配置测度研究[J]．情报科学，2005(12)：1841-1844.

到最优”①。因此，采用其他更为合适的方式对企业信息资源配置效率进行定量化评价。目前，企业信息资源配置效率的评估方法主要有以下几种。

(1)基于投入—产出比的评价指标体系

这种方法的基本思路是从企业信息资源配置过程的投入与产出出发，评价配置效率的内在机理是：综合分析信息资源在企业内部经历从信息资源的开发→信息资源投入→信息资源利用(在产品设计、材料配件采购、加工制造和总装、销售和客户服务等过程中对信息资源的利用)→信息资源产出(信息资源为企业所带来的利润)的流动过程，在此基础上构建基于“投入—产出”的企业信息资源配置效率的指标体系。

周晓融②等将企业信息资源配置的评价指标划分为 7 个一级指标、24 个二级指标(表 7-1)：信息内容、信息工作人员、信息设备、

表 7-1　企业信息资源配置的评价指标体系(一)

一级指标	二级指标
信息内容	准确性、及时性、新颖性、健全性
信息工作人员	管理人员素质、技术人员比重、技术人员素质、职工受教育程度
信息设备	投资回报率、设备工艺水平、设备利用率、万元净产值能耗
软件系统	可靠性、系统效率、安全保密性、可维护性
信息技术	新产品开发周期、技术创新费用比重、技术装备水平
信息组织	内部协调能力、外部协调能力、战略决策水平
信息产品	产品市场占有率、消费者满意度

① 赵筱媛．企业信息资源配置理论方法与战略规划研究[D]．长春：吉林大学，2005.

② 周晓光，朱蓉．企业信息资源配置的模糊综合评价[J]．模糊系统与数学，2004(3)121-126.

软件系统、信息技术、信息组织、信息产品。信息内容是指人类社会经济活动中经过加工处理有序化并大量积累起来的有用的信息的集合；信息工作人员是指加工、处理和传递信息的工作人员；信息设备是企业用以信息化的有关设备；软件系统包括企业采用的操作系统和应用系统；信息技术是加工、处理和传递信息的技术；信息组织是企业管理和协调信息工作的机构；信息产品是指企业采用信息化手段管理和生产出来的产品。

赵筱媛①等将企业信息资源配置的评价指标划分为 4 个一级指标和 12 个二级指标(表 7-2)：信息资源开发效率、信息资源投入效率、信息资源利用效率、企业信息资源配置的环境协调度。其中，企业信息资源的开发包括内生信息资源和外生信息资源，前者如企业自主研发的硬件、软件、技术项目、专利成果等，后者包括企业外购或引进的信息技术、项目、信息人才等；信息资源投入效率考察的是企业信息资源方面的总体投入所产生的收益，反映企业的信息资源的投入产出是否合理；信息资源投入效率考察的是企业信息资源方面的总体投入所产生的收益，反映企业的信息资源的投入产出是否合理；信息资源利用效率是指企业内的生产单位或部门如何组织运用有限的信息资源使之发挥最大的作用，测算时可采用企业所开发或购买的信息资源的利用率(或闲置率)来确定；企业信息资源配置的效率高低很大程度上也决定了企业内整体信息环境的协调与否，信息资源配置的效率高，将会调动起企业内全体员工的信息意识，甚至会把这种信息意识融入企业文化中，达到企业生产、管理、人文三方面的协调。

---

① 赵筱媛，靖继鹏等．企业信息资源配置能力与配置效率的评价体系研究[J]．经济纵横，2005(6)：69-70.

表 7-2　　企业信息资源配置的评价指标体系(二)

一级指标	二级指标
客户	信息需求满意度
	市场占有率
	社会影响率
内部业务过程	信息化投入总额占固定资产投入比重
	每百人计算机拥有量
	计算机联网率
	网络技能水平
	办公自动化系统应用程度
	核心业务流程信息化水平
	管理信息化的应用水平
	企业门户网站建设水平
	专利成果利用率
	数据库规模
	数据的可操作性
	信息系统的可重构性
学习与成长	信息资源配置重视度
	企业 R&D 经费投入比率
	信息人员受教育程度
	信息人员培训经费投入比率
	信息人员平均接受培训频率
财务	信息资源销售收益率
	信息资源应用收益率
	企业财务决算速度
信息资源开发效率	内生信息资源产出率
	外生信息资源产出率

续表

一级指标	二级指标
信息资源投入效率	信息资源销售收益率
	信息资源应用收益率
	信息资源需求效率
信息资源利用效率	信息基础设备使用率
	专利成果利用率
	信息利用率
	信息人员业绩
	信息系统运行协调度
环境协调度	管理运行协调度
	企业文化适宜度

齐莉丽①将企业信息资源配置的评价指标划分为 3 个一级指标、8 个二级指标、16 个三级指标（如表 7-3 所示）。一级指标包括：信息资源管理投入水平、信息资源管理实现水平和信息资源管理基础。

表 7-3　　企业信息资源配置的评价指标体系（三）

一级指标	二级指标	三级指标
信息资源管理投入水平	财力投入	信息资源管理总费用
		信息资源管理总费用/信息资源管理总价值
	人力投入	信息管理人员
		信息管理人员/职工总数

① 齐莉丽．企业信息资源管理水平评价研究［J］．科技进步与对策，2005（1）：50-51.

续表

一级指标	二级指标	三级指标
信息资源管理实现水平	直接价值	直接出售信息成果收入
		对外许可收入
	间接有形价值	成本节约额
		销售收入增加额
	间接无形价值	业务周期缩短
		企业形象改进
信息资源管理基础	信息资源管理决策层	企业决策者信息资源利用与规划能力
		企业信息文化推行程度
	信息资源管理调度层	信息标准规范度
		业务流程合理度
	信息资源管理操作控制层	工作标准规范度
		信息表达工具科学度

基于投入—产出比的评价指标体系是评价企业信息资源配置效率广泛采用的方法，所选取的指标不仅用于衡量企业数字化的信息资源，也包括了人员、技术设备等广义信息资源。该方法具有操作性强、数据易搜集等优点，但也存在不完善、不合理之处，如测评指标不够全面、不够合理，特别是涉及组织文化、企业品牌、个人声誉等企业隐形信息资源没有给予适当的评价，用指标体系法评价企业信息资源配置效率还需要在此基础进一步修正和完善。

(2)信息资源丰裕系数测度模型

谢康①等在 1997 年提出了“信息资源丰裕系数”测度模型，利用该模型对世界部分国家和地区信息资源发展规模进行了初步的定

① 谢康，肖静华. 信息资源测度、国际比较与中国的战略选择[J]. 情报学报，1997(3)：202-211.

量测度。“信息资源丰裕系数”测度模型是从信息资源生产能力和发展潜力两个方面去测量信息资源，实际上是把信息资源划分为 R_1，S_1，S_2 三大类，基本包括了信息内容、信息技术（包括信息设备和设施）和信息生产者，然后再将上述三类细分形成更具操作性的指标，具体计算公式如下。信息资源丰裕系数简称 R 值，即：

$$R = R_1 + R_2 \tag{7-1}$$

其中，R_1 表示基本信息资源生产能力（式 7-2）。

$$R_1 = \frac{P_1 + P_2 + P_3 + P_4}{M} \tag{7-2}$$

P_1 代表数据库数量；P_2 代表获得专利和商标数量；P_3 代表图书报刊出版数量；P_4 代表视听产品生产数量；M 代表测度期测度范围内的人口总数。因此，R_1 事实上是一国或地区测度期测度范围内的人均生产信息资源的能力。

R_2 表示基本信息资源的发展潜力，其公式为式 7-3。

$$R_2 = S_1 + S_2 \tag{7-3}$$

其中，S_1 代表信息资源的储备潜力；S_2 代表信息资源的处理潜力。S_1 和 S_2 的测度公式分别为（式 7-4 和式 7-5）：

$$S_1 = \frac{I_1 + I_2 + I_3 + I_4 + I_5 + I_6}{M} \tag{7-4}$$

I_1 代表计算机拥有量（计算机绝对数、普及率、用户数量）；I_2 代表文化设施（图书馆、信息中心、档案馆、博物馆、文化馆）拥有量；I_3 代表新闻设施（电台、电视台）拥有量；I_4 代表娱乐设施（电影院、剧院、体育馆、电视机）拥有量；I_5 代表邮电设施拥有量（邮电局网点、邮电业务量）；I_6 代表通信设施拥有量（通信网点、电话机拥有数量）。

$$S_2 = \frac{T_1 + T_2 + T_3 + T_4 + T_5}{M} \tag{7-5}$$

T_1 代表测度范围内的识字人数（或识字率）；T_2 代表中小学、高等教育在校人数（或教育机构普及率）；T_3 代表科研人员数（或科研机构普及率）；T_4 代表政府部门人数；T_5 代表咨询机构人数。

使用“信息资源丰裕系数”测度模型评价信息资源配置水平，

对信息资源配置效率做定量研究具有获取数据方便，可操作性强的特点，但也存在这具体分指标设计不够全面，包括网络技术应用等的对信息资源配置起到重要影响的因素没有包括在模型中。①

(3)信息资源期权评价方法

萨缪尔森(P. A. Samuelson)②、默顿(R. C. Merton) ③等提出了在一些不确定条件下的资源配置期权模型，利用期权解决资源配置问题能够在不违背经济与数学原理的条件下处理不确定因素，并且以复杂性取代不准确性，几乎适用于任何市场。期权方法对信息资源和信息产品评价的适用性在于信息资源能够给具有一定信息处理能力的人带来了选择的机会、权力或自由，因此可以认为，信息资源、信息产品和期权一样，都具有机会价值(由评价主体的现状、条件、环境决定的)、权利价值(一种约定)、风险价值(不确定性)、时间价值因素。期权通过转移或规避风险调节交易双方价格，进而实现对信息资源的有效配置。价格是市场变化最灵敏的信号，在期权作用下，价格能够客观地反映出信息商品的供需变化、竞争情况、管理绩效以及开发利用的风险指数，提高信息市场运行效率，从而促进信息资源的优化配置。查先进④等以卖方市场为例，构建信息资源配置的期权价格模型，经过简化计算得到期权相对值的表达式：

$$\varphi = \frac{V}{S} = N\left[\frac{(f + \delta^2/2)\sqrt{t}}{\delta}\right] - e^{-ft}N\left[\frac{(f - \delta^2/2)\sqrt{t}}{\delta}\right] \qquad (7\text{-}6)$$

其中，V是期权价格，S是信息商品的未来收益，f为无风险利润率(常用短期国债利率表示)，δ 为标的物收益率，t 为期权有效期，

---

① 彭凤．信息资源丰裕系数测度模型评析及优化[J]．情报杂志，2006(6)：56-60.

② Samulson, P. A. *Proof that properly anticipated prices fluctuate randomly*[J]. Industrial Management Review, 1965(6): 41-50.

③ Merton R. C. *Theory of rational option pricing*[J]. The Bell Journal of Economics and Management Science, 1973(4): 141-183.

④ 查先进，陈明红．信息资源配置的期权价格模型[J]．图书与情报，2009(3)：31-45.

N 为标准正态分布的积累分布函数。在传统的相对价值评价法中，采用收益支出之比表示商品的相对价值，那么存在期权的情况下得到信息商品的实物期权的相对评价值 g：

$$g = \frac{S}{K}\left[1 + \frac{S}{K}\varphi\right] \tag{7-7}$$

K 表示未来支付的成本，$\frac{S}{K} \cdot \varphi$ 表示期权价格对商品价值的影响大小，从而由原来判断 V 的值转换成判断 g 的值，若 $g>1$，则可以购买该商品；$g<1$，则放弃购买，交易失败。信息资源配置的期权价格模型为企业评估市场规模和长期收益提供了有效的动态分析框架。

7.3　学术信息资源配置

学术信息资源是数字信息资源的重要组成部分，它是指借助于计算机编码完成的可供直接获取和远程使用的，能够为学术研究所利用的信息资源，既包括了以科学数据、阅读文本、数字导航内容为主，兼顾数字出版、资源集散、产权管理的数字信息资源利用体系①，也包括所依托的数据库系统、计算机技术、网络技术等信息技术。学术信息资源的类型多样，内容广泛。在互联网技术兴起之前，主要是图书馆和档案馆存储的数字化文献，包括原有文献资料的数字化，购买的各种光盘数据库，自建的特色数据库资源等，服务的对象是特定范围的用户，包括所在高校的师生、所在地区的居民等。

随着互联网的兴起和知识社会的到来，大量学术信息资源以数字、多媒体形式出现，便利了信息的传递、物化和共享；互联网技术打破了学术交流在时间和空间上的限制，突破了时间、空间对信息资源共享的制约；各单位、机构、团体之间的行业界限开始模

① 裴雷，马费成. 公共数字信息资源开发利用现状和对策[J]. 情报理论与实践，2008(1)：26-32.

糊，伴随开放存取运动的兴起出现了以开放存取期刊、机构知识库、预印本系统为代表的新的学术资源共享模式。互联网为科研工作者获取学术信息提供了另一条重要途径。但是，当前网络学术资源缺乏整体上的组织和统筹协调，存在大量的异构信息和格式各异的多媒体资源，搜索引擎技术的局限性加之专用搜索引擎和口令、登录的设置都无形中给用户存取带来了障碍。此外，网络学术资源质量参差不齐，缺乏评价和鉴定的标准，且支撑学术信息的网站和网页具有的动态性的特征使网络上丰富的学术资源并没有发挥其实际价值，使当前用户能够充分利用的学术信息资源数量远远低于学术信息资源总量，造成了学术资源数量上的无限丰富与用户使用相对不足并存的资源利用效率低下的局面。因此，本章讨论学术信息资源配置的内容以及实现有效配置的途径。

7.3.1 学术信息资源配置的内容

学术信息资源配置可以理解为是以科研用户的数字信息资源需求为依据，以最大限度的实现学术资源共享为目标，调整当前的学术信息资源分布和分配预期的过程。学术信息资源配置的内容包括微观和宏观2个层次：微观层次指某一具体图书馆根据所服务对象的要求，对本馆数字资源的购置经费安排，数字资源与纸质资源比例安排，购买与自建数据库之间的安排等；宏观层次指国家以最大限度满足公众知识文化需求，以实现学术信息资源共享为目标，统筹调整当前学术数字资源的分布和流向。规划和建设数字图书馆是实现学术信息资源有效配置的重要途径。

数字图书馆是一个拥有多种媒体数字信息资源，提供多种信息服务的综合体系，该体系建立在分布资源集成机制上，为用户提供本图书馆的资源、合作伙伴的资源和深层次的信息加工服务。① 数字图书馆可以在一定程度上克服市场机制和传统图书馆在信息资源配置方面的问题，是一种高效的信息资源管理模式。数字图书馆信

① Marchionini, G. *Digital libraries as phenotypes for digital societies* [M]. Berlin: Springer, 2009.

息资源配置分为三个层次：一是以资源为主，即图书馆强调拥有足够多的资源，使用户能够通过网站检索利用数据库资源；二是以集成服务为主，即集成本图书馆与其他图书馆的各种资源，不断整合、优化，给用户提供一个逻辑上相对完整的资源库；三是面向用户，即从用户的角度集成各种资源、服务，甚至非图书馆的服务以提供满足用户需求的信息服务。从图书馆共建共享实践看，图书馆主要通过建立数字信息资源联盟来实现资源的合理配置。① 该联盟是一种共享资源、服务和用户的虚拟组织，以地理区域、服务主题或管理体系为纽带，在图书馆或信息机构之间建立基于数字信息资源整合集成、协调分工、共同服务的虚拟资源实体。例如，佐治亚图书馆联机教育系统（Geogia Library Learning Online，简称GALILEO）、加州数字化图书馆（California Digital Library，简称CDL）、国家信息基础建设、中国数字图书馆联盟、国家科技图书文献中心、中国教育科技数字图书馆、中国高等学校数字图书馆联盟等。

数字图书馆资源配置的目标在于：一是依靠虚拟化组织，高效传递信息资源，快速引导和合理安排信息资源的流向和布局，尽可能增加信息资源效用，提高信息资源配置效率；二是通过网络化组织，消除信息资源所有权、经营权和使用权无法分离以及信息资源的外部性所带来的高交易成本，降低信息资源共享的成本，尽量消除“数字鸿沟”现象，实现全社会信息资源的公平配置。

7.3.2　学术信息资源共享及其效率

“效率”一词始终隐含“经济效率”的解释，是指在一定的经济成本的基础上所能获得的经济收益，也就是成本与收益之比，投入与产出之比。但是，单纯从经济学角度以学术信息资源利用的投入—产出比作为衡量效率的指标，不仅违背了学术信息资源提供机构的公益服务性质，而且具体测度也因为范围界定不清而难以实

① 郭少友．基于P2P的数字图书馆虚拟联盟研究[J]．计算机与数字工程，2008(6)：73-76.

施。在学术信息资源配置效率的衡量方面，学术信息资源作为公共信息资源的重要组成部分，本质上要求最大限度地共享和传递，实现公众充分利用，平等、无障碍地获取，从而促进社会公平，消除信息鸿沟和知识鸿沟。从根本上说，共享程度是衡量学术资源配置的根本标准。因此，不仅需要根据用户需求对现存学术数字资源进行配置，而且必须以促进共享为目标和准则，在此基础上，力求最大限度地提高学术信息资源的利用效率，充分发挥学术信息资源在国家科研和创新建设中的作用。因此可以认为学术信息资源共享越充分就越具有效率。从发展历程上看，学术信息资源共享可以划分为文献信息资源共享阶段和数字信息资源共享阶段，前者是以馆际互借为主体内容，后者是以数字图书馆建设为代表。对学术信息资源共享历程进行回顾和分析，有助于我们进一步探寻学术信息资源有效配置的途径。

(1)文献信息资源共享阶段(17 世纪 30 年代至 20 世纪 90 年代)

学术信息资源共享起源于文献信息资源共享，主要是从馆际互借发端的，可以表述为“一定范围内的文献情报机构共同纳入一个有组织的网络之中，各文献情报机构之间按照互惠互利、互补余缺的原则，进行协调和共享文献信息资源的活动。”①在国外，早在 1634 年，巴黎的皇家图书馆和罗马的梵蒂冈与巴比伦图书馆之间就进行了手稿的馆际互借。19 世纪中叶，德国的默尔(Robert von Mohl)首次提出了图书馆之间藏书建设分工协调的思想。1901 年，美国国会图书馆开始有组织地对其他图书馆实行馆际外借服务，并对大约 400 家图书馆提供印刷目录卡片，从而使信息资源共享开始登上历史舞台。1917 年，为了促进和完善馆际互借，美国图书馆学会率先制定了世界上第一个馆际互借规则。1938 年，国际图书馆协会和机构联合会(International Federation of Library Associations and Institutions，IFLA)(国际图联)制定了国际馆际互借规则。为了

① 马费成，裴雷．我国信息资源共享实践及理论研究进展[J]．情报学报，2005(3)：277-285.

推动全球范围内的文献信息资源共享，1971年国际图联又制定并实施了“世界书目控制(Universal Bibliographic Control，UBC)计划”。该计划致力于在全球范围内建立一个由各国出版界和图书馆界的全国性机构共同构成的世界编目网，使用国际通用的规格和标准，准确迅速地提供世界各国所有出版物的基本书目数据。同时，为了更好地推动全球范围内的文献信息资源共享，国际图联还在1973年的一次学术年会上提出了“世界出版物搜集利用(Universal Availability of Publications，UAP)计划”。该计划的主要内容是促进各国建立一个集文献出版、发行、采购、加工、存储、保护、馆际互借等基本功能于一体的国家级文献提供系统，并在此基础上进一步实现国际范围的文献信息资源共享。20世纪60年代以后，随着计算机和远程通信技术的发展及其在信息交流中的广泛应用，联机检索系统(如DIALOG、ORBIT、BRS、DATA-STAR、STN等)在全球迅速发展；到20世纪90年代初期，全球已有644个联机检索系统。联机检索系统的发展为学术信息资源在更大时空范围的共享奠定了基础，但是，此时共享的主题仍局限于文献信息资源，包括论文、会议记录、图书目录、专利文件等。① 我国在新中国成立后，文献信息资源共享活动也发展很快。1956年，我国制定并颁布了国内第一个馆际互借条例，即《高等学校图书馆馆际互借办法(草案)》；1957年9月，国务院发布了《全国图书协调方案》；1987年10月，由15家部委有关人员组成的全国部际图书情报工作协调委员会宣布成立。该委员会下设文献资源专业组，主要职责是调查研究全国文献资源布局与开发利用现状，了解各系统在文献资源方面需要协调的共性问题，组织落实文献采购协调，编制联合目录，开展国际互借等具体协作项目。在这一阶段，学术信息资源共享的历史发展特点是：相关的实践和理论研究活动主要以图书馆为背景，所要解决的问题的实质主要是基于馆际互借的，以纸张为载体的图书馆文献信息资源在不同区域之间以及同一区域内不同成员馆之间

① 王晓光．信息资源共享效率初探[J]．情报科学，2003，21(11)：1125-1128.

的合理布局与分配。①

(2)数字信息资源共享阶段(20世纪90年代至今)

以互联网为代表的信息技术的飞速发展为学术信息资源共享提供了巨大的动力，以网络为依托的信息环境开始形成，因特网开始成为信息资源存储、传输和共享的主要场所，单纯的文献信息共享开始迈入数字资源共享阶段。这一阶段突出表现为：世界各国政府以及图书馆组织纷纷推出数字图书馆项目和计划。美国政府下属的国家科学基金会(National Science Foundation，简称NSF)是美国数字图书馆建设的主管机构，技术实施主要是由国家研究创新公司(Corporation for National Research Initiatives，简称CNRI)进行协调。1994年9月美国推出了“数字图书馆首创计划(Digital Library Initiative，DLL)”，计划包括“密西根大学数字图书馆研究计划”，“建立交互空间——为大学工程社团服务的数字图书馆结构”，“环境科学电子图书馆：一个可扩展的、智能的、分布式电子图书馆模型”，“创建与利用时集成声音、图像及语言识别能力的数字视频图书馆(informedia)”，“斯坦福集成数字图书馆项目”，“亚历山大工程：建立具有图像和空间参照信息的综合性服务功能的分布式数字式图书馆”。② 1999年，美国图书馆协会(American Library Association，简称ALA)发起开展美国图书馆运动——“@ your library”运动，推广数字信息资源公众利用，已经被2万个图书馆，40个州分会和20个州图书馆所采用。2000年12月，《国家数字信息基础设施和保存计划》(ND IIPP)启动后，推动建立用来对数字资源进行长期保存和提供获取的合作存储网络和数字保存的体系组件的国家合作网络。欧洲从1998年开始先后开展CANDLE，CECUP，DEBORA，DECOMATE Ⅱ，DIEPER，EULER，NEDLIB等面向数字信息资源整合开发的项目。英国在Follett报告的指导

① 查先进等．信息资源配置与共享[M]．武汉：武汉大学出版社，2008(7)．

② 李伟超，王兰敬．美国数字图书馆项目建设回顾[J]．新世纪图书馆，2003(3)：63-68.

下，联合信息系统委员会(Joint Information Systems Committee，简称JISC) 1997年开始实施e2Lab数字图书馆项目，并建立了面向高等教育的分布式数字资源建设(DNER)规划。1998年CURL(利兹大学、剑桥大学和牛津大学合建)开始启动面向数字文件搜集和管理的“雪松工程”(cedars project)项目。2004年7月，德国联邦教育科研部资助、成立旨在开发创新性的技术途径以解决数字化文献的长期存取问题KOPAL合作项目。基于IBM和荷兰皇家图书馆开发的数字化信息及存档系统DIAS存储各种数字化资料①，荷兰皇家图书馆发起了电子仓储“e2Depot”计划，主要提供出版商的数字化存档服务。2005年4月28日，欧洲6个国家和政府联合致信欧盟理事会主席和欧盟委员会，倡导建立欧洲虚拟图书馆，旨在实现欧洲科学文化资源的共享。委员会非常欢迎这一计划，并将启动龙头项目——i2010数字图书馆项目，以促进该计划的实现。② 此外，法国的Gallica计划、德国Global2Info项目、奥地利数字图像档案(Digital Image Archive)项目、荷兰Het Geheugen van Nederland项目、挪威BIBSYS数字资源项目、瑞典Kulturarw3项目、西班牙Memoria Hispanica项目、捷克记忆工程以及芬兰的Muisti网络传输与资源搜集计划共同构成欧洲数字信息资源开发利用的主体。日本国立国会图书馆也开展了WARP项目选择搜集政策信息和学术信息，制定NDL元数据标准，开始提案修改针对数字信息的缴送法和著作权法。澳大利亚国家图书馆1996年启动Pandora项目，通过“数字信息存档系统”自动生成管理元数据，进行质量和访问权限控制，数据的长久保存通过数据转移。此外，OCLC、Ohi2oL INK、Ontario Scholars Portal、Portico和PubMed Central都开展了不同程度的数字信息资源利用的系统研究。③

① https：//www. clir. org/pubs/archives/ejournal. htm，2011-09-04.

② 马艳霞，高新亮．欧洲数字图书馆建设特色项目研究的回顾与思考[J]．现代情报，2004(12)：66-71.

③ 裴雷，马费成．公共数字信息资源开发利用现状和对策[J]．情报理论与实践，2008(1)：26-32.

1991 年 1 月，我国 124 家图书馆与情报（信息）机构在北京联合发出了“全国文献信息资源共建共享倡议书”，倡议书按照“资源共享，优势互补、互利互惠、自愿参加”的原则，以因特网为依托，建立起以国家级文献信息资源网络为主导，地区级文献信息资源网络为基础的全国图书馆文献信息资源共建共享网络。其主要工作包括：建立各具特色的馆藏体系；协调全国网上联合编目；合作开发数字化资源；充分利用网络开展服务；加强并完善馆际互借；扩大业务交流与培训；建立协调机构。为了更好地推动文献信息资源共享，“九五”期间，原国家计划委员会还专门立项并拨款建设了中国高等教育文献保障系统（China Academic Library &Information System，简称 CALIS）。该系统是一个基于因特网的文献信息资源共享保障系统，主要目标是依托中国教育科研网（CERNET），利用现代化信息技术手段，建设全国性文献信息资源服务中心和地方性文献信息资源服务中心，连接进入“211 工程”的各高校图书馆，面向全国普通高校服务，由全国——地区——高校共同组建一个整体化、自动化、网络化、数字化的三级联合文献信息资源保障系统，为我国的高等教育和科学研究提供全方位、高水平的文献保障服务。CALIS 的建设打破了原有的一校一馆单独保障文献的旧模式，优化资源配置，逐步形成多校、多馆联合保障，共建共享文献信息资源的新的运行机制。为了从根本上改变因特网上信息资源分散和不便共享的状况，1998 年，国家图书馆和北京曙光天演信息技术有限公司合作进行了国家 863-306 研究项目数字图书馆系统工程的建设。该工程构筑于因特网环境下，旨在建设一个包含多个分布式数字资源库的知识网络。2003 年，针对我国文化事业的实际情况和科研发展水平，为了整合包括图书馆、博物馆、美术馆、艺术院团、研究机构等现有的文化信息资源，形成互联网上中华文化信息资源的整体优势，国家有关部门在全国范围内实施了“全国文化信息资源共享工程”。该工程充分利用现代高新技术手段，将中华民族几千年来积淀的各种类型的文化信息资源精华以及贴近大众生活的现代社会文化信息资源，进行数字化加工处理和整合；建成互联网上的中华文化信息中心和网络中心，并通过覆盖全国所有省、自治区、直辖市和大部分地(市)、县(市)以及部分乡镇、街道(社区)的文化信息资源网络传输系统，实现优秀文化信息在全国范围内的共建共享。①

在这一时期，学术信息资源共享的历史发展特点是：一方面，基于馆际互借的、以纸张为载体的图书馆文献信息资源共享继续得到发展，并进一步拓展到因特网环境下，产生了许多新的形式和更加丰富的内容；另一方面，以数字图书馆建设为代表的学术资源共享项目开始受到普遍关注，并以此为契机，突破以馆际互借和纸张为载体的文献信息资源共享阶段进入学术信息资源共享的新阶段。

7.3.3　学术信息资源共享障碍

学术信息资源是知识的重要载体，实现学术信息资源的共享能够有效提升学术科研的效率，促使整个社会以最低的成本实现对知识的最充分利用，进而实现理论创新、技术创新、社会创新。因此可以说，学术信息资源共享是实现整个社会创新的源泉和不竭动力。当前，学术信息资源共享主要体现在数字图书项目中，数字图书馆信息资源共享的障碍主要包括以下五个方面。

(1)共享理念的问题

共享理念问题就是指人们对学术信息资源共享的认识问题。虽然现代通信技术和网络技术的迅速发展使得资源的共享可以跨越时间和空间局限，为信息资源共享提供了最佳的物质环境条件，但传统的条块分割的管理体制和服务方式在人们的头脑中依然根深蒂固，这就使得不少信息服务机构、组织和个人缺乏共享意识，认识跟不上时代的发展，对于馆际互借请求反应迟缓甚至拒绝服务。另一方面，信息资源共享的双方不能达成共识，对共享协议的投入和努力程度不对称，或者是信息资源共享的公共服务决策机构的共享理念传达与信息服务执行机构的共享理念差异，最后造成信息资源

---

① http：//www. ccnt. com. cn/html/gxgc/index2. htm? file=01-01，2013-07-31.

共享的服务标准不配套。①

(2)管理体制的问题

学术信息资源共享的实现同样也依赖于有效的管理体制，要求高度的整体化，其最终目标是建成覆盖全国、全球的学术信息资源共享网络，能通过因特网真正实现世界各地使用计算机的人都可以自由获取和利用网络上的学术资源，而条块分割、各自为政、相互之间缺乏横向有机联系的状况势必阻碍学术信息资源的交流与共享。以我国为例，宏观层面的管理体制问题是指我国的文献保障机构分布于五大系统，包括中国高等教育文献保障系统、中国高校人文社会科学文献中心、国家科技图书文献中心、中国科学院文献信息系统、全国文化信息资源共享工程。分别从各系统来看，其信息资源、技术设备、专业人员各具特色，如果开展协作则互补性很强，但各系统之间相互独立，缺乏协调，以致形成了许多平行建设的资源中心，使得大量资源重复浪费。

(3)技术标准问题

学术信息资源的标准化问题涉及多种文献格式的描述标准、元数据的定义标准、各种代码和标识符的定义标准、文献类型描述标准、软件接口标准等。② 学术信息资源格式统一规范，遵循同一标准，有利于实现不同计算机系统间交换数据，实现用户和系统以及系统和系统之间的有效沟通。而到目前为止，各国在建设数字图书馆时都采用了不同的资源组织标准，各国内部也未实现技术标准的统一，这就给学术信息资源共享带来了一定困难。

(4)法律法规问题

学术信息资源共享中的法律法规问题主要是法律法规对版权保护不足，使得一些作者和机构对信息资源共享的投入得不到应有的回报和补偿，在学术资源共享中提供方与使用方利益不平衡，导致

① 马费成，裴雷．我国信息资源共享实践及理论研究进展[J]．情报学报，2005(3)：277-285.

② 江向东．我国数字图书馆建设现状、存在的问题及其对策[J]．福建师范大学学报，2003(5)：143-148.

共享效率低下，资源共享难以进行。因此，需要在现有的法律框架内寻求学术信息资源版权解决方案，推进资源共享的顺利进行。国际上，有关版权保护的法律观念深入人心，如美国、英国、日本等经济发达国家对版权保护的法律规定都很严格，使学术数字资源共享得以顺利进行。在我国，图书馆界的法律意识普遍较淡薄，一些部门在建设数字图书馆过程中无视版权问题，在未经作者许可的情况下擅自将权利人版权作品上网。这种弱化版权保护、无视权利人版权的做法，最终必将损害国家的利益，对数字图书馆的发展从长远发展来看也是极为不利的。

(5)资金问题

建设数字图书馆，实现数字信息资源共享，需要花费大量资金。虽然实现学术信息资源共享可以节约经费，但资源共享的前期工程必须有大量的资金投入。资金问题一直是数字图书馆建设的“瓶颈”。有偿服务是数字图书馆资源共享的主要特征之一，而经济性原则是用户获取信息资源的基本因素之一。如果用户获取某项资源的付出高于所得资源产生的经济效益，用户将放弃对该资源的需求。目前，数字图书馆存在收费标准不一致和价格太高的问题，成为阻碍用户使用学术资源的重要因素。而有些单位在向其他单位提供资源共享服务时，收取的手续费、复制费标准过高，成为学术资源共享的障碍。

7.3.4　学术信息资源有效共享策略

学术信息资源是公共信息资源的重要组成部分，以公众的利用率和共享程度作为其效率评价的根本标准。现阶段加快数字图书馆建设，提升学术信息资源共享程度需要做好以下四个方面。

(1)提高共享意识

由于学术信息资源消费本身呈现出来的非损耗性和非独占性等特征，信息共享的实现就意味着更高的学术信息资源利用效率。因此，提高全民信息资源共享意识，营造信息共享的社会氛围就能更好地推动信息资源共享的实践工作。在现有条件下，可以利用网络平台和各种媒体，加强有关数字图书馆建设、学术信息共享的宣传工作，强调信息共享的关键作用，大力推进共享工作。在数字时代，学术信息资源是社会创新的动力和源泉，是社会发展的重要战略资源，计算机、网络技术等的发展，使得人们对学术信息资源共享重要性的认识不断深化。学术信息资源共享，实质上就是要使学术信息资源的分配更加合理，从而在既定的信息资源投入的情况下，使得科研用户的信息需求得到最大程度的满足，借助学术信息资源提升科研效率，更好的完成科研工作。在充分利用学术信息资源的基础上，实现学术信息资源共享的最大效率，用尽量少的信息投入获得更大的社会收益，提高人们的信息福利，实现学术信息资源的高效率利用。

(2)加强宏观调控

数字图书馆建设过程中需要政府进行宏观调控，建立健全数字图书馆建设的组织管理机制，统一领导、联合相关的国家部委、企业、各高校和科研院所，详细制定数字图书馆建设发展的总体规划和分工实施大纲，从全局高度对国内现有的信息基础设施、技术人才、信息内容进行统筹配置。在学术信息资源共享的实践中，政府的宏观领导和干预是不可或缺的。政府对数字图书馆建设过程及结果的干预和引导，是数字图书馆发展的内在要求，也是学术信息资源可持续发展的重要保障。政府对学术信息资源共享的引导主要是对涉及的宏观方面的问题进行统筹考虑和利益兼顾，表现为行政和政策引导，也就是利用行政手段和政策手段进行调控。在政策方面，政府通过制定与学术信息资源共享相关的各项信息政策，利用信息政策的指导、调节和干预作用，规范信息资源共享的主体之间的活动与行为；还可以通过产业倾向政策、财政拨款、专项资金投入等手段，实施宏观调控，支持和引导各方社会力量参与学术信息资源的开发利用中，协调各参与共享的利益主体的利益。因此，加强政府在数字图书馆建设和学术信息资源共享中的协调作用，改进学术信息资源配置效率，是必然的选择。

(3)改进共享的技术与标准

技术是推动数字图书馆发展的动力，也是制约数字图书馆前进的因素。在建设数字图书馆的过程中，从信息资源的采集、加工、处理、存储、发布到网络化服务都需要按照一定的标准采用一定的技术。数字信息资源的分布式、异构存储阻碍了不同组织共享信息的进程，在数字图书馆建设过程中，信息孤岛现象仍然存在。在信息网络、文献数据加工等领域制定全国统一的技术标准和规范制度，对信息资源的采集、存储使用一系列相同的标准，逐步形成规范化的技术标准体系，才能使信息资源共享能够真正在大范围内推进。数字图书馆建设需要由国家有关部门牵头制订统一的标准，同时广泛征求图书情报学界、信息产业界、软件开发商等的意见，在现有的国际通用标准、协议、规范基础上制定适合我国信息资源特征的标准。

(4)加强立法规范

数字图书馆项目的推进过程中，由于学术信息资源本身的非竞争性和非独占性等一系列特征以及现有法律法规存在的一些漏洞，使得一些侵犯知识产权的行为经常发生。因此，用立法方式规范信息资源的共享行为就显得十分重要。法律规范具有强制性，是共享各个主体必须遵循的法则，这能够在一定程度上保证信息资源共享实践的有序进行。学术信息资源共享是一个涉及多方利益主体的系统工作，需要协调多方面的利益关系，所以，学术信息资源共享的立法规范也包括很多方面的内容。在这个体系中，要涉及图书馆法、信息法、知识产权法、标准化法等法律法规及相关法律规范。立法过程中，要提高法律的规范性，并细化法律规范，注重规范的可操作性。通过立法，明确界定在诸如馆际互借、文献保护、著作权保护、合理使用、收费标准等方面可能存在的问题，指导协调各方权力与义务的均衡分配。同时需要兼顾灵活性，由于学术信息资源共享终究是代表公众的利益，而知识产权是一种私权，代表权力人的个体利益，这两者之间存在一定的矛盾性。但是在建设数字图书馆、共享学术信息资源的过程中不能回避这一矛盾，过去实践的经验已经证明以任何理由弱化知识产权保护的主张都要以牺牲整个民族创新力为代价。因此，需要注意立法规范中为信息共享保留一定的公有领域，在保护版权的前提下谋求信息资源共享的对策，实现数字图书馆的可持续发展。

7.4 政务信息资源配置

政务信息资源发端于美国文书记录，随着20世纪90年代初高速互联网的兴起和发展，政府将业务搬到网上，逐步实现业务流程数字化、电子化，继而各国掀起建设电子政务的高潮。政务信息资源数量庞大、种类繁多，对于经济的发展、政治的稳定和社会福利的增加都具有重要的影响。如何对政务信息资源优化配置，以最小的成本最大程度满足社会的需求，克服因为政务信息资源配置效率低下造成的社会福利损失是本章讨论的主要问题。为了方便论述，下文中政务信息资源都是指数字化的政务信息资源。

7.4.1 政务信息资源及其配置的内涵

政务信息资源，也称为电子政务，是指公共管理部门在履行政务活动中所形成的以数字代码形式传输和存储在特定介质上的各类有用信息的集合。如果仅从是否具有竞争性的角度来判断公共物品，那么政务信息资源是典型的公共物品，其产生和利用都是为了服务公众的目的，具有无竞争性特点。进一步地，政务信息资源又可划分为无排他性且无竞争性的公共信息资源和有竞争性而无排他性的公共信息资源，前者如可公开的各类政府信息资源，后者如不宜对外公开的政府信息资源。政务信息资源与各级政府、企业、公众密切相关，在不同利益主体互动的过程中产生了政务信息流，贯穿政府业务工作的始终。政务信息资源内容丰富，数量庞大，从公共物品的范畴看，它包括：政府机构信息，包括政府部门设置、职责等；政务信息，包括政府文件、政府公报等；政策法规信息，包括发布的国家和地方的政策、法律法规等；为社会各界服务的信息，包括国际、国内及地区的政府动态新闻等；反馈信息，包括政府信箱、市政论坛等；交流信息，包括政府之间、政府各部门之间传递的各类公文、会议记录、总结报告等。①

① 蒋永福．论公共信息资源管理——概念、配置效率及政府规制[J]．图书情报知识，2006(6)：11-15.

政务信息资源除了具有信息资源的人类需求性、使用方向上的可选择性、不均衡性、相对稀缺性、非同质性等一般经济特征外，还具有作为公共物品的信息资源的独特经济属性。

(1)公共性

政府具有公共性，进而决定了政务信息资源的公共性。政府代表国家履行公共管理的职能，掌握了全社会绝大部分的信息资源，这些被集中起来的社会资源是社会公众让渡出来的一部分利益，因此政府掌握的信息是具有公共性的，具体表现在：政府的信息行为必须以代表、维护和增进公共利益为导向；政务信息资源的采集、整理、加工、传递来源于公民个人、企业或社会组织。①

(2)垄断性

政务信息资源具有垄断性，主要包括下述两方面的原因：政府对国家事务享有行政控制权，能够集中最大规模的人力、物力、财力为涉及全国范围的重要基础数据资源搜集、存储、处理提供条件，对于这部分政务信息资源只能由政府组织建设和提供，因此具有垄断性质；一些由各级政府之间、政府各部门之间传递的文书、会议记录等纯粹产生于政府行政工作过程中，需要相关部门对这些文件进行系统整理、加工才能形成对公众具有价值的信息资源，这类只与某些部门利益相关的政务信息资源也具有天然的垄断性质。

(3)外部性

在政务信息资源的生产和消费过程中，普遍存在着外部性效应，包括正外部性与负外部性。政务信息资源的搜集、加工、存储、公开都涉及公众的利益，影响范围难以预知，因此存在一定外部性。如果公众通过免费或廉价获得所需的政务信息资源，进而满足了其知情权的基本权利需求，就体现出政务信息资源的正外部性。反之，如果政务信息资源只能被少部分人控制，而公众普遍获得的只是虚假的、冗余的、不充分的信息，公众的知情权无法满足，政府的公信力下降，就凸显出政务信息资源的负外部性。

---

① 王芳. 政府信息资源的经济学特征及其产权界定[J]. 图书情报工作，2005(5)：50-54.

(4)管理主体的利己性

根据新制度经济学的理论，无论是政府官员还是公众个人都是在他所依存的体制允许的界限内进行选择，追求最大化效用。① 在经济生活中，多数消费者有特定的消费喜好；同样，在行政管理中，政府工作人员也是理性人，也具有追求个人利益最大化的动机，作为管理主体的政府工作人员也具有某种偏好——可以看作是既具有公益性又追求私人利益的主体。政务信息资源管理主体的利己性表现在：政府官员将信息资源当作交易的对象，利用一些公众的寻租心理，运用手中的权利为部门或自身牟取利益。

政务信息资源同社会其他资源一样也存在有效配置的问题。考虑到政务信息资源的公共性和外部性的特征，为了减少或避免出现“搭便车”现象和“公共地悲剧”现象，政务信息资源配置更适合采取以政府为主导的配置方式。

政务信息资源的配置指以人们对政务信息资源的需求为依据，以政务信息资源配置的效率和效果为指针，调整当前的政务信息资源分布和分配预期的过程。根据信息资源配置的“时间—空间—数量”配置模式，政务信息资源也包括时间矢量配置、空间矢量、数量矢量三种配置类型。② 政务信息资源的时间配置决定于信息内容本身的时效性，比如，对企业而言及时获知国家的宏观经济政策，可对市场进行准确的判断以做出正确的决策；而对求职者而言，过时的招聘信息毫无价值。显然，政务信息资源效用的实现程度与信息资源在时间坐标轴上的配置密切相关。控制和协调无过时规律的信息在时间矢量上的配置，不仅仅需要理论上的知识作基础，还需要有丰富的实际配置经验。政务信息资源的空间配置表现为信息资源在不同的区域、不同的信息用户之间的分布，实质上是在不同使用方向上的分配。不同区域、不同用户的信息需求千差万别，不可能将电子政务信息资源平均分散于各个部门、行业和地区，而只能

① 王勇．透明政府[M]．北京：国家行政学院出版社，2005.

② 周伟，韩家勤．电子政务信息资源的优化配置及其效率分析[J]．内蒙古科技与经济，2008(20)：183-184.

有选择、有重点地加以发展才能使政务信息资源的开发利用发挥最佳的效益。政务信息资源的数量配置包括存量配置和增量配置，存量配置是将现有的信息资源进行合理的配置，确保有限的投入能够获得最大化的产出；增量配置是将新增加的信息资源合理的配置到实际的信息活动中去，确保政务信息资源的利用效率。

不管采用上述哪种配置方式，政务信息资源配置从根本上突出其公共消费的特征，有效配置是以其公开效果、共享程度、公众知情权的满足为衡量标准。配置政务信息资源的根本目的是在法律许可的范围内利用最小的行政成本，最大限度地实现人们对政务信息资源知情权的满足，实现社会经济、政治、信息福利最大化。

7.4.2　政务信息资源配置与共享效率

政务信息资源配置要求政府机构依据法律规定，合理安排公开的内容和共享的规模，使政府各部门以最小的共享成本换取最大程度上公众知情权的满足，提升政府绩效，获取公信力提升的社会效用价值。因此，对政务信息资源配置的效率评价等同于对政务信息资源共享效率的评价，有效率的政务信息资源共享意味着实现了政府与公众联合收益的最大化和联合成本最低。①

在实践中，政务信息资源配置的结果可能会有两种情形：一种是有效率，另一种是低效或无效。这里，"有效"即指政府安排的共享规模与公开内容取得了令公众满意的理想结果。具体来说，就是使政务信息资源共享达到了"帕累托最优"，也即在现有的技术和资源条件下，无论对政务信息资源配置格局(如数量、规模等)做何种改变，都不可能使公众知情权的诉求得到更进一步的满足。或者说，当政务信息资源配置已经达到有效率的状态时，在不损害公众满意程度的情况下已无法使政府与公众任何一方的满足增加。在这个时候，整个社会的联合成本最低，联合收益最大，社会福利不再因某种努力而增长，政务信息资源的共享效率达到最大。反

---

①　马费成，王晓光．信息资源的优化配置与共享效率[J]．情报理论与实践，2003(4)：381-384.

之，如果政务信息资源配置是低效或无效的，那么就有必要调整现有政务资源的分配格局，扩大或缩小现有的公开范围和信息共享规模，提高政府信息管理工作的交付绩效，满足公众普遍的信息诉求，并通过获取公信力的效用价值弥补因公开信息或扩大共享规模产生的行政成本。也就是说，在政务信息资源配置低效或无效时社会福利还可以进一步增加，因而有必要对现有的政务信息资源配置格局加以调整和变革。

具体地，从"成本—收益"角度分析政务信息资源配置，需要符合以下两个条件：净收益非负，即政务信息资源使用的总收益（包括政府收益、公众收益和外部收益）大于总成本（政府成本、公众成本和外部成本）；净收益最大化，即政务信息资源使用的总收益与总成本之差最大。由于政务信息资源的使用总成本会随着共享程度的变化而改变，总体倾向于递增，如随着公众知情权意识不断增强，要求获取和共享政务信息资源的诉求不断涌现，政府为了满足公众的要求，需要提供更多的政务信息，因而加工、处理政务信息的成本就会出现并不断增加，也包括政府为克服来自各方的公开阻力支付的成本；而同时存在着政务信息资源的边际效用递减规律，如政府主动改进政务公开工作，不断满足公众的信息需求，公众的知情权得到保障，所感知的社会福利、信息福利不断增多，对政府的支持度和社会公信力也不断提升，这时可以认为政务信息资源配置的总收益达到了最大值，而随着共享范围的继续扩大有可能造成过重的行政负担而对公众社会福利的增加也没有益处，因此政务信息资源的总收益在达到一定程度后会随着共享度的扩大而倾于递减。如上述分析，政务信息资源的总成本和总收益与配置状态的关系可用图 7-1① 表示。当 $Q < Q1$（即共享不足），或 $Q > Q2$（即共享过度）时，政务信息资源配置的总成本始终大于其总收益，此时的资源配置是无效率的。当 $Q1 < Q < Q2$（且 $Q \neq Q^*$）时，政务信息资源配置的总收益始终大于总成本，满足了有效配置的第一个条

① 周伟，韩家勤．电子政务信息资源的优化配置及其效率分析[J]．内蒙古科技与经济，2008(20)：184.

件，实现了帕累托改善，但是它仍是低效率的；当资源配置处于 Q^* 时，政务信息资源配置的总收益与总成本之差最大，满足了有效配置的第二个条件，实现了帕累托最优，此时的政务信息资源配置最有率。

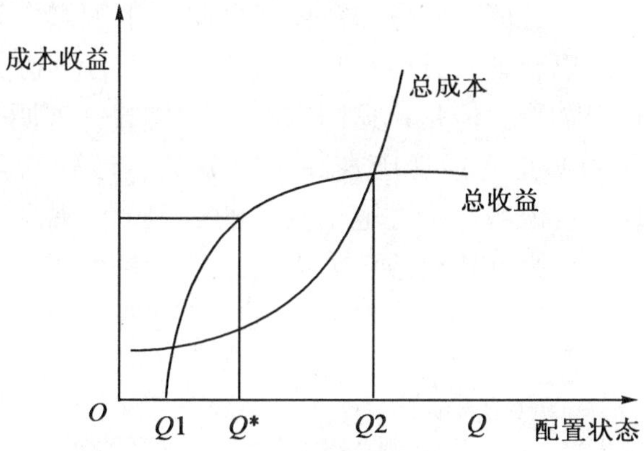

图 7-1　政务信息资源配置效率的实现条件

7.4.3　政务信息资源有效配置与共享障碍

在网络环境下，政务信息资源共享的主要形式是构建电子政务，推动政府上网，包括制定适应数字时代特点和要求的开放式、原则性的法规，统一相关技术标准及规范，将各级政府网络和应用系统联接起来，使之成为有总体规划的互联互通的国家政务服务平台。目前，我国的电子政务尚处在起步阶段，地区之间发展不平衡，行业之间缺少有机整合。随着电子政务建设不断取得进展，政务信息资源共享进入到了纵深层次，取得了显著的成绩，但政务信息资源共享的整体水平仍然较低，在推行过程中存在一系列障碍。

(1)思想认识和职业能力不足

政务信息资源共享的实现首先是要依靠政府公务员，公务员是政务信息共享推进和展开的中坚力量，对政府信息共享的认识和理解，以及其职业技能将起到至关重要的影响作用。在政治生活中，政府官员作为社会生活的主体也存在某种偏好——封闭政府信息①，独享信息价值。这使得政府往往不愿共享掌握的信息，或者为信息共享设置重重障碍，试图阻碍信息共享计划的推进。同时，受到传统政治文化、政府偏好以及官员利己性的影响，我国政府官员自身思想观念、不良工作习惯等对政务信息共享产生负面影响。

在公务员素质方面，政务信息资源共享要求国家公务员不仅要具备执政为民的思想觉悟，而且必须具备信息、计算机、网络等多学科领域的知识背景。但是，据国家行政学院的一项调查②，大约有20%的公务员甚至一些学历较高的公务员，计算机操作方面的技能仍较欠缺。这说明在推进电子政务的过程中，提高国家公务员的整体素质，特别是计算机应用方面的水平，是一项非常艰巨的任务。公务员素质的参差不齐，是造成政务信息资源共享难以顺利推行的人文障碍。

(2)行政管理模式僵化

政务信息资源共享必然涉及新的政务流程与传统政府业务之间的不匹配，具体表现为传统行政体制与管理模式的障碍。传统政务是根据政府业务活动条块方式划分的，各级政府部门各自为政，所采集的信息资源往往会形成独家垄断，有效的信息共享制度和机制无法建立。实现政务信息资源共享必须打破现有的金字塔式的管理模式，实现政府内部的集权向分权民主方式转变，建立扁平化的权利结构。这种管理模式还需要建立一个权利集中的领导机构，为政务资源配置提供指导，为下级职能部门之间以及政府与公众之间的信息搜集、传递、共享提供统一领导。但是由于受到权利和利益的驱动，政务信息很难实现公开和共享，管理模式的变革不会一蹴而就，更不会自动展开，旧有的模式和势力会竭尽全力阻挠这一变革。

① 姜忠．论经济学成本理论视域下的政府信息公开范围[J]．法学论坛，2010(4)：64-68.

② 于丽先，王庭芳．电子政务环境下公务员的培养和使用[J]．商业时代，2006(32)：50-51.

(3)法律保障不足

政务信息资源共享的实现不仅依赖于政治制度的健全与完善，还依赖于法律的强制力作为保障。但是，我国目前尚未形成完善的电子政务建设的法律体系，也没有一部法律对政务信息资源的搜集、存储、传播、公开及其支撑技术、机构的人员编制、部门设置和管理制度做出一个全面指导和规范，因此政务信息资源的生产、使用、传播都处于无法可依、无章可循的状况。2008 年 5 月，国务院正式颁布了《中华人民共和国政府信息公开条例》(以下简称《条例》)，为我国政府机构信息公开行为在行政层面提供了法律规范，也可以看作有关政务信息资源共享的一项法规政策。但是，《条例》实施三年以来，在涉及政府财务信息、官员财产申报、招标、拍卖等方面的信息公开迟迟无法实现，在面对公众合理的政务信息公开诉求时，相关政府部门常常随意地以“内部资料”、“不宜公开”等含糊言辞为名拒绝向公众提供有关信息，而公众也无处寻求法律援助和救济。相比之下，美国联邦政府较早建立了有关电子政府和政务信息公开的一整套法律规范。联邦立法机构出台了一系列保障公众享有政府权利的法案，如《信息自由法(The Freedom of Information Act of 1967)》、《文书削减法(Paperwork Reduction Act of 1980)》、《信息技术管理改革法(Information Technology Management Reform Act of 1996)》、《电子信息电子自由改进法(Electronic Freedom of Information Improvement Act of 1996)》、《电子政府法(E-Government Act of 2002)》等。此外，联邦机构设立了专门的电子政务领导、协调和监督机构，包括管理与预算局(OMB)、首席信息官委员会、政府责任署(GAO)等，这些行政机构也根据其职责和职能颁布了相关的指令和信息政策，代表性的如《A-130 号通报(Circular No. A – 130)》、《联邦自动化信息资源的安全备忘录(Security of Federal Automated Information Resources)》等。正是在这些法律和行政政策的规范和指导下，美国电子政务的实施和政务信息公开、共享一直处于世界前列。

(4)信息技术获取及其标准化障碍

政务信息资源共享建立在网络基础设施基础上，依赖于网络通信技术的支持。网络技术的发展导致了“地球村”的形成，使人类共享网上政务信息资源变得十分方便，但是，国内各地区之间存在数字鸿沟，阻碍电子政务在弱势区域或群体中的推广应用。由于数字鸿沟及其他因素的存在，一些弱势群体在共享网上政务信息资源时，常常缺乏技术支撑。近几年来，我国已经投入了大量的人力、物力和财力，基本建成了覆盖全国大范围的光纤传输网络、公用数据通信网、卫星与微波通信网，图像通信网和多媒体通信网也有部分投入使用。但与发达国家相比，依然存在很大差距，网络拥塞现象相当突出，传输网频带窄，传输速率不高，用户终端上网速度还比较慢。因此，因特网和电子政务的出现并不意味着有效率的资源共享活动能水到渠成，更不意味着每一个社会公众或组织机构都能平等地拥有共享政务信息资源的机会。除此之外，在政务信息资源共享中，离不开具有自主知识产权，并能与国际标准接轨的信息技术和相应的标准体系。但实际上，我国与电子政务相匹配的电子签名、电子认证等技术的整体研发能力还十分薄弱，信息技术标准化建设更是相当落后。随着电子政务向纵深发展，缺乏自主知识产权和统一标准的电子政务必将危机四伏，如系统冲突、重复建设、网络拥塞等。

(5)信息安全保障不足

信息安全包括计算机及其相关的和配套的设备、设施的安全，运行环境的安全。在政务信息资源共享中，面临的信息安全问题实质是由于计算机系统作为国家政务的载体和工具而引发的，是政务信息共享中首要考虑的问题。信息安全在一定程度上体现了政务信息共享的生命力。信息安全涉及安全的操作系统、安全的硬件平台、安全的数据库、强认证设施、电脑故障、病毒感染以及遭遇到黑客的侵入、泄密、篡改、删除等。政务信息安全与保障的重要性在于政府网站、政府部门内部的办公系统与存储秘密信息的数据库相连，通常珍藏了大量的具有一定密集要求的高价值的信息资源，这些信息资源被不适当的透露或篡改可能会产生极其严重的恶果，甚至危及国家安全或政党利益，成为社会不稳定的诱因。政务信息安全隐患的存在，一方面是由于政府部门认识和重视程度不足造成的。据调查表明①，我国大部分的政府网站目前还没有设置防火墙，有 80% 的网站没有安全措施，一旦网站系统被非法侵入和破坏，将不能正常工作，甚至全部瘫痪；另一方面，网络犯罪活动日益猖獗，金融机构利用计算机犯罪案件大幅上升，境外黑客攻击破坏网络的问题也十分严重。此外，政府部门对计算机的日常使用，信息保存、流转、归档等都存在责任不明确，制度不完善，管理不到位的情况。因此，政府上网工程要真正得到全面贯彻实施和持续发展，必须解决对安全问题的担忧，这不仅要求处理好相关的技术问题，还要加强人员责任意识，明确管理职能。

7.4.4　政务信息资源配置与共享策略

政务信息资源有效配置与共享的实现是一个漫长的过程，需要政府、公众的共同努力，需要克服来自思想认识、政治体制、管理模式、信息技术等方面的阻力和障碍，在这一过程中政府应当承担更艰巨的职责，推动政务信息资源的合理配置和共享，最大限度地实现社会经济、政治福利。

(1)从根本上转变对信息共享的认识

不论是政府信息管理理论还是其实践活动，都有力证明了政务信息共享能够提高政府的公信力、控制力和科学决策水平，有利于我国民主和法制发展，防止腐败，实现民主政治，促进政府职能转变，建设人民信赖和满意的，公开、透明和问责的服务型政府，实现我国政治、经济、社会的全面发展和繁荣。政府运作不公开、不透明，缺乏行政监督和群众信任，必然导致政府行政效率低下，腐败现象滋生，而政府花费在整治腐败和提升公信力方面的成本将远远高于其公开信息的成本，甚至可以说政府封闭信息造成失信于民的后果，很可能给政府带来沉重的打击，损失难以数计。政府部门应该认识到信息共享将为政府建设带来更大的利益，包括：一是促进决策科学化、民主化。信息公开是民主的基础，也是政府与公众

① http://www.e-gov.org.cn/news/news007/2011-03-22/116986.html，2011-09-04.

之间的交流和公众参与的基础。信息公开能够吸引公众参与到政策制定和执行的过程中，通过举行听证会、征求意见、决策咨询会等形式让公众的利益与意见得到充分表达，从而确定决策的方向和重点，进而确保政策的公平、公正性，避免制定出偏离公共利益的公共政策。二是推动廉政建设。信息共享将使整个行政系统透明公开，破除权利运行的隐蔽性，使政策制定和执行晒在阳光下，可以使公众了解政府部门的职责权限、办事程序和结果，尤其是重大决策和涉及公共利益的决策过程，使行政活动和行政权力的运用一直处于公众的监督之下，从而遏制腐败的滋生和蔓延。此外，信息共享还能够增强政府工作人员的危机感和自觉性，促使政府工作人员廉洁自律，加强对自身的约束，从而提升整个政府的廉政水平。① 政府部门要把信息共享作为自己的义务和社会公众应享有的权利来看待，提高执政的透明度，从思想上认识到知情权是公众的一项基本权利，树立为大众服务的意识，使公民依法享有知情权。

(2)加强公务员职业技能培训

政务信息资源共享的推进要求公务员不断掌握先进的信息技术手段，提高自身消化、吸收、借鉴与转化先进知识的能力。具体地说，为保障政务信息资源有效配置与共享的实现，需要对公务员加强以下两个方面的工作②：第一，培养公务员的信息素养。定期开展业务培训，在培训中结合部门的信息工作和信息化建设项目使公务员了解信息在政府服务公众过程中起到的重要作用，确立信息资源观、信息财富观和信息力量观，认识到信息技术就是生产力，合法的信息公开与共享将提升社会福利，带来更大程度的公众满意，并在实际工作中自觉地、力所能及地为公众提供有效的信息服务，实现政府信息的增值利用。第二，加强对公务员信息技能的培养。通过外部培训与内部培训相结合，业务培训与长期培训相结合的方式，加强公务员信息能力的培训，内容主要是关于计算机基础理论

① http：//www. cqdx. gov. cn/theory/article. aspx? id=1896，2011-09-04.

② 张鑫．论电子政务环境下公务员信息素质的教育培养[J]．中国西部科技，2008(30)：88-89.

和网络安全保护，以及与各岗位相连的计算机操作系统和常用的软件功能，培养他们驾驭信息技术的能力，使他们能够按照上级的要求在开展政务信息公开工作中熟练操作各种系统，充分借助和利用现代化的工具和手段为公众获取政府信息提供支持和帮助。

在培训方式上，可以调动政府机构、高校、专业团体、独立组织等各界力量，为政府培养具备较高的计算机操作水平和信息素养的集成型人才，为政府信息资源管理提供软件保障。例如，政府可以联合北京大学、清华大学等高校开设信息管理的证书课程或短期培训课程，学期结束时为考试合格学员颁发相应的资格证书；各省、市图书馆协会、图书工作委员会等定期开设各类信息技术培训课程，为政府信息管理人员提供充电的机会；政府信息资源管理的领导机构应根据下级机构的业务要求定期安排人员培训，组织跨机构的案例学习和经验交流等；各级政府部门也应充分发挥积极性、主动性，开展内部交流和相互学习活动等。

(3)加强制度和技术创新

在政务信息资源合理配置的过程中要建立统一的领导机构，对政务信息共享提供统筹规划和协调指挥，包括出台政务信息公开目录和编制指南，统一领导各级政府依照目录和指南开展政务数字信息公开和共享；出台政府电子化采购规定，对采购过程中各级政府、采购商、供应商的行为提供指导性规定；制定相应的政务信息资源管理工作制度和实施方案，逐步建立与完善电子政务信息资源管理制度和标准体系。

各级政府内部还应建立一个专门的信息管理办公室，负责本部门的信息公开和共享工作。该办公室可仿照美国联邦首席信息官(CIO)办公室的设立，对上起到接收信息任务的作用，并通过专门的信息管理人员的加工、处理，再把任务传达给本部门的相关机构和人员。该办公室应该直属部门的最高领导层，对整个部门的政务信息工作统筹领导。

依据职能和任务分工，各部门要紧密结合本部门的业务实际。这需要研究建立政务信息资源采集核准和协调监督工作机制，明确各部门的职责、分工和权利、协同工作的方式、程序、标准，研究制定政务信息资源采集及更新管理办法和实施方案。例如政府采购法的颁布和实施，可规范政府电子化采购过程中政府、采购商、供应商的行为，降低采购的成本，提高各方的收益；再如公益性的电子政务信息资源可由政府配置，发挥政府的权威性作用，而竞争性电子政务信息资源可由市场配置，发挥市场机制作用。

此外，各级政府还应积极关注新技术的推行和使用，用现代化的技术强化政府的信息服务，以新型技术推动政务信息资源配置和共享效率。例如，新型智能搜索引擎技术的研制和应用，可以有效提高信息资源共享过程中信息检索的速度，降低公众使用耗费的时间成本①，进而增加了信息共享效率和社会福利。

(4)健全政务信息公开和共享制度

我国已经出台的《中华人民共和国政府信息公开条例》(以下简称《条例》)在法律位阶上属于行政规范，其法律效力和强制力不足，此外，《条例》所规定的信息公开范围边界模糊，这就导致了实际操作的随意性较大。从目前政府信息公开的实践来看，绝大多数的省级行政单位和国务院下设机构都没有严格按照《条例》规定的公开范围公开信息，在实际公开中随意性较强，在一定程度上影响了政府公信力和公众对政府的信赖。

政府信息公开的范围明确与否决定了信息公开和共享的效率。第一，要提高政府信息公开制度的普遍约束力和权威性，使之享有较高的法律地位，成为最高层次的法律规范，相应的信息公开范围也受到法律的保障，同时可根据公众的信息诉求对法律进行修订和完善。第二，需要明确信息公开范围的原则，对公开内容采用以否定列举为主的方式加以明确。本研究认为我国在政府信息公开立法时可以考虑借鉴否定列举的方式，逐条列举豁免公开的信息，最大限度减少因肯定式列举带来的"挂一漏万"，从而将政府信息"以公开为原则，不公开为例外"落到实处。第三，建立有效的权利制约机制和问责机制，明确政府工作人员无正当理由拒不提供信息所承

① 何振，周伟．电子政务信息资源共建共享的经济特性及其效率分析[J]．情报杂志，2005(4)：10-13.

担的法律责任，以及公众在政府部门拒不提供信息时可以采取的救济措施与途径。

(5)加快跨系统资源交换与整合

我国在医疗卫生、社会保障、学校教育、金融保险、交通运输等领域需要加强部门的协调与合作，在信息系统的设计方面需要打破部门的物理间隔，破除原有的“隧道”思想，充分做到同类数据资源共建共享，发挥各利益相关部门的优势，借助共有的数据资源在问题解决过程中形成合力，从整体上提高政府行政部门的工作效率。在建设企业信用信息基础数据库时，应协调和调动国家商务部、工商总局、国家银行业监督管理委员会(简称“银监局”)的力量，在充分利用商务部和工商总局所掌握的企业数据基础上搜集符合银监局需要的企业信用信息，同时结合各家商业银行对企业信用评级的需要综合考虑数据的搜集和存储方式，这样在充分考虑各方利益需求，充分协商和合作的基础上建立起的企业信用数据库，将最大限度地为金融部门提供决策支持和服务，也能够有效减少或避免由于信息重复搜集和存储格式问题产生的资源浪费。此外，我国也应加强对人口、地理等基础数据库的规划、设计和管理，明确实施数据搜集、维护和使用的机构，明确数据的使用规范，制定数据存取制度，在保障数据安全和公民隐私权的基础上，充分发挥基础数据库对国民经济发展的支持作用。① 各级政府部门应按照集约、统筹、共享、协同的原则，创新工作机制，优化业务流程，以应用需求为切入点，积极探索适合本单位实际情况的整合模式，加快推动部门内部和跨部门应用系统的整合。

7.5　基于语义 Web 的信息资源开发利用

“语义 Web”一词由蒂姆·伯纳斯·李(Tim Berners-Lee)于1998年率先提出。在W3C(World Wide Web Consortium，万维网联

---

① 李晶. 美国联邦政府信息资源管理体制研究[D]. 合肥：安徽大学，2010.

盟)组织内，有一批专门人员致力于对该系统的改善、扩展和标准化，并已开发出许多语言、出版物、工具等。语义 Web 构建在统一的逻辑语言之上，能够有效地改善数字信息资源的组织、集成、配置和开发利用。

Web 信息资源开发利用的对象是 Web 上的信息资源，尤其是 Web 上的文本资源。在本节中，如无特别说明，我们所说的 Web 信息资源均指 Web 上的文本资源。

7.5.1 Web 信息资源开发利用的语义需求

HTML(Hypertext Markup Language，超文本标记语言)是为了满足早期的"适用性"和"简易性"要求而推出的标记语言，其内容用来供人阅读和理解。HTML 存在一些致命的弱点，主要表现在以下三个方面：显示方式内嵌于数据之中；在数据中寻找信息和知识非常困难；数据自身的逻辑不得不屈服于 HTML 语言规范的逻辑。如果用软件处理数据，不得不遍历整个 HTML 文件，把所有的 HTML 标记剔除掉，再把剥离出来的有用的数据重新组织。因此，任何一个不是单纯为了显示 HTML 文件的应用程序，在处理一个 HTML 文件中的数据时，都不得不做大量额外的工作，这必然导致 Web 信息资源开发利用的效率不高。

在 Web 上同时具有文档和数据的语义 Web 观点在 Web 产生的开始便存在了。语义 Web 能够提供一个公共架构，以允许数据在应用、企业和领域间得到共享和重用。语义 Web 为信息资源配置和开发利用提供了良好的基础平台。

目前，在 Web 应用之间传递内容仍然很困难。如果机器明白内容，则存在多种机器使用 Web 内容的方法。所选信息间相互关系的发现能够将分隔而孤立的信息变成有意义的上下文，所揭示出的隐含结构将帮助用户更有效地利用和管理信息。这种从语义上链接不同数据源(文本、图像、人、概念等)的思想非常重要。这样，人们能够从当前具有简单链接的 Web 转向更具语义表示的丰富的 Web，在这个 Web 中，人们能够逐渐增加含义，并在资源间表达一个全新的关系集，使得当前 Web 中隐含的特殊上下文关系变得更加清晰。这将为有效的信息集成、管理和自动服务打开全新的渠道。

(1)对数据集成需求的增加

在Web信息资源开发利用中，对共享语义及从中导出的数据和信息集成的需求增加了。例如，生命科学研究需要来自于不同领域的多种异构数据集的集成。基因、细胞、临床医药实验、流行病学领域的科学家、研究者和调整机构都需要一种集成这些构件的方法。它采取基于本体的公共概念来得到实现。①

许多其他学科正在采取生命科学所采用的方法。例如，环境科学正在尝试集成来自水文、气候、生态学、海洋学的数据。② 在科学研究的每个领域，都需要把握不同系统的需求，并呈现出对数据和信息集成的迫切需求。

(2)从文档Web到数据Web

人们每天使用着很多数据，但这些数据不属于Web的一部分，因为这些数据由应用控制，而每个应用都保留着自己的数据。

语义Web不是一个独立的Web，而是当前Web的扩展。在当前Web基础上增加一个语义层(数据Web)，便形成语义Web。语义Web同时包含文档和数据，其中的文档将由人来处理，数据主要由机器来处理。《科学美国人》上的那篇有关语义Web的文章发表于2001年，它描述了Web从包含大量的供人阅读的文档到包含供计算机操纵的数据的进展。③ 语义Web是一个可控信息的Web，通过解释符号的语义理论从数据中抽取信息。语义理论提供了一些通过逻辑关联词构建系统间交互的含义。④

---

① http://obo.sourceforge.net，2006-04-08.

② http://marinemetadata.org/examples/mmihostedwork/ontologieswork，2006-04-08.

③ http://www.sciam.com/article.cfm?articleID=00048144-10D2-1C70-84A9809EC588EF21，2006-04-08.

④ Hendler，J.，Berners-Lee，T.，Miller，Eric. Integrating Applications on the Semantic Web[J]. Journal of the Institute of Electrical Engineers of Japan，2002，122(10)：676-680.

数据 Web 与现在体验到的 Web 看起来非常不同，它使得人们能够将正确的数据利用到某个特定的使用环境。例如，打开日历观察商务会议、旅行安排、在时间上适当安排的金融交易。

数据 Web 主要由 RDF(Resource Description Framework，资源描述框架)文档构成。RDF 是语义 Web 的一个基本构件。当来自两个 RDF 数据源的信息需要合并时，可以将文件连接成一个大的文件——将被定义成对应相同的 URIs(Universal Resource Identifiers，统一资源标识符)的词汇进行合并。如果扩展对 RDF 文件的检索以便包括其他限制时，则可以仅仅增加限制作为合并的一部分。因而，XML(Extensible Markup Language，可扩展标记语言)由元素和属性构成；RDF 数据由陈述构成，每个陈述表达某个事物属性的值——与数据库中表的一个单元格恰好同等。所有关系数据库的工作如联接(joins)和视图(views)，在 RDF 中利用公共工具都很容易得到表示。①

企业应用集成的问题在于：来自每个应用的信息以 RDF 输出，或转变成 RDF。对这个数据的选择可以运行任意的检索，筛选器(filters)能够被简单地书写，转换器(converters)可用于抽取和计算所需要的数据，数据可容易地再输入到其他需要它的应用中。基本上，应用集成问题与系统的大小呈线性关系。正如一个新的 Web 服务器能够在不影响其他服务器的情况下适合于 Web，新的 RDF 应用可以在不影响系统其他部分的情况下提供和使用信息；正如当前 Web 上的文档可以链接成 Web 一样，数据也能够链接成 Web 了。②

(3)Web 服务资源开发利用的语义需求

WSDL(Web Services Description Language，Web 服务描述语言)形成了 Web 服务技术的基础构件，允许对一个基本服务的输入输出消息以及 Web 服务调用所需求的其他细节在语法上进行描述。

---

① http://www.w3.org/RDF/，2006-04-08.

② Shadbolt，N.，Hall，W.，Berners-Lee，T. The semantic Web revisited [C]. IEEE Intelligent System，May/June 2006：96-101.

然而，WSDL 不支持对构成基本服务的工作流的描述。

同时，人们也逐渐意识到对 Web 服务丰富语义描述的需求，以便促使服务准备和使用上更完整和更灵活的自动化处理，支持更有力的工具和方法构建，并促进语义上构建良好的有关服务推理的使用。因为一个丰富的表示语言允许对服务的不同方面进行更全面的描述，因而能够在 Web 服务生命周期中提供更广范围活动的更好基础。例如，丰富的语义能够支持服务选择和调用的更多自动化处理，异构交互服务间消息内容的自动化转换，服务构成的自动化或半自动化方法，以及服务控制和失败恢复的更广泛的方法。此外，丰富的语义还能帮助提供以下活动的更多的自动化，如服务的验证、模拟、配置和流通。①

为了满足这个需求，研究者开发了相关的语言、架构和方法，特别是 OWL-S(Ontology Web Language for Services，Web 服务的本体语言)的开发，它构建在 OWL 之上，寻求为丰富的语义服务描述编码提供构建模块。OWL-S 和其他相关工作为 Web 服务能力扩展打下了基础。语义 Web 服务的目标是促进语义表示技术的快速采纳，因此，研究者在开发 OWL-S 时，努力构建一种机制，以便 OWL-S 能够与流行的 Web 服务标准如 WSDL 一起使用。

7.5.2　语义 Web 的体系结构

语义 Web 涉及两个方面：一是公共格式，用来集成和合并从异构源中导出的数据，二是语言，用来记录数据是如何与真实世界的对象相关联。②

语义 Web 提供了一个特别强大的数据集成形式。它使用 URIs，通过将原始数据(在数据库、XML 文档等中)与商业使用的真实事物(如客户、产品等)的模型相关联来做到这一点。任何一个不需

---

① Agarwal, S. , et al. Annotation, composition and invocation of semantic Web services[J]. Web Semantics: Science, Services and Agents on the World Wide Web, 2004, 2(1): 31-48.

② http://www.w3.org/2001/sw/, 2006-04-08.

要其他帮助而执行任务的系统将不能达到允许数据从一种应用转到非期望方式的其他应用的效果。任何一个完成相同事情但不使用共同标准的系统将是不兼容的，将不会成为语义 Web 的一部分。①

语义 Web 促进了 WWW 的发展，并形成知识表示和计算的分布式系统。语义 Web 的目的不仅支持基于链接或搜索引擎的 Web 信息的存取，而且支持这些信息的使用；不是通过关键词匹配来检索文档，而是有可能通过信息的合成来回答问题；不是检索一个到某地的旅行计划，而是有可能自动构建一个满足某些目的并利用动态产生的机会的旅游计划。这带来了极大的挑战。语义 Web 提出了多个创新观点来达到其目的②：

(1)标准格式。语义 Web 为表示格式的统一元层次描述语言设计了标准。除了作为交换的基础外，这些语言支持多个层次的知识表示。例如，文本可以被注释成形式化表示。自然语言"北京是中国的首都"，可通过注释对其中隐含的知识进行形式化表示，即北京可注释为"城市"，中国注释为"国家"，则这个句子的结构可表示为：capital-of(北京，中国)。对文本文档进行注释促进了文本与形式化知识表示的结合。

(2)形式化的词汇和知识。语义 Web 倡导本体形式的共享词汇和共享知识的形成：如果有关大学课程的知识得到表示和共享，定义和使用公共词汇和公共基本知识是有益的。语义 Web 以本体的形式收集这些，并利用它们对新的领域和活动建模。这意味着大量的知识将得到结构化、形式化的表示以促进自动存取和使用。

(3)共享的服务。除了静态结构外，还有动态的服务。服务在请求者和应用者之间协调，并有可能在不同系统上自动唤起应用。

语义 Web 为 Web 内容扩展了机器可处理的语义信息。在语义 Web 中，文本、Web 服务等资源被赋予了各种明确的语义信息，机器可以分辨和识别这些语义信息，并对它们进行自动解释、交换

① http：//www. consortiuminfo. org/bulletins/semanticweb. php，2006-04-08.

② http：//eprints. pascal-network. org/archive/00000841/01/roadmap. pdf，2006-04-08.

和处理。语义 Web 对现有的 Web 进行了语义扩展，从而使机器能够进行一定的理解和处理。从功能上看，语义 Web 将是一个能够“理解”人类信息的智能网络。在不久的将来，当机器能够更好地处理和“明白”那些它们现在只能仅仅展现的数据的时候，必将涌现出更多的功能，大量的语义 Web 应用将被利用到多种不同的任务之中，并促进 Web 应用向模块化方向发展。例如，某人想报名参加一个国际研讨会，计算机可自动地为其制定最佳日程和路线以及预定旅馆等。①

语义 Web 是推动未来 Web 发展的核心动力，它包含了相关的基础构件。互联网的创始人蒂姆·伯纳斯·李(Tim Berners-Lee)提出了语义 Web 的体系结构②，如图 7-2 所示。

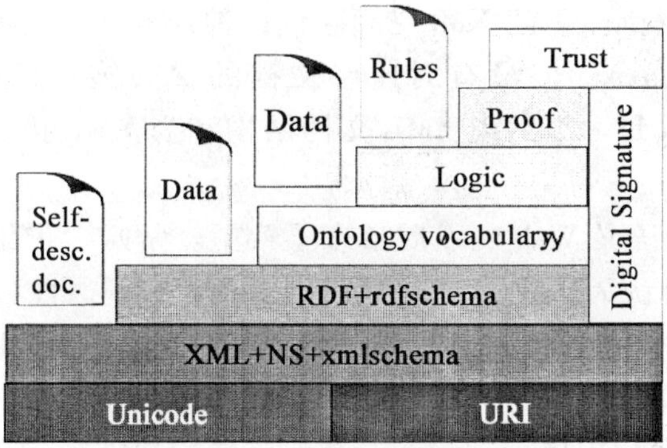

图 7-2　语义 Web 的体系结构

在该体系结构中，第一层是 Unicode(统一编码)和 URI(统一资源标识符)，它是整个语义 Web 的基础。Unicode 提供资源的编码，URI 负责标识资源，利用全球命名法则提供了推动 Web 利益

① Hendler, J., Berners-Lee, T., Miller, E. Integrating applications on the semantic Web[J]. Journal of the Institute of Electrical Engineers of Japan, 2002, 122(10): 676-680.

② http: //www. sciam. com/article. cfm? articleID = 00048144 -10D2-1C70-84A9809EC588EF21, 2006-04-08.

的全球网络效果。URIs 具有全球性，在不同的环境下可以得到一致的解释。将一个 URI 与某个资源相关联意味着任何人都能够链接到它，参考到它，或检索它的表示。在语义 Web 的目标下，需要对关系进行推理。URIs 巩固了语义 Web 的基础，允许机器直接处理数据。语义 Web 从关注文档转到关注数据。

第二层是 XML+命名空间+XML Schema，提供了表示数据内容和结构的语法；第三层是 RDF+RDF Schema，提供了描述 Web 资源的数据模型，可以表示论断、定义模式；第四层是本体词汇表，是在 RDF Schema 基础上定义的概念和关系的抽象描述，用于描述领域知识；第五层是逻辑，在下面四层的基础上进行逻辑推理操作；第六层是验证，根据逻辑陈述进行验证以得出结论；第七层是信任，在用户间建立信任关系。

可扩展标记语言 XML 提供了一种结构化文档的表层语法（surface syntax），但没有对这些文档的含义施加任何语义约束。XML Schema 是一个约束 XML 文档结构和为 XML 扩充数据类型的语言。

XML 为语义 Web 的发展带来了希望。蒂姆·伯纳斯·李（Tim Berners-Lee）认为语义 Web 的目标是开发出表达性（expressive）语言，从而以机器明白的形式描述信息。他将语义 Web 的功能架构总结为如下三层①：

（1）元数据层（metadata layer）。该层的数据模型仅仅包含资源（resource）和属性（properties）。当前，RDF 被认为是元数据层最流行的数据模型。

（2）模式层（schema layer）。在该层引入 Web 本体语言，以对概念和属性进行层次描述。RDF Schema 被认为是模式层语言的最佳候选者。

（3）逻辑层（logical layer）。在该层引入更有力的 Web 本体语言，这些语言提供更丰富的能够映射到有影响的表达性描述逻辑的建模初始集。OIL（Ontology Inference Layer，2000）和 DAML-OIL

---

① http：//www. w3. org/DesignIssues/Semantic. html，2006-04-08.

(Darpa Agent Markup Languare-Ontology Inference Layer, 2001)曾经是两个流行的逻辑层语言，目前广为接受的是 OWL。

资源描述框架 RDF① 是一个关于对象(或资源)和它们之间关系的数据模型，且为该数据模型提供了简单的语义。RDF 的基本结构是对象—属性—值三元组，即句子中的主语、谓语和宾语，这些三元组可以用 XML 语法来表示。RDF Schema② 是一个描述 RDF 资源的属性(property)和类(class)的词汇表，提供了关于这些属性和类的层次结构的语义，它可以看成是轻量级的 Web 本体语言。

本体是支持知识共享和重用的形式化结构，它们可以用来清晰地表示结构化和半结构化信息的语义，从而支持信息的自动获取、维护和存取。本体提供了解决 Web 资源异构表达的方法，本体中隐含的领域模型可看成是为信息提供一个统一的共同表达的语义结构③。OWL 是 Web 本体语言，OWL 提供了一种自然方式来描述类与子类之间的关系，以及在类与类之间(或子类与子类之间)关系上的限制④。相对于 RDF Schema 来说，OWL 添加了更多的用于描述属性和类的词汇，例如类之间的不相交性、基数、等价性、属性的更丰富类型、属性特征以及枚举类。OWL 提供三个表达能力递增的子语言：OWL Lite、OWL DL 和 OWL Full，分别用于特定的实现者和用户团体。

从某个方面来说，XML Schema、RDF Schema 和 OWL 可看成是表示功能递增的语言，它们逐渐具有更多的语义表示能力，并分别和不断满足了不同层次和不同时期知识处理的需求。

构建在 Web 架构之上是设计和开发语义 Web 标准的一个重要的技术限制。语义 Web 是 Web 的发展而不是重新开始，构建语义 Web 的重点在于将这项工作置于当前 Web 基础架构之上，以便同

---

① http://www.w3.org/TR/2004/REC-rdf-concepts-20040210/, 2006-04-08.

② http://www.w3.org/TR/2004/REC-rdf-schema-20040210/, 2006-04-08.

③ Alani, H., Kim, S., et al. *Automatic ontology-based knowledge extraction from Web documents*[J]. IEEE Intelligent Systems, 2003, 18(1): 14-21.

④ http://www.w3.org/TR/2004/REC-owl-features-20040210/, 2006-04-08.

时创造文档 Web 和数据 Web。

7.5.3 语义 Web 本体的构建

7.5.3.1 本体构建工具 Protégé 3.4.4

Protégé 3.4.4 是一个集成的软件工具，可被系统开发者和领域专家用来开发基于知识的系统。用 Protégé 3.4.4 开发的应用可用于特定领域的问题解决和决策。Protégé 3.4.4 是一个免费的开源平台，作为其核心功能，Protégé 3.4.4 实施了一套丰富的知识建模结构(knowledge-modeling structures)和动作(actions)，以便支持多种表达形式下的本体的创建、可视化和操纵。Protégé 3.4.4 可进行个性化设置以友好地支持知识模型的创建和数据输入。更多地，Protégé 3.4.4 可以通过插件架构和基于 Java 的应用编程界面(Java-based Application Programming Interface，API)进行扩展以支持基于知识的工具和应用的开发。Protégé-OWL 编辑器允许用户构建本体，支持 W3C 的 Web 本体语言 OWL。①

7.5.3.2 本体构建实例——利用 OWL 构建客户知识管理本体

随着经济全球化和知识经济的到来，企业客户关系管理不断面临新的机遇和挑战。研究和实践证明企业不断满足客户需求的努力是重要的，客户也因此成为企业争夺的重要资源。在全球和数字经济下的客户关系管理(Customer Relationship Management，CRM)迫使企业重新思考它们应该以什么样的方式与越来越广的客户群体构建关系。② 从某个层面上看，CRM 和知识管理(Knowledge Management，KM)实践面向的是相同的目标，即为客户提供持续的产品或服务改善。在知识管理环境下推行客户关系管理被称为是“客户知识管理(Customer Knowledge Management，CKM)”或“知识

---

① http：//protege.stanford.edu/overview/protege-owl.html，2006-04-08.

② Plessisa，M. D.，Boon，J. A. *Knowledge management in eBusiness and customer relationship management：south African case study findings*[J]. International Journal of Information Management，2004(24)：73-86.

推动的客户关系管理(knowledge-enabled CRM)”。①

客户知识管理旨在管理客户知识从而产生增值的渠道知识以加强关系和协作效率。② 对于一个企业来说，留住已有的客户并吸引新的客户是 CKM 的主要内容和目标。每个企业都会拥有不同类型的客户。在 CKM 中，把握客户行为是重要的。企业应该通过分析客户信息以区分不同类型的客户，识别最有价值的客户，并通过提供个性化的产品和服务来提升客户的忠诚度。③

通常，企业通过类似的偏好可以将客户分为多种类型，通过考察每种类型客户群体不同的特征来确定最大利益客户群体。④ 在客户知识管理本体构建中，每类客户可以看成是一个类(class)。客户作为一个整体是一个大类，它有许多子类(subclasses)，如 VIP 客户(VIP customers)和普通客户(normal customers)。不管是超类(superclass)还是子类，每个类都有自己独特的特征。例如，忠诚的客户可看是客户的子类，特指对本企业产品或服务有特别兴趣并长期使用本企业产品或服务的一类客户。客户下还有更多的子类，如长期的客户(Long-term customers)，高贡献的客户(High contribution customers)，低贡献的客户，低忠诚度的客户，短期的客户，等等，企业应该能够高效地识别不同类型的客户以更好地优化客户关系管理。另外，客户的基本信息如姓名、性别、年龄、单位、联系方式等以及来自客户的反馈等都是 CKM 中应该特别关注的信息和知识，有效搜集和处理这些有关客户的知识必将推动企业提升竞争优势。然而，如何有效地管理客户知识一直以来都是实施

---

① Salomann, H., Dous, M., Kolbe, L., Brenner, W. *Rejuvenating customer management: how to make knowledge for, from and about customers work*[J]. European Management Journal, 2005, 23(4): 392-403.

② Lin, Y., Su, H. Y., Chien, S. *A knowledge-enabled procedure for customer relationship management*[J]. Industrial Marketing Management, 2006(35): 446-456.

③ Gulati, R., Garino, J. *Get the right mix of bricks and clicks*[J]. Harvard Business Review, 2000(78): 107-114.

④ Ha, S. H. *Applying knowledge engineering techniques to customer analysis in the service industry*[J]. Advanced Engineering Informatics, 2007(21): 293-301.

CKM 战略面临的一个巨大挑战。在 CKM 战略实施中，为了使客户知识能够被机器自动地识别和处理，本体越来越多地受到学术界和实践界的关注。与传统的信息和知识共享技术相比，本体能提供更多的语义描述功能，本节将利用 OWL 构建客户知识管理本体。

(1)客户知识管理本体框架

我们设计了一个客户知识管理本体的框架(图 7-3)。我们不期望将此本体作为 CKM 中的标准本体，因为 CKM 本体的标准化是一个系统工程，需要依靠来自多个领域的专家的长期协作和努力。在实施 CKM 战略时，存在很多概念以及这些概念之间的语义关系，这些都需要在构建本体时得到清晰的表达，以便机器能够进行自动的理解和处理。如何将自然语言中的表达转变为形式化描述逻辑中的表达是本体构建中的一个关键任务。① 在设计 CKM 本体框架时，我们考虑了 OWL 所提供的语义表达能力。

OWL 类是指包含个体的集合，这些个体用形式化的语言进行描述，以便精确地表达对类成员的需求，OWL 的一个关键特征是超类—子类关系可以由推理机进行自动的计算。② 属性(property)是指个体之间的二元关系，即属性将两个个体链接到一起。在 OWL 中，属性用来创建限制(restriction)。OWL 中的限制分为三个主要类别：量词(Quantifier)限制、基数(Cardinality)限制和值(hasValue)限制。③ 属性可以反向，还可以限制为拥有一个单值，即具有功能性(functional)。个体代表了我们感兴趣领域的对象。④

在图 7-3 中，椭圆表示类，没有标签的箭头表示超类—子类关系。箭头进入的类是超类，箭头离开的类是子类。OWL 以属性为中心，每个属性用箭头线上的标签表示。属性将两个类关联起来，对于每个属性，箭头进入的类是属性的值域(range)，箭头离开的

① http://www.hec.unil.ch/yp/TALK/slides/oesseo2001.pdf，2006-04-08.

② http://www-kasm.nii.ac.jp/SWFAT/PAPERS/SWFAT05R.PDF，2006-04-08.

③ http://www.co-ode.org/resources/tutorials/ProtegeOWLTutorial.pdf，2006-04-08.

④ http://www.w3.org/TR/owl-guide/，2006-04-08.

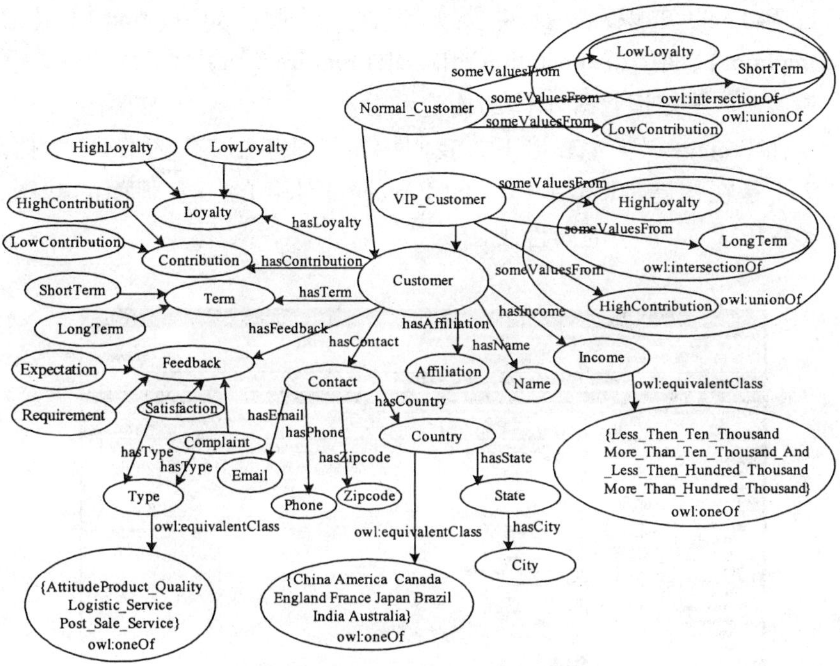

图 7-3 客户知识管理本体框架示意图

类是属性的领域(domain)。根据这个原则，我们画出了本体框架。

在图 7-3 中，客户(Customer)被定义为一个类，它有两个子类：VIP _ Customer 和 Normal _ Customer，每个子类有三个“someValuesFrom”限制。“someValuesFrom”限制用来描述满足某类限制的匿名(未命名)的类。例如，由“someValuesFrom HighLoyalty”描述的类和由“someValuesFrom HighTerm”描述的类形成了一个交互的类，这个类与由“someValuesFrom HighContribution”描述的类合并形成了一个类，这个新形成的类是类 VIP_Customer 的超类。同样，我们可以类似地理解图 7-3 中的类 Normal_Customer 的含义。

在图 7-3 中，有 8 个属性(即 hasLoyalty、hasContribution、hasTerm、hasFeedback、hasContact、hasAffiliation、hasIncome、hasName)的领域都是类 Customer。同时，这些属性都有自己的值域，例如，属性“hasFeedback”的值域是类“Feedback”。类“Feedback”表达的是

来自客户的知识，涉及4类知识：满意度(satisfaction)、报怨(complaint)、期望(expectation)和需求(requirement)。

(2)客户知识管理本体的构建和分析

在Protégé 3.4.4环境下，我们构建了基于图7-3的CKM本体。图7-4是在构建CKM本体时的Protégé 3.4.4的一个画面的截图，是类VIP_Customer的属性视图。

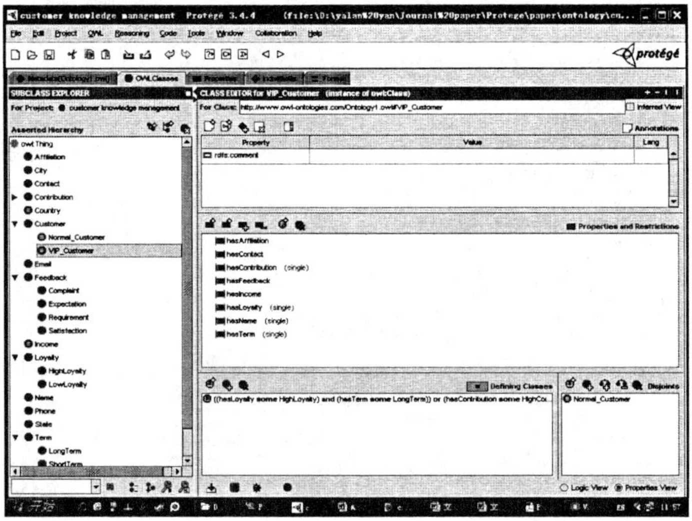

图7-4　类VIP_Customer的属性视图

OWL本体基于逻辑模型，使得概念得到定义和描述。复杂的概念可以通过简单的概念得以构建，并且逻辑模型允许推理机的使用以便检测是否本体中的所有表达和定义是相互一致的，推理机还能够识别哪个概念符合哪个定义。通过对本体中的所有类运行这类检测，推理机能够计算出本体类的层次，因而能帮助正确地维护层次。①②

① http://www.co-ode.org/resources/tutorials/ProtegeOWLTutorial.pdf，2006-04-08.

② http://protege.stanford.edu/overview/protege-owl.html，2006-04-08.

OWL 提供丰富的形式化语义词汇，如“disjointWith”、“intersectionOf”、“unionOf”、“complementOf”、“one of”、“minCardinality”、“maxCardinality”、“cardinality”、“someValuesFrom”等，以便表达强大的语义关系和限制。下面，我们将基于几段从CKM本体中抽取的OWL源代码进行语义表达的分析。

① 基数限制(Cardinality restrictions)和类的不相交

类可以表示成不相交。在CKM本体中，“Short_ Term”是“Term”的子类，这个类在属性“has_ Time”上有如下限制：“maxCardinality 5”；“Long_ Term”是“Term”的子类，这个类在属性“has_ Time”上有如下限制：“minCardinality 5”。类“Short_ Term”和“Long_ Term”可以表示为不相交。相应的OWL表达如下：

```
<owl:Class rdf:ID="LongTerm">
  <owl:disjointWith>
    <owl:Class rdf:ID="ShortTerm"/>
  </owl:disjointWith>
  <rdfs:subClassOf>
    <owl:Restriction>
      <owl:minCardinality
        rdf:datatype=" http://www.w3.org/2001/XMLSche
ma#int">5</owl:minCardinality>
      <owl:onProperty>
        <owl:DatatypeProperty rdf:ID="hasTime"/>
      </owl:onProperty>
    </owl:Restriction>
  </rdfs:subClassOf>
  <rdfs:subClassOf>
    <owl:Class rdf:ID="Term"/>
  </rdfs:subClassOf>
</owl: Class>
```

② 布尔合并和“hasValue”限制

OWL 允许类和属性进行任意的布尔合并。限制

“someValuesFrom”是“hasValue”限制类型之一。在 CKM 本体中，我们对属性“hasLoyalty”、“hasTerm”和“hasContribution”分别定义了“someValuesFrom”限制以便分别创建一个新类。新创建的类通过交互(intersectionOf)和联合(unionOf)进行合并。我们在前面对 VIP _ Custome 类的含义进行了解释，它的 OWL 表达如下，从中我们可以看到 OWL 的强大的语义表达能力。

```
<owl:Class rdf:ID="VIP_Customer">
  <owl:equivalentClass>
    <owl:Class>
      <owl:unionOf rdf:parseType="Collection">
        <owl:Class>
          <owl:intersectionOf rdf:parseType="Collection">
            <owl:Restriction>
              <owl:onProperty>
               <owl:ObjectProperty rdf:ID="hasLoyalty"/>
              </owl:onProperty>
              <owl:someValuesFrom>
                <owl:Class rdf:ID="HighLoyalty"/>
              </owl:someValuesFrom>
            </owl:Restriction>
            <owl:Restriction>
              <owl:onProperty>
                <owl:ObjectProperty rdf:ID="hasTerm"/>
              </owl:onProperty>
                <owl: someValuesFrom rdf: resource = "#LongTerm"/>
            </owl:Restriction>
          </owl:intersectionOf>
        </owl:Class>
        <owl:Restriction>
          <owl:someValuesFrom>
```

```
                <owl:Class rdf:ID="HighContribution"/>
              </owl:someValuesFrom>
              <owl:onProperty>
                <owl:Object Property  rdf: ID = "has Contribu
tion"/>
              </owl:onProperty>
            </owl:Restriction>
          </owl:unionOf>
        </owl:Class>
      </owl:equivalentClass>
      <owl:disjointWith>
        <owl:Class rdf:ID="Normal_Customer"/>
      </owl:disjointWith>
      <rdfs:subClassOf>
        <owl:Class rdf:ID="Customer"/>
      </rdfs:subClassOf>
    </owl:Class>
```

③ 枚举类

类可以通过枚举所有的个体来进行描述，类的成员正是枚举出来的个体的集合。在 CKM 本体中，“Type”是一个枚举类，它的个体是：“Product_ Quality”，“Post_ Sale_ Service”，“Attitude”，“Logistic_ Service”。相应的 OWL 表达如下：

```
    <owl:Class rdf:ID="Type">
      <owl:equivalentClass>
        <owl:Class>
          <owl:oneOf rdf:parseType="Collection">
            <Type rdf:ID="Product_Quality"/>
            <Type rdf:ID="Post_Sale_Service"/>
            <Type rdf:ID="Attitude"/>
            <Type rdf:ID="Logistic_Service"/>
          </owl:oneOf>
```

```
      </owl:Class>
    </owl:equivalentClass>
  </owl:Class>
```

④ 定义属性

OWL 是一个以属性为中心的本体语言，每个属性都有自己的领域和值域。在 CKM 本体中，我们定义了一个对象属性“hasType”，“hasType”的领域是由“Complaint”和“Satisfaction”联合运算后得到的类，它的值域是“type”，我们在前面刚刚讨论过这个枚举类。相应的 OWL 表达如下：

```
<owl:ObjectProperty rdf:ID="hasType">
  <rdfs:domain>
    <owl:Class>
      <owl:unionOf rdf:parseType="Collection">
        <owl:Class rdf:about="#Complaint"/>
        <owl:Class rdf:about="#Satisfaction"/>
      </owl:unionOf>
    </owl:Class>
  </rdfs:domain>
  <rdfs:range rdf:resource="#Type"/>
```

7.5.3.3 本体的维护和管理

语义 Web 本体构建是一项复杂的工程，构建好的本体还需要得到良好的维护和管理。

(1)成本问题

在领域知识中，有些概念比其他的概念更持久，但必须意识到它们不可能永远不变。例如，用来对医学病毒进行分类的词汇在新的过程和知识出现时会发生变化。因此，需要将本体看成是动态的结构。一些本体可能持续的时间长一些，如描述周期表元素的词汇；一些本体可能容易变动，如新兴和边缘学科中出现的词汇。社会和实践总在以一种复杂的微小的方式不断地改变着规范、概念和术语。在本体开发中，不应当感到奇怪或抵触这种变化。在这种环境下创建的本体应当知道什么时候需要进行修改。因此，本体开发和维护的成本是一个不可回避的问题。

在一些领域，成本不管多大都将容易得到补偿。例如，本体在结构良好的领域如科学应用中，不仅功能强大而且是一种基本的工具。在某些商业应用中，通过使用结构良好的和协调的词汇规范所获得的潜在利益和产出将远远超过开发本体的成本和成本维护的边际成本。

事实上，在 Web 不规则的状态下，当本体的用户群增加时，这些成本可得到降低。如果假设将本体创建成本分摊给用户，则所需要的本体工程师数量以用户数量的对数函数增加，创建时间以工程师数量的平方增加。对一个基本模型来说，这些假设是单纯但可行的。结果是，为大量用户创建本体时包含在每个用户里的努力以非常快的速度变得非常小。①

(2)本体的特征分析

并非所有的本体具有同样的特征。通常，人们能够区分出深本体(deep ontologies)和浅本体(shallow ontologies)。深本体是那些在科学和工程中遇到的本体，这需要很大的努力才能开发出概念间的关系。对于蛋白质和医学这样的领域，本体对数据非常敏感，当利用本体对复杂的构成某些对象的属性集进行分类时，这会变得更加明显。浅本体包含相对较少的交换词汇，这些词汇可以组织大量的数据，例如，在银行和金融环境下使用的客户、账号、透支等。浅本体能够提供大量可重用的数据，并只需要简单的词汇和关系。②

深本体的复杂性使得一些人避开本体而使用另一种称为标记(tagging)的方法。它们代表一种当个人管理自己的信息需求时有机出现的结构。当大量的人对特定信息感兴趣并被鼓励着描述这

---

① Shadbolt, N., Hall, W., Berners-Lee, T. *The semantic Web revisited*[C]. IEEE Intelligent System, May/June 2006: 96-101.

② Shadbolt, N., Hall, W., Berners-Lee, T. *The semantic Web revisited*[C]. IEEE Intelligent System, May/June 2006: 96-101.

个信息——或标记它（他们可以自己进行标记以便组织自己的内容检索，或无私地帮助他人）时，大众中产生了大量的结构。不采用集中形式的分类，用户可以为文档或其他信息源分配关键词。

著名的使用和开发标记的应用有图像发布和共享站点 Flickr① 和共享书签的站点 del. icio. us。② 这些应用从下到上，起源于非中央机构，有时称为 Web2. 0 或社会软件（social software）。

在 Web 规模上进行标记当然是一个有趣的发展。它提供了一种潜在的元数据源。民间产生了大量的关键词检索，它们是在信息检索努力中的一种新现象，但这些民间的东西不同于本体，它们服务于不同的目的。本体的目的在于仔细地描述数据世界的部分，允许不同格式中的数据间的映射和交互。本体根据 URIs 进行参照，标记使用单词。本体通过一种仔细的、清晰的、努力消除模糊不清的过程得到描述。标记的定义是一种松散的、不清晰的过程，其中存在一些模糊不清。本体上使用的推理过程是基于逻辑的，利用了诸如 join 的运算。标记上使用的推理过程是统计，并使用了诸如聚类的技术。③

这并不意味着标记将永远替代浅本体。在本体需求存在的地方，轻量级但强有力的本体已经出现并得到广泛的使用。例如，Friend-of-a-Friend④，以及合作应用如 Flink。⑤ 这符合语义 Web 技术和开发 Web 自组织技术的双重和补充发展的需求。

一些人认为本体是从上而下的强制的创建，与人们的实践、某领域的潜在任务或环境运行不关联，或仅仅一段时间内相关联。这

---

① http：//www. flickr. com，2006-04-08.

② http：//del. icio. us，2006-04-08.

③ Shadbolt，N.，Hall，W.，Berners-Lee，T. *The semantic Web revisited*[C]. IEEE Intelligent System，May/June 2006：96-101.

④ http：//xmlns. com/foaf/0. 1，2006-04-08.

⑤ http：//www. websemanticsjournal. org/ps/pub/2005-20，2006-04-08.

种想法与开发一个单一的一致的涉及所有事物的本体相关，例如 Cyc。① 这种大范围的，包括所有事物的本体或许存在有趣的应用，但是它的应用无法得到实施。事实上，可以开发出不同领域的独立的本体。

本体是为了促进实际数据共享实践的合理化。本体是一种手段，以便在兴趣领域间共享含义，任何人能够使用这些本体来描述自己的数据，能够扩展或重用某个本体的元素。

7.5.4　语义注释和挖掘

在语义 Web 本体得到标准构建之后，基于本体的具体描述和表达构成了知识库。本体和知识库是语义注释和挖掘的前提和基础。

(1)语义注释

①语义注释内涵

语义 Web 是在 Web 内容上增加形式化语义(元数据、知识)，以达到更有效的存取、管理、开发与利用。语义 Web 的生命力依赖于大量元数据的产生，对于语义 Web 来说，Web 内容元数据的获取是一个主要挑战。应当说，手工获得清晰的语义并不是一个可行的方法，从手工到自动的转变应当首先研究和开发完全自动的语义注释方法。因此，应当面对和解决必要的设计和建模问题，提供必需的资源和基础设施。

在自然语言处理(Natural Language Processing，NLP)和特定的信息抽取(Information Extraction，IE)中，命名实体(Named Entities，NE)被认为是：由名称指定的人、机构、地点等；在广义的解释中，还包括数量值(数字日期、钱的数量)等。命名实体的理解和管理需要更多的特定知识。

这里所讨论的语义注释是一个特定的元数据产生和使用模式，目的在于促使新的信息存取方法，并扩展现存的方法。所提供的注释体系基于这样的一种理解：文本中提到的命名实体构成了语义的

① Lenat，D. B. *Cyc：a large-scale investment in knowledge infrastructure*[J]. Communications of the ACM，1995，38(11)：32-38.

重要部分。另外，使用不同种类的冗余、外部知识或背景知识，那些实体可与形式化描述链接起来，因而提供 Web 内容的更多语义和链接。①

简而言之，语义注释将到语义描述的链接分配给文本中的实体（图 7-5）。这类元数据同时提供有关实体的类和实例信息。自动语义注释推进了许多新的应用：突出显示(highlighting)、索引和检索、分类、更高级元数据的产生、非结构化文本与可获得的相关知识之间的平滑转换。语义注释可应用于任意种类的文本——Web 网页、规则的(非 Web)文档、数据库中的文本字段等。另外，知识获取可基于更复杂的依赖(实体、事件和形势描述之间的关系分析等)的抽取而得到执行。②

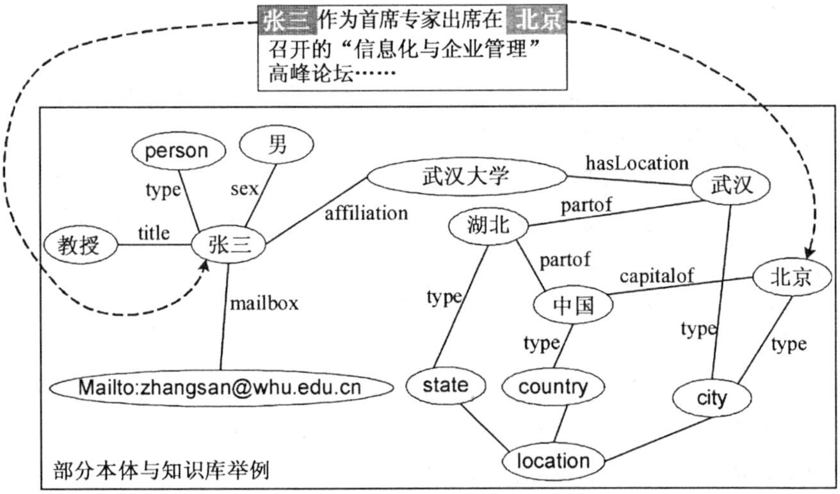

图 7-5　语义注释

① Popov, B., Kiryakov, A., et al. *KIM—semantic annotation platform*[C]. 2nd International Semantic Web Conference, 2003.

② Kiryakov, A., Popov, B., et al. *Semantic annotation, indexing, and retrieval*[C]. Proceedings of 2nd International Semantic Web Conference, 2003.

②语义注释的表示和存储

a. 分布式异构知识

对于语义注释表示来说，存在以下基本的必备条件：定义实体类的本体，并有可能指向这些类；允许区分和链接到语义描述的实体标识符；具有实体描述的知识库。

注释表示可以嵌入或者不嵌入到 Web 内容中。尽管嵌入的注释看起来更容易维护，但很多证据认为语义注释必须与所指向的内容分离，以促进动态的和特定用户的语义注释，因为嵌入的注释成为内容的一部分，不可能根据用户兴趣或使用环境而改变。另外，嵌入的复杂注释使得内容容量剧增，维护困难，如很难对具有语义注释的网页在保持一致性情况下进行更新。因此，应当将语义注释与 Web 内容分开。①

在语义注释表示中，另外一个需要考虑的问题是：语义注释是否与本体和知识库集成？集成多少？集成容易将注释与类和实体描述保持同步，然而，对于是否集成还必须考虑以下两方面的问题：

一方面，注释的基数和复杂性不同于实体描述。注释可以简单，但其数量通常比实体描述的大得多。甚至对于中等大小的文档集，注释也会非常多。假设 10M 注释和 1M 实体描述存储在 RDF 存储库中，还假设每个注释和每个实体描述用 10 个陈述表示，则对于能够有效地推理和存取 10M 陈述知识库和 110M(100M+10M)陈述知识库来说，在推理方法和硬件上存在很大的区别。

另一方面，如果本体和知识库独立于与文档相关的元数据，则对于一个相同的文档来说，不同的抽取、处理或创造(authoring)方法将能够方便地提供不同的指向相同的知识库的元数据。另外，这种独立有可能区分元数据和知识库的拥有者及其责任，以便不同的团体分别开发和维护 Web 内容、元数据和知识库。

根据以上分析，最有效的方法是对文档、元数据(注释)和形

---

① Cai, M., Frank, M., et al. *A subscribable peer-to-peer RDF repository for distributed metadata management*[J]. Web Semantics: Science, Services and Agents on the World Wide Web, 2004, 2(2).

式化知识(本体和实例数据)进行分开的表示和管理，见图 7-6。①

图 7-6 分布的异构知识

b. 语义注释的存储

元数据必须以一种允许进行有效管理的格式加以存储；在语义注释中，这种格式应当满足以下的原则和需求②：允许文档的非嵌入注释根据其位置、特征和对知识库的引用进行存储、管理和检索；至少对一些格式来说，允许注释的嵌入；允许不同格式中注释的输出和交换。

(2)形式化知识和语义挖掘

① 形式化知识及其功能

一旦具有了在本体中编码的实体类型、关系和属性，语义注释表示的下一个方面是实体描述。应当有可能以一种通用的、灵活的和标准的方法识别、描述和相互连接实体。这里将有关实体的形式化知识体称作知识库(Knowledge Base，KB)——这个词语最好地反映了除本体之外的形式化知识的表示，KB 主要包含实例知识/数据。

---

① Kiryakov, A., Popov, B., et al. *Semantic annotation, indexing, and retrieval*[C]. Proceedings of 2nd International Semantic Web Conference, 2003.

② Harth, A. *An integration site for semantic Web metadata*[J]. Web Semantics: Science, Services and Agents on the World Wide Web, 2004, 1(2).

本体定义所有的类、关系和属性，以及未来的限制和依赖，是KB的一种模式，两者应当保存在语义库中(semantic store)。语义库是形式化的知识推理和管理系统，能够提供根据所选形式的语法和语义进行存储和检索的基本操作。语义库可提供推理，它可以实施不同的推理战略。语义库还存在更高级的不视为必需的管理特征如：版本(versioning)、存取控制、交易支持、锁定、客户缓存。①

KB可以具有两类实体知识：

a. 预先移植的(pre-populated)——导入或从信任源中获得的。

b. 自动抽取的——在语义注释过程中发现(如通过IE)，或使用其他知识发现和获取方法如数据挖掘。例如，Armadillo是一个从大存储器(如Web)中抽取和集成信息的工具，在Sheffield得到开发。Armadillo能够：从无监督的方式学习中抽取事实和实体；处理非结构化文档如半结构化和自由文档。当前集成到Armadillo的学习算法是在Amilcare得到实现的(LP)。②

KB是否有或有多少预先移植的知识依赖于特定的实施。例如，有关具有一般重要性的实体的信息(如公司、人、地点的名称及它们的别名)能够极大地帮助IE用于自动语义注释。另外，特定领域和任务的知识能够帮助语义注释应用的定制——在扩展本体以匹配应用领域后，KB可以用特定的实体预先组装。例如，有关特定市场、客户、产品、技术和竞争者的信息对于商务智能来说具有很大的帮助。通常，简化在实际环境中没有应用的一般信息并构建一个更集中的KB是有益的。

因为IE(特别是命名实体识别：NER)允许识别新的实体和实体间的关系，所以可以用来充实和扩展KB。但由于这些方法内在的不精确，通过它们积聚的知识与预先组装的知识会不一样。因此，新的元数据的抽取通常可根植于一般的可信任知识，当然，积

① Tsarkov, D., Horrocks, I. *Efficient reasoning with range and domain constraints*. Proceedings of the 2004 Description Logic Workshop, 2004.

② http://www.smi.ucd.ie/Dagstuhl-MLSW/proceedings/iria-ciravegna.pdf, 2006-04-08.

聚的实体对于索引、浏览和导航来说也是可用的。通过半自动评估过程，某些识别出的实体可转换为可信任的实体。KB 扩展的一个重要部分是实体关系的模板抽取，根据正在处理的文本，KB 的可识别部分会产生相应的变化。①

利用形式化知识，可针对文本中的重要知识点进行注释，并有效地提高机器处理文本内容的能力。图 7-5 是一个简化的语义注释图，在图中，上面方框内是一段文本，其中的"张三"和"北京"可看作是重要的知识点，它们被突出显示，并通过箭头分别链接到图下面方框内形式化知识(本体与知识库)中的"张三"和"北京"。通常认为，人通过学习和记忆已具备了相关的背景知识或环境知识，假设某人在阅读该段文本时，已知道"张三"和"北京"，则他在阅读时会很容易地联想到"张三"是男的，是一名武汉大学的教授，"北京"是中国的首都。在这样的背景知识下，这个人可以很容易地理解这段文本的内容。机器在遇到字符串"张三"和"北京"时，如果没有形式化知识的支持，会如同一个不认识"张三"和不知道"北京"的人一样，只是将"张三"解释为字符串"张三"，将"北京"解释为字符串"北京"，而无法明白其中的语义信息。如果有了图中形式化知识的支持，机器则能够与一个认识"张三"和知道"北京"的人一样具有相关的背景知识。机器能够借助文本中的突出显示，顺着链接找到形式化知识中的实例，并利用形式化知识(如同人的大脑知识一样)"联想"到：张三是男的，是一名教授，他的电子邮箱是 zhangsan@ whu. edu. cn，他所属的单位是武汉大学，武汉大学位于武汉，武汉是湖北的一个城市，湖北是中国的一个省；北京是一个城市，是中国的首都。在形式化知识的支持下，机器所"联想"到的这些信息，比起人的联想来说，会更精确、更全面。

形式化知识所带来的有利之处体现在：

第一，所有类型的资源可以以一种更标准和统一的方式得到管理。

---

① Popov, B., Kiryakov, A., et al. *KIM—a semantic platform for information extraction and retrieval*[J]. Journal of Natural Language Engineering, 2004, 10(3/4).

第二，更容易在适当的一般层次上管理不同类型的语言知识。例如，适当结构化的实体类型层次将允许实体及其在文本中的引用以更精确的方法得到分类，但仍然能够以更通用的模式得到容易的匹配。例如，某山脉可能具有特定的注释，但仍然可以在一个期望位置的语法规则中进行匹配。

第三，任意可获得的知识将直接通过来自元数据的对语义库的引用而得到存取。信息抽取中新增的处理层能够在知识库中产生和存储新发现实体的描述，当相同的实体在文本中再次遇到时，可以直接链接到知识库中已产生的描述。

形式化知识能够提供 Web 内容和能力的计算机解释标记，与机器代理技术一起，有望使得目前很多手工完成的任务变成自动执行。形式化知识具体定义和解决的基本任务如下：

a. 在文本文档中注释和链接命名实体。

b. 在考虑到参考实体的情况下索引和检索文档。

c. 促进语义 Web 挖掘和知识推理。

② 语义挖掘

语义挖掘主要涉及语义 Web 上的文档分类、语义 Web 上的文档聚类、语义 Web 上信息抽取的数据挖掘、本体映射、用户建模与语义 Web。① Web 内容挖掘主要针对非结构化数据而言，即所挖掘的 Web 内容是按照供人类理解的形式设计的，而却很难被计算机所理解，因而挖掘难度大，挖掘效率不高。相反，语义 Web 的内容是按照某种语义方式进行结构化设计，以便该内容能够被计算机所理解。从功能上看，语义 Web 将是一个能够"理解"人类信息的智能网络。语义 Web 为 Web 挖掘提供了机器可处理的对 Web 内容进行描述的形式化知识(本体和知识库)，再加上语义注释，这些都为 Web 挖掘提供了良好的基础和框架，必将极大地提高 Web 挖掘效能。

① http：//eprints. pascal-network. org/archive/00000841/01/roadmap. pdf.

参 考 文 献

[1][比]普里戈金，[比]斯唐热著，湛敏译．确定性的终结——时间、混沌与新自然法则[M]．上海：上海科技教育出版社，1998.

[2][美]保罗·A. 萨缪尔森．经济学[M]．北京：中国发展出版社，1992.

[3][美]布拉德利·希勒著，王福重译．经济学基础(第4版)[M]．北京：人民邮电出版社，2004.

[4][美]查尔斯·沃尔夫著，谢旭译．市场或政府[M]．北京：中国发展出版社，1994.

[5][美]哈尔·R. 范里安．微观经济学：现代观点[M]．费方域等，译．上海：上海人民出版社，2006.

[6][美]卡尔·夏皮罗，哈尔·瓦里安．信息规则——网络经济的策略指导[M]．北京：中国人民大学出版社，2000.

[7][英]米德．混合经济[M]．上海：上海三联书店，1989.

[8]别传武．信息资源理论研究[D]．武汉：武汉理工大学，2002.

[9]陈春燕．我国网络信息资源配置的现状分析及其有效配置[J].

现代情报，2009，29(1).
[10]陈远，彭珍. 信息技术投资效益实现研究[J]. 中国图书馆学报，2006(2).
[11]程慧荣，黄国彬，孙坦. 国外基于大众标注系统的标签研究[J]. 图书情报工作，2009，53(2).
[12]程娟. 以用户信息需求为导向的网络信息资源配置研究[J]. 图书馆工作与研究，2008(5).
[13]段荣婷. 国际电子文件归档最新标准及其对我国的启示[J]. 情报学报，2009，28(6).
[14]段宇锋，刘伟. 网络信息资源配置主体刍议[J]. 图书情报知识，2007(6).
[15]范丽莉. 信息资源开发机制选择影响因素分析[J]. 图书情报工作，2010，54(17).
[16]高复先. 信息资源规划[M]. 北京：清华大学出版社，2002.
[17]高复先. 信息资源规划的理论指导[J]. 中国教育网络，2006(9).
[18]高鸿业. 西方经济学(上册)[M]. 北京：中国经济出版社，1996.
[19]葛永林，徐正春. 论霍兰的CAS理论复杂系统研究新视角[J]. 系统辩证学学报，2002，10(3).
[20]耿爱静，耿爱丽. 企业信息资源配置测度研究[J]. 情报科学，2005(12).
[21]郭少友. 基于P2P的数字图书馆虚拟联盟研究[J]. 计算机与数字工程，2008(6).
[22]韩耀，张春法. 网络经济下信息资源配置研究[J]. 情报杂志，2004(10).
[23]何振，周伟. 电子政务信息资源共建共享的经济特性及其效率分析[J]. 情报杂志，2005(4).
[24]何志兰. 网络信息资源组织[J]. 现代情报，2005(1).
[25]胡昌平，胡吉明. 网络信息资源集成化配置模型及实现研究[J]. 情报探索，2008(3).

[26]胡昌平，杨曼．论网络信息资源的组织与配置[J]．情报方法，2003(3)．
[27]华海英．信息商品的效用及边际效用探讨[J]．图书情报工作，2002(10)．
[28]黄郴．网络信息资源的无限共享模式[J]．理论与探索，2001，24(2)．
[29]黄国彬．大众标注研究进展[J]．图书情报工作，2008，52(1)．
[30]黄杰，李必强．企业信息资源集成管理的经济性分析[J]．武汉理工大学学报，2006，28(1)．
[31]黄丽霞．以效率为导向的我国网络信息资源配置宏观调控模式研究[J]．图书情报知识，2006(5)．
[32]霍国庆，杨英．企业信息资源的集成管理[J]．情报学报，2001，20(1)．
[33]霍国庆．我国信息资源配置的模式分析(二)[J]．图书情报工作，2000(6)．
[34]霍国庆．我国信息资源配置的模式分析(一)[J]．图书情报工作，2000(5)．
[35]江向东．我国数字图书馆建设现状、存在的问题及其对策[J]．福建师范大学学报，2003(5)．
[36]姜忠．论经济学成本理论视域下的政府信息公开范围[J]．法学论坛，2010(4)．
[37]蒋永福．论公共信息资源管理——概念、配置效率及政府规制[J]．图书情报知识，2006(3)．
[38]赖茂生，王芳．信息经济学[M]．北京：北京大学出版社，2006．
[39]黎春兰，邓仲华．网络信息资源配置现状及问题研究[J]．图书情报知识，2009(增刊)．
[40]李晶．美国联邦政府信息资源管理体制研究[D]．合肥：安徽大学，2010．
[41]李晶．影响移动网络购物采纳的关键因素研究[J]．中国信息

界，2012(2).
[42]李蒙翔等．移动即时通讯服务持续使用意向影响因素研究[J]．管理科学，2010，23(5).
[43]李伟超，王兰敬．美国数字图书馆项目建设回顾[J]．新世纪图书馆，2003(3).
[44]梁东黎，刘东．微观经济学[M]．南京：南京大学出版社，1991.
[45]梁平，陈红勤．网络信息资源配置的意义与原则[J]．现代情报，2008(10).
[46]凌晓东．机制转换中的宏观经济调控[M]．北京：中国计划出版社，1994.
[47]娄策群，桂学文．现代企业信息资源优化配置[J]．情报探索，1998(3).
[48]娄策群，王颖．知识类信息消费的边际效用分析[J]．图书情报工作，2002，53(6).
[49]吕顺利．模糊综合评价法在高校图书馆评估中的应用[J]．大学数学，2008，24(2).
[50]罗曼．网络环境中的信息资源配置与共享问题[J]．图书馆，1997(3).
[51]骆正山．信息经济学[M]．北京：机械工业出版社，2007.
[52]马费成，裴雷．我国信息资源共享实践及理论研究进展[J]．情报学报，2005(3).
[53]马费成，王晓光．信息资源的优化配置与共享效率[J]．情报理论与实践，2003(4).
[54]马费成，望俊成．信息生命周期研究述评(Ⅱ)：管理视角[J]．情报学报，2010，29(6).
[55]马费成，夏永红．网络信息的生命周期实证研究[J]．情报理论与实践，2009(6).
[56]马费成．论情报学的基本原理及理论体系构建[J]．情报学报，2007，26(1).
[57]马费成．信息资源开发与管理[M]．北京：电子工业出版

社，2004.
[58]马费成等. 信息经济学[M]. 武汉：武汉大学出版社，1997.
[59]马艳霞，高新亮. 欧洲数字图书馆建设特色项目研究的回顾与思考[J]. 现代情报，2004(12).
[60]孟魁. 虚拟社区环境下信任机制的研究[D]. 上海：复旦大学，2005.
[61]裴雷，马费成. 公共数字信息资源开发利用现状和对策[J]. 情报理论与实践，2008(1).
[62]裴雷，望俊成. 信息生命周期管理研究进展述评[J]. 情报杂志，2010，29(9).
[63]彭凤. 信息资源丰裕系数测度模型评析及优化[J]. 情报杂志，2006(6).
[64]齐莉丽. 企业信息资源管理水平评价研究[J]. 科技进步与对策，2005(1).
[65]齐瑀，王春森，孙宇辉. 螺旋模型在开发专家系统中的应用[J]. 计算机工程，1997，23(4).
[66]秦艳姣. 信息资源规划与企业信息化[J]. 现代情报，2006(7).
[67]邱均平，段宇锋等. 网络信息资源的经济管理研究(Ⅱ)——论我国互联网信息的有效配置[J]. 情报学报，2001(4).
[68]邱均平. 网络计量学[M]. 北京：科学出版社，2010.
[69]任敦亮. 熵及其应用[J]. 哈尔滨师范大学自然科学学报，2002(6).
[70]沈波. 企业信息资源配置与企业绩效——基于协同与战略的研究视角[J]. 情报理论与实践，2008(4).
[71]史丛. 关于信息资源效用的分析[J]. 情报杂志，2009，(28).
[72]孙建军，戴咏梅. 高速信息网络的信息资源配置[J]. 情报杂志，2000(5).
[73]孙瑞英，马海群. 信息资源优化配置的效率研究[J]. 情报科学，2006，24(7).

[74]孙瑞英. 信息资源配置质量研究[D]. 吉林：吉林大学，2007.
[75]索传军. 试论信息生命周期的概念及研究内容[J]. 图书情报工作，2010，54(13).
[76]覃正等. 浅谈影响我国移动商务发展的主要因素[J]. 软科学，2003(6).
[77]唐华旺. 信息交流方式——电子预印本介绍[J]. 情报资料工作，2005(4).
[78]王芳. 政府信息资源的经济学特征及其产权界定[J]. 图书情报工作，2005(5).
[79]王小云，王运彬. 集成理念下的档案信息资源优化配置探究[J]. 档案资源建设，2010(5).
[80]王晓光. 信息资源共享效率初探[J]. 情报科学，2003，21(11).
[81]王勇. 透明政府[M]. 北京：国家行政学院出版社，2005.
[82]魏登柏，李晶，尹敬刚. 网络环境下信息交流工具的使用转移研究：从即时通讯到社交网络[J]. 情报理论与实践，2012(2).
[83]魏权龄. 数据包络分析[M]. 北京：科学出版社，2004.
[84]吴俊培，许建国，杨灿明编著. 公共部门经济学[M]. 北京：中国统计出版社，1998.
[85]吴品才. 论信息生命周期与信息管理周期[J]. 档案学通讯，2004(4).
[86]吴勇. 网络信息资源配置体系探析[J]. 厦门理工学院学报，2008(2).
[87]谢康，肖静华. 信息资源测度、国际比较与中国的战略选择[J]. 情报学报，1997(3).
[88]谢康. 微观信息经济学[M]. 广州：中山大学出版社，1995.
[89]宣慧玉，张发. 复杂系统仿真及应用[M]. 北京：清华大学出版社，2008.
[90]杨承训，承谕. 信息资源配置：经济决策的平台[J]. 决策探

索，2002(10).
[91]杨凤，查先进．网络信息资源配置现状及问题研究[J]．图书情报知识，2009(增刊).
[92]杨培雷．当代西方经济学流派[M]．上海：上海财经大学出版社，2003.
[93]叶方权．网络环境下信息资源的配置[J]．医学信息学杂志，2006(6).
[94]尹敬刚，李晶，魏登柏．移动互联网环境下发表评论意愿的影响因素研究[J]．图书情报工作，2012(2).
[95]于丽先，王庭芳．电子政务环境下公务员的培养和使用[J]．商业时代，2006(32).
[96]查先进，陈明红．信息资源配置的期权价格模型[J]．图书与情报，2009(3).
[97]查先进，李晶，严亚兰．信任对科技论文快速共享意愿的影响[J]．图书馆论坛，2011(6).
[98]查先进，吕彬．知识共享视角下的大众标注行为研究[J]．图书馆论坛，2010(6).
[99]查先进，杨凤．基于对比分析法的专利情报分析实证研究[J]．图书馆论坛，2008，28(6).
[100]查先进．论信息资源配置研究的几个转变[J]．信息资源管理学报，2011，1(1).
[101]查先进．面向高速信息网络的信息资源有效配置[M]．情报学报，1999，18(3).
[102]查先进等．信息资源配置与共享[M]．武汉：武汉大学出版社，2008.
[103]张东华，索传军．基于线性回归法的网络信息资源评价模型研究[J]．情报杂志，2007，26(3).
[104]张昆仑．边际效用递减规律新探[J]．现代财经，2004(4).
[105]张晓燕．大学生在线产品评价参与意向影响因素的实证研究[D]．重庆：重庆大学，2008.
[106]张鑫．论电子政务环境下公务员信息素质的教育培养[J].

中国西部科技，2008(30).
[107]张洋，张磊．网络信息资源评价研究综述[J]．中国图书馆学报，2010，136(189).
[108]张咏．网络信息资源评价方法[J]．图书情报工作，2002(10).
[109]赵凌云．经济学通论[M]．北京：北京大学出版社，2005.
[110]赵筱媛，靖继鹏等．企业信息资源配置能力与配置效率的评价体系研究[J]．经济纵横，2005(6).
[111]赵筱媛．企业信息资源配置理论方法与战略规划研究[D]．长春：吉林大学，2005.
[112]赵杨．国家创新系统中的信息资源协同配置研究[D]．武汉：武汉大学，2010.
[113]周丽霞．网络信息资源配置的技术影响研究[J]．图书馆学研究，2006(11).
[114]周涛，鲁耀斌等．移动商务网站关键成功因素研究[J]．管理评论，2011(6).
[115]周伟，韩家勤．电子政务信息资源的优化配置及其效率分析[J]．内蒙古科技与经济，2008(20).
[116]周晓光，朱蓉．企业信息资源配置的模糊综合评价[J]．模糊系统与数学，2004(3).
[117]周晓光．企业信息资源配置的评价研究[D]．武汉：武汉理工大学，2003.
[118]周毅．论信息资源配置的理想状态及其控制[J]．图书情报工作，2003(11).
[119]周毅．试析网络环境下信息资源配置的特点与基本战略[J]．图书情报工作，2003(3).
[120]周毅．试析信息政策与法规在信息资源配置中的介入和作用[J]．图书情报工作，2002(7).
[121]周毅．资源流动：信息资源配置的基本形式[J]．图书情报工作，2001(7).
[122]朱备战，寿文霞．企业信息资源微观优化配置模式的设计及

特点功能[J]. 情报杂志，2000(7).

[123]朱晓峰. 政府信息资源生命周期管理[M]. 南京：南京大学出版社，2009.

[124]宗诚，马海群. 数字信息资源开发利用的宏观战略与规划研究[J]. 情报资料工作，2008(4).

[125]Adams, D., Nelson, R., Todd, P. *Perceived usefulness, ease of use, and usage of information technology: a replication*[J]. MIS Quarterly, 1992(6).

[126]Agarwal, R., Prasad, J. *Are individual differences germane to the acceptance of new information technologies?* [J]. Decision Sciences, 1999, 30(2).

[127]Agarwal, S., et al. *Annotation, composition and invocation of semantic Web services*[J]. Web Semantics: Science, Services and Agents on the World Wide Web, 2004, 2(1).

[128]Ajzen, I. *Attitudes, personality, and behavior*[M]. England: Open University Press, 1988.

[129]Ajzen, I. *The theory of planned behavior*[J]. Organizational Behavior and Human Decision Processes, 1991, 50(2).

[130]Alani, H., Kim, S., et al. *Automatic ontology-based knowledge extraction from Web documents*[J]. IEEE Intelligent Systems, 2003, 18(1).

[131]Alavi, M. Leidner, D. E. *Knowledge management and knowledge management systems: conceptual foundations and research issues*[J]. MIS Quarterly, 2001, 25(1).

[132]Arrow, K. J. *The economics of information*[M], Basil Blackwell Limited, Washington, DC, 1984.

[133]Ba, S., Pavlou, P. *Evidence of the effect of trust building technology in electronic markets: price premiums and buyer behavior*[J]. MIS Quarterly, 2002, 26(3).

[134]Bandura, A. *Self-efficacy mechanism in human agency*[J]. American Psychologist, 1982(37).

[135] Bem, D. J., McConnell, H. K. *Testing the self-perception explanation of dissonance phenomena* [J]. Journal of Personality and Social Psychology, 1970, 14(1).

[136] Bem, D. J. *Inducing belief in false confessions* [J]. Journal of Personality and Social Psychology, 1966(3).

[137] Bem, D. J. Self-perception theory. In L. Berkowitz (Ed.). *Advances in Experimental Social Psychology* [M]. New York: Academic Press, 1972.

[138] Bock, G. W., & Kim, Y. *Breaking the myths of rewards: an exploratory study of attitudes about knowledge sharing* [J]. Information Resources Management Journal, 2002, 15(2).

[139] Bock, G. W., Zmud, R. W., Kim, Y. -G., & Lee, J. -N. *Behavioral intention formation in knowledge sharing: examining the roles of extrinsic motivators, social-psychological forces, and organizational climate* [J]. MIS Quarterly, 2005, 29(1).

[140] Boulding, K. E. *The economics of knowledge and the knowledge of economics* [J]. American Economic Review, 1966, 56(2).

[141] Burke, D. A. *Towards a game theory model of information warfare* [M]. Storming Media, 1999.

[142] Cai, M., Frank, M., et al. *A subscribable peer-to-peer RDF repository for distributed metadata management* [J]. Web Semantics: Science, Services and Agents on the World Wide Web, 2004, 2(2).

[143] Carlsson, Christer, Hyvonen et al. *Asynchronous adoption patterns of mobile services* [M]. IAMSR/Abo Akademi University and National Consumer Research Centre, 2005.

[144] Chen, C., Czerwinski, M., Macredie, R. *Individual differences in virtual environments - Introduction and overview* [J]. Journal of the American Society for Information Science, 2000, 51(6).

[145] Childers T. L., Carr C. L., et al. *Hedonic and utilitarian motivations*

for online retail shopping behavior[J]. Journal of Retailing, 2001, 77(4).

[146]Chiva-Gomez, R. *Repercussions of complex adaptive systems on product design management*[J]. Technovation, 2004, 24(9).

[147] Coase, R. H. *The problem of social cost* [J]. Journal of Law and Economics, 1960(3).

[148]Cook, K. , Whitmeyer, J. *Two approaches to social structure: exchange theory and network analysis* [J]. Annual Review of Sociology, 1992(18).

[149]Dan,L, Jing, Z. *TAM-based study on factors influencing the adoption of mobile payment*[J]. China Communications, 2011, 8(3).

[150] Davis, F. D. *Perceived usefulness, perceived ease of use, and user acceptance of information technology*[J]. MIS Quarterly, 1989, 13 (3).

[151]Deci, E. , Ryan, R. *The empirical exploration of intrinsic motivational processes?* [J]. Advances in Experimental Social Psychology, 1980.

[152]Deutsch, M. *Trust and suspicion*[J]. Journal of Conflict Resolution, 1958(2).

[153] Doll, J. , Torkzadeh, G. *The measurement of end-user computing satisfaction*[J]. MIS Quarterly 1988(12).

[154] Engel, J. , Blackwell, R. , Miniard, P. *Consumer behavior* [M]. Dryden Press, 1994.

[155]Erlandson, C. , Ocklind, P. *WAP—the wireless application protocol* [J]. Ericsson Review. 1998, 75(4).

[156]Fishbein, M. , Ajzen, I. *Belief, attitude, intention and behavior: an introduction to theory and research* [M]. MA: Addison-Wesley Reading, 1975.

[157]Fornell, C. A. , Larcker, D. F. *Evaluating structural equation models with unobservable variables and measurement error* [J]. Journal of Marketing Research, 1981, 18(1).

[158] Frenzen, J., Nakamoto, K. *Structure, cooperation and the flow of market information*[J]. Journal of Consumer Research, 1993(20): 360-375.

[159] Fudenbern, D., *Levine*, *D. Learning in games* [J]. European Economic Review, 1998(42).

[160] Fukuyama F. *Trust: the social virtues and the creation of prosperity* [M]. The Free Press, New York, 1995.

[161] Golder, S. A., Huberman, B. A. *Usage patterns of collaborative tagging systems*[J]. Journal of Information Science, 2006, 32(2).

[162] Gulati, R., Garino, J. *Get the right mix of bricks and clicks*[M]. Harvard Business Review, 2000(78).

[163] Ha, S. H. *Applying knowledge engineering techniques to customer analysis in the service industry* [J]. Advanced Engineering Informatics, 2007(21).

[164] Haire, M. *Biological Models and Empirical Histories in the Growth of Organizations*[M]. New York: John Wiley, 1959.

[165] Harth, A.. *An integration site for semantic Web metadata*[J]. Web Semantics: Science, Services and Agents on the World Wide Web, 2004, 1(2).

[166] Hendler, J., Berners-Lee, T., Miller, E. *Integrating applications on the semantic Web* [J]. Journal of the Institute of Electrical Engineers of Japan, 2002, 122(10).

[167] Hennig Thurau, Gwinner K., Walsh, G. et al. *Electronic word-of mouth via consumer-opinion platforms: what motivates consumers to articulate themselves on the internet?* [J]. Journal of Interactive Marketing, 2004, 18(1).

[168] Hill, C. W., Gareth R. J. *Strategic management* [M]. Houghton Millin Company Press, 2000.

[169] Horton, F. W.. *Information resources management*[M]. NJ: Prentice Hall, 1985.

[170] Hosmer, L. T. *Trust: the connection link between organizational theory*

and philosophical ethics [J]. Academy of Management Review, 1995, 20(2).

[171]Hung, S. Y. , Ku, C. Y. , Chang, C. M. *Critical factors of WAP services adoption: an empirical study* [J]. Electronic Commerce Research and Applications , 2003(2).

[172]Johari, R. , Mannor, S. , Tsitsiklis, J. N. *Efficiency loss in a network resource allocation game: the case of elastic supply* [J]. IEEE Transactions on Automatic Control, 2005, 50(11).

[173] Johari, R. , Tsitsiklis, J. N. *A scalable network resource allocation mechanism with bounded efficiency loss*[J]. IEEE Journal on Selected Areas in Communications, 2006, 24(5).

[174]Kamis, A. , Stern, T. , Ladik, M. *A flow-based model of web site intentions when users customize products in business-to-consumer electronic commerce* [J]. Information Systems Frontier, 2010, 12 (2).

[175] Kankanhalli, A. , Tan, B. , Wei, K. *Contributing knowledge to electronic knowledge repositories: an empirical investigation*? [J]. MIS Quarterly, 2005(29).

[176] Kargin, B. , Basoglu, N. *Factors affecting the adoption of mobile services*[C]. PICMET Proceedings, 2007.

[177]Karimi, Somers, Gupta. *Impact of environmental uncertainty and task characteristics on user satisfaction with data*[J]. Information Systems Research, 2004, 15(2).

[178] Kim, S. S. , Malhotra, N. K. , Narasimhan, S. *Two competing perspectives on automatic use: a theoretical and empirical comparison* [J]. Information Systems Research, 2005, 16(4).

[179] Kim, S. S. , Malhotra, N. K. *A longitudinal model of continued IS use: an integrative view of four mechanisms underlying post-adoption phenomena*[J]. Management Science, 2005, 51(5).

[180]Kingma, B. *Economics of information* [M]. Englewood: Libraries United, Inc. 1996.

[181]Kiryakov, A., Popov, B., et al. *Semantic annotation, indexing, and retrieval*[C]. Proceedings of 2nd International Semantic Web Conference, 2003.

[182]Klopping, I., McKinney, E. *Extending the technology acceptance model and the task-technology fit model to consumer E-commerce*[J]. Information Technology, Learning, and Performance Journal, 2004, 22(1).

[183]Koopmans, T. C. *Three essays on the state of economic science*[M]. McGraw-Hill Book Company, 1957.

[184]Kuo, F. Y., Young, M. L. *Predicting knowledge sharing practices though intention: a test of competing models*[J]. Computers in Human Behavior, 2008(24).

[185]Lenat, D. B. *Cyc: a large-scale investment in knowledge infrastructure*[J]. Communications of the ACM, 1995, 38(11).

[186] Lewicki, R. J., Bunker, B. B. *Trust in relationships: a model of development and decline.* In: Bunker, B. B., Rubin, J. Z. (Eds.). *Conflict, cooperation and justice* [M]. Jossey-Bass, San Francisco, 1995.

[187] Lewis, J. D., Weigert, A. Trust as a social reality[J]. Social Forces. 1985, 63(4).

[188] Li, X., Hess, T. J., & Valacich, J. S. *Why do we trust new technology? A study of initial trust formation with organizational information systems*[J]. Journal of Strategic Information Systems, 2008(17).

[189] Liang, P., Yeh, H. *Situational effects on the usage intention of mobile games*[J]. Designing E-business systems, 2009(22).

[190]Lin, Y., Su, H. Y., Chien, S. *A knowledge-enabled procedure for customer relationship management* [J]. Industrial Marketing Management, 2006(35).

[191] Lu, J, Yu, S., Liu, C. et al. *Technology acceptance model for wireless Internet*[J]. Internet Research, 2003, 13(3).

[192]Madu, N., Madu, A. *Dimensions of E-quality* [J]. International Journal of Quality and Reliability Management, 2002(19).

[193] Marchand, D. A., Horton, F. W. *Infotrends: profiting from your information resource*[M]. New York: Wiley, 1986.

[194] Marchionini, G. *Digital libraries as phenotypes for digital societies* [M]. Berlin: Springer, 2009.

[195]Martin, J. Finkelstein, C. *Information Engineering* [M]. Prentice Hall, Inc., 1981.

[196]Matthew Lee, Christy Cheung, Kai Lim et al. *Understanding customer knowledge sharing in web-based discussion boards* [J]. Internet Research, 2006, 16(3).

[197]Mayer, R. C., Davis, J. H., & Schoorman, F. D. *An integration model of organizational trust*[J]. Academy of Management Review, 1995, 20(3).

[198]McEachern, W. A. *Microeconomics: a contemporary introduction*[M]. Ohio: South-Western Publishing Co., 1994.

[199] McKinney, V., Yoon, K., Zahedi, M. *The measurement of web-customer satisfaction: an expectation and disconfirmation approach* [J]. Information Systems Research, 2002(13).

[200]McKnight, D. H., Chervany N. L. *What trust means in e-commerce customer relationships: an interdisciplinary conceptual typology*[J]. International Journal Electronic Commerce, 2002, 6(2).

[201]Melone, N. P. *A theoretical assessment of the user-satisfaction construct in information systems research*[J]. Management Science, 1990, 36(1).

[202]Merton R. C. *Theory of rational option pricing*[J]. The Bell Journal of Economics and Management Science, 1973(4).

[203] Molm, L. *Coercive power in social exchange* [M]. New York, Cambridge University Press, 1997.

[204] Nielsen, J. *Designing web usability new riders publishing* [M]. Indianapolis IN USA, 2000.

[205]Noruiz, A. *Folksonomies: (Un) controlled vocabulary?* [J]. Knowledge Organization, 2007, 4(2).

[206]Orlikowski, W. *Learning from notes: organizational issues in groupware implementation*[J]. Information Society, 1993, 9(3).

[207]Parry, M. E. *Strategic marketing management: a means-end approach* [M]. New York: McGraw-Hill, 2002.

[208]Pavlou, P. A., and Gefen, D. *Building effective online marketplaces with institution-based trust* [J]. Information Systems Research, 2004, 15(1).

[209]Pin Luarn, Hsin-Hui Lin. *Toward an understanding of the behavioral intention to use mobile banking*[J]. Computers in Human Behavior, 2005, 21(6).

[210]Plessisa, M. D., Boon, J. A. *Knowledge management in eBusiness and customer relationship management: south African case study findings*[J]. International Journal of Information Management, 2004 (24).

[211] Popov, B., Kiryakov, A., et al. *KIM—a semantic platform for information extraction and retrieval*[J]. Journal of Natural Language Engineering, 2004, 10(3/4).

[212]Popov, B., Kiryakov, A., et al. *KIM—semantic annotation platform*[C]. 2nd International Semantic Web Conference, 2003.

[213] Saaty, T. L. *The Analytic Hierarchy Process* [M]. New York: McGraw Hill, 1980.

[214]Salomann, H., Dous, M., Kolbe, L., Brenner, W. *Rejuvenating customer management: how to make knowledge for, from and about customers work*[J]. European Management Journal, 2005, 23(4).

[215]Samulson, P. A. *Proof that properly anticipated prices fluctuate randomly*[J]. Industrial Management Review, 1965(6).

[216]Schultz, B. *Them-commerce fallacy*[J]. Network World, 2001, 18 (9).

[217]Schultze, C. L. *The Public Use of Private Interest*[M]. Washington,

D. C. : Brookings Institution, 1977.

[218] Shadbolt, N., Hall, W., Berners-Lee, T. *The semantic Web revisited*[C]. IEEE Intelligent System, May/June 2006.

[219] Shannon, C. E. *A mathematical theory of communication* [J]. The Bell System Technical Journal, 1948, XXVH(3).

[220] Shapiro, S. P. *The social control of impersonal trust* [J]. American Journal of Sociology, 1987(93).

[221] Smith, A. *An inquiry into the nature and causes of the wealth on nations*[M]. New York: Oxford University Press, 1776.

[222] Smith, D. *Altruism, volunteers and volunteerism* [J]. Journal of Voluntary Action Research, 1981(10).

[223] Sohn, D. *Interactive media and social exchange of market information* [D]. Texas: University of Texas, 2005.

[224] Song, P., Zhang, C., Chen, W. Huang, L. *Understanding usage-transfer behavior between nonsubstitutable technologies: evidence from instant messenger and portal*[J]. IEEE Transactions on Engineering Management, 2009, 56(3).

[225] Stewart, K. J. *How the hypertext links influence consumer perceptions to build and degrade trust online* [J]. Journal of Management Information Systems, 2006, 23(1).

[226] Stewart, K. J. *Trust transfer on the world wide web*[J]. Organization Science, 2003, 14(1).

[227] Straub, D., Boudreau, M.-C., Gefen, D. *Validation guidelines for is positivist research*[J]. Communications of AIS, 2004(13).

[228] Sundaram, D., Mitra, K., Webster, C. *Word-of-mouth communi- cations: a motivational analysis* [J]. Advances in Consumer Research, 1998(25).

[229] Tariq, B. *Exploring factors influencing the adoption of mobile*[J]. Journal of Internet Banking and Commerce, 2007, 12(3).

[230] Thompson, R. L., Higgins, C. A., Howell, J. M. *Personal computing: toward a conceptual model of utilization* [J]. MIS

Quarterly, 1991, 15(1).

[231] Tsarkov, D., Horrocks, I. *Efficient reasoning with range and domain constraints.* Proceedings of the 2004 Description Logic Workshop, 2004.

[232] Turban, E., Gehrke, D. *Determinants of e-commerce website* [J]. Human Systems Management, 2000(19).

[233] Vallerand, R. *Toward a hierarchical model of intrinsic and extrinsic motivation* [J]. Advances in Experimental Social Psychology, 1997(29).

[234] Venkatesh, V., Morris, M. G., Davis, G. B., & Davis, F. D. *User acceptance of information technology: toward a unified view*[J]. MIS Quarterly, 2003, 227(3).

[235] Wang, S. Noe, R. A. *Knowledge sharing: a review and directions for future research* [J]. Human Resource Management Review, 2010, 20.

[236] Wang, X., Teo, H., Wei, K. *Promoting consumption information contribution to online feedback systems: an analysis from the cognition enhancement perspective* [C]. Proceedings of the Eleventh Americas Conference on Information Systems, 2005.

[237] Ward, M. A., Mitchell, S. *A comparison of the strategic priorities of public and private sector information resource management executives* [J]. Government Information Quarterly, 2004(21).

[238] Yu, T. K., Lu, L. C., Liu, T. F. *Exploring factors that influence knowledge sharing behavior via weblogs* [J]. Computers in Human Behavior, 2010, 26.

[239] Yu, T., Wang, X. W., Teo, H. H. *Understanding the Intention of information contribution to online feedback systems from social exchange and motivation crowding perspectives* [C]. Proceedings of the 40th Hawaii International Conference on System Sciences, 2007.

[240]Zeithaml, V. A. *Consumer perceptions of price, quality and value: a means-end model and synthesis of evidence* [J]. Journal of Marketing, 1988, 52(3).

[241]Zeithmal, A., Parasuraman, A. *An empirical examination of the service quality-value-loyalty chain in an electronic channel.* Working Paper, University of North Carolina, Chapel Hill, NC, 2002.

[242]Zha, X. J., Li, J., Yan, Y. L. *Comparison between Chinese and English electronic resources*[J]. Library Hi Tech, 2013, 31(1).

[243]Zha, X. J., Li, J., Yan, Y. L. *Understanding preprint sharing on Sciencepaper Online from the perspectives of motivation and trust* [J]. Information Development, 2013, 29(1).

[244]Zha, X. J., Li, J., Yan, Y. L. *Understanding the moderating effect of tie on the transfer of ease of use and usefulness from print resources to electronic resources*[J]. Library & Information Science Research, 2013, 35(3).

[245]Zha, X. J., Li, J., Yan, Y. L. *Understanding usage transfer from print resources to electronic resources: a survey of users of Chinese university libraries*[J]. Serials Review, 2012, 38(2).

[246]Zhu, W., Fui-Hoon N. *Factors influencing adoption of mobile computing*[C]. Proceedings of the Conference on Issues and Trends of IT Management in Contemporary Organizations (IRMA). Hershey, PA: Idea Publishing Group, 2002.

[247]Zucker, Lynne G. *Production of trust: institutional sources of economic structure. Research in Organizational Behavior*[J]. JAI Press, Greenwich, 1986(6).

[248]http://arxiv.org/abs/cs.DL/0508082.

[249]http://baike.baidu.com/view/476057.htm.

[250]http://col.njtu.edu.cn/jingpinke/07jpsb/ldjjx/html/ly_bk_zcy.html.

[251]http://data.laweach.com/content_1759207.html.

[252] http://del.icio.us.
[253] http://en.wikipedia.org/wiki/Self-organization.
[254] http://engine.cqvip.com/content/f/81102x/2005/000/007/jj24_f9_15488296.pdf.
[255] http://eprints.pascal-network.org/archive/00000841/01/roadmap.pdf.
[256] http://eprints.rclis.org/archive/00010445/01/mkipp-iasummit2007.pdf.
[257] http://etd.ils.unc.edu: 8080/dspace/bitstream/1901/358/1/philipbinkowski.pdf.
[258] http://insight.eun.org.
[259] http://marinemetadata.org/examples/mmihostedwork/ontologieswork.
[260] http://news.cntv.cn/20110307/107654.shtml.
[261] http://news.xinhuanet.com/internet/2009-10/28/content_12345745.htm.
[262] http://obo.sourceforge.net.
[263] http://protege.stanford.edu/overview/protege-owl.html.
[264] http://quod.lib.umich.edu/cgi/t/text/text-idx? c=jep; view=text; rgn=main; idno=3336451.0005.406.
[265] http://research.cnnic.cn/img/h000/h11/attach200907161306340.pdf.
[266] http://som.eldoc.ub.rug.nl/FILES/reports/themeG/2002/02G10/02G10.pdf.
[267] http://www.199it.com/archives/201101277090.html.
[268] http://www.51lw.com/article/cmip/1480.htm.
[269] http://www.66wen.com/06gx/shuili/shuiwen/20070406/51702_2.html.
[270] http://www.arl.org/resources/pubs/br/br229/br229fdlp.shtml.
[271] http://www.ccnt.com.cn/html/gxgc/index2.htm? file=01-01.
[272] http://www.chinanews.com/it/it-itxw/news/2010/03-03/2149275.

shtml.
[273]http://www.cnnic.cn/research/zx/qwfb/.
[274]http://www.consortiuminfo.org/bulletins/semanticweb.php.
[275]http://www.co-ode.org/resources/tutorials/ProtegeOWLTutorial.pdf.
[276]http://www.cqdx.gov.cn/theory/article.aspx? id=1896.
[277]http://www.danah.org/papers/Hypertext2006.pdf.
[278]http://www.economiclaws.net/jiaoliu/list.asp? id=144.
[279]http://www.e-gov.org.cn/news/news007/2011-03-22/116986.html.
[280]http://www.enet.com.cn/article/2011/0811/A20110811896746.shtml.
[281]http://www.flickr.com.
[282]http://www.gxsti.net.cn/gxsat/zxzx/kjcz/gwkj/40129.shtml.
[283]http://www.hec.unil.ch/yp/TALK/slides/oesseo2001.pdf.
[284]http://www.kde.cs.unikassel.de/stumme/papers/2006/hotho2006folkrank.pdf.
[285]http://www.lib.lnnu.edu.cn/gylt/gylt-001/c-01.pdf.
[286]http://www.mpa.org.cn/upload/00018.ppt.
[287]http://www.nla.gov.au/niac/meetings/roles.html.
[288]http://www.pinggu.org/bbs/Archive_view_29_55355.html.
[289]http://www.pirp.harvard.edu/people.shtml.
[290]http://www.provenmodels.com/583.
[291]http://www.sciam.com/article.cfm? articleID = 00048144-10D2-1C70-84A9809EC588EF21.
[292]http://www.showdoc.cn/view/viewdetail.php? docid=17421.
[293]http://www.smi.ucd.ie/Dagstuhl-MLSW/proceedings/iria-ciravegna.pdf.
[294]http://www.staff.city.ac.uk/n.j.devlin/weslides&notes.htm.
[295]http://www.vanderwal.net/essays/051130/folksonomy.pdf.
[296]http://www.vanderwal.net/random/entrysel.php? blog=1985.

[297] http: //www. w3. org/2001/sw/.
[298] http: //www. w3. org/DesignIssues/Semantic. html.
[299] http: //www. w3. org/RDF/.
[300] http: //www. w3. org/TR/2004/REC-owl-features-20040210/.
[301] http: //www. w3. org/TR/2004/REC-rdf-concepts-20040210/.
[302] http: //www. w3. org/TR/2004/REC-rdf-schema-20040210/.
[303] http: //www. w3. org/TR/owl-guide/.
[304] http: //www. websemanticsjournal. org/ps/pub/2005-20.
[305] http: //www. whitehouse. gov/omb/circulars_a130_a130trans4.
[306] http: //www1. cnnic. cn/resource/daily/199710/2. shtml.
[307] http: //www-kasm. nii. ac. jp/papers/takeda/07/fukami07sid. pdf.
[308] http: //www-kasm. nii. ac. jp/SWFAT/PAPERS/SWFAT05R. PDF.
[309] http: //xmlns. com/foaf/0. 1.
[310] http: //yh. ntu. edu. cn/chapter04/material/netinfo. htm.
[311] https: //www. clir. org/pubs/archives/ejournal. htm.

中国当代哲学问题探索
中国辩证法史稿（第一卷）
德国古典哲学逻辑进程（修订版）
毛泽东哲学分支学科研究
哲学研究方法论
改革开放的社会学研究
邓小平哲学研究
社会认识方法论
康德黑格尔哲学研究
人文社会科学哲学
中国共产党解放和发展生产力思想研究
思想政治教育有效性研究（第二版）
政治文明论
中国现代价值观的初生历程
精神动力论
广义政治论
中西文化分野的历史反思
第二次世界大战与战后欧洲一体化起源研究
哲学与美学问题
行为主义政治学方法论研究
政治现代化比较研究
调和与制衡
“跨越论”与落后国家经济发展道路
村民自治与宗族关系研究
中国特色社会主义基本问题研究
一种中道自由主义：托克维尔政治思想研究
社会转型与组织化调控
中国现阶段所有制结构及其演变的理论与实证研究
战后美国对外经济制裁
从简帛中挖掘出来的政治哲学
物理学哲学研究

国际经济法概论
国际私法
国际组织法
国际条约法
国际强行法与国际公共政策
比较外资法
比较民法学
犯罪通论
刑罚通论
中国刑事政策学
中国冲突法研究
中国与国际私法统一化进程（修订版）
比较宪法学
人民代表大会制度的理论与实践
国际民商新秩序的理论建构
中国涉外经济法律问题新探
良法论
国际私法（冲突法篇）（修订版）
比较刑法原理
担保物权法比较研究
澳门有组织犯罪研究
行政法基本原则研究
国际刑法学
遗传资源获取与惠益分享的法律问题研究
欧洲联盟法总论
民事诉讼辩论原则研究
权力的法治规约
宪法与公民教育
国际商事争议解决机制研究
人民监督员制度的立法研究
论自然国际法的基本原则

当代西方经济学说（上、下）
唐代人口问题研究
非农化及城镇化理论与实践
马克思经济学手稿研究
西方利润理论研究
西方经济发展思想史
宏观市场营销研究
经济运行机制与宏观调控体系
三峡工程移民与库区发展研究
２１世纪长江三峡库区的协调与可持续发展
经济全球化条件下的世界金融危机研究
中国跨世纪的改革与发展
中国特色的社会保障道路探索
发展经济学的新发展
跨国公司海外直接投资研究
利益冲突与制度变迁
市场营销审计研究
以人为本的企业文化
路径依赖、管理哲理与第三种调节方式研究
中国劳动力流动与“三农”问题
新开放经济宏观经济学理论研究
关系结合方式与中间商自发行为的关系研究
发达国家发展初期与当今发展中国家经济发展比较研究
旅游业、政府主导与公共营销
创新、模仿、知识产权和全球经济增长
消费者非伦理行为形成机理及决策过程研究
网络口碑的形成、传播与影响机制研究
消费者参与企业创造的心理机制研究
企业间信任问题研究
学术创业：中国研究型大学“第三使命”的认知与实现机制

文言小说高峰的回归
文坛是非辩
评康殷文字学
中国戏曲文化概论（修订版）
法国小说论
宋代女性文学
《古尊宿语要》代词助词研究
社会主义文艺学
文言小说审美发展史
海外汉学研究
《文心雕龙》义疏
选择·接受·转化
中国早期文化意识的嬗变（第一卷）
中国早期文化意识的嬗变（第二卷）
中国文学流派意识的发生和发展
汉语语义结构研究
明清词研究史
新文学的版本批评
中国古代文论诗性特征研究
唐五代逐臣与贬谪文学研究
王蒙传论
教育格言论析
嘉靖前期诗坛研究（1522-1550）
清词话考述
“原来”、“从来”、“连连”三组时间副词研究
中唐元和诗歌传播接受史的文化学考察
宋词传播方式研究
神道设教：明清章回小说叙事的民族传统
袁宏道与晚明性灵文学思潮研究
中古汉语称数法研究
宋代文学传播探原
文学研究的知识论依据

中国印刷术的起源
现代情报学理论
信息经济学
中国古籍编撰史
大众媒介的政治社会化功能
现代信息管理机制研究
科学信息交流研究
比较出版学
IRM-KM范式与情报学发展研究
公共信息资源的多元化管理
学术期刊主题可视化研究
非物质文化遗产档案管理理论与实践
数字信息资源配置

随机分析学基础
流形的拓扑学
环论
近代鞅论
鞅与ｂａｎａｃｈ空间几何学
现代偏微分方程引论
算子函数论
随机分形引论
随机过程论
平面弹性复变方法（第二版）
光纤孤子理论基础
Ｂａｎａｃｈ空间结构理论
电磁波传播原理
计算固体物理学
电磁理论中的并矢格林函数
穆斯堡尔效应与晶格动力学
植物进化生物学
广义遗传学的探索
水稻雄性不育生物学
植物逆境细胞及生理学
输卵管生殖生理与临床
Ａｇｅｎｔ和多Ａｇｅｎｔ系统的设计与应用
因特网信息资源深层开发与利用研究
并行计算机程序设计导论
并行分布计算中的调度算法理论与设计
水文非线性系统理论与方法
拱坝CADC的理论与实践
河流水沙灾害及其防治
地球重力场逼近理论与中国2000似大地水准面的确定
碾压混凝土材料、结构与性能
喷射技术理论及应用
Dirichlet级数与随机Dirichlet级数的值分布
地下水的体视化研究
病毒分子生态学
解析函数边值问题（第二版）
工业测量
日本血吸虫超微结构
能动构造及其时间标度
基于内容的视频编码与传输控制技术
机载激光雷达测量技术理论与方法
相对论与相对论重力测量
水工钢闸门检测理论与实践
空间信息的尺度、不确定性与融合
基于序列图像的视觉检测理论与方法
GIS与地图信息综合基本模型与算法

中日战争史（１９３１～１９４５）（修订版）
中苏外交关系研究（１９３１～１９４５）
汗简注释
国民军史
中国俸禄制度史
斯坦因所获吐鲁番文书研究
敦煌吐鲁番文书初探（二编）
十五十六世纪东西方历史初学集（续编）
清代军费研究
魏晋南北朝隋唐史三论
湖北考古发现与研究
德国资本主义发展史
法国文明史
李鸿章思想体系研究
唐长孺社会文化史论丛
殷墟文化研究
战时美国大战略与中国抗日战场（1941~1945年）
古代荆楚地理新探·续集
汉水中下游河道变迁与堤防
吐鲁番文书总目（日本收藏卷）
用典研究
《四库全书总目》编纂考
元代教育研究
中国实录体史学研究
分歧与协调
清代财政政策与货币政策研究
“封建”考论（第二版）
经济开发与环境变迁研究
中国华洋义赈救灾总会研究
明清长江流域山区资源开发与环境演变
明清鄂东宗族与地方社会
历史时期长江中游地区人类活动与环境变迁专题研究
国家权力与民间秩序：多元视野下的明清两湖乡村社会史研